中山大学“985工程”研究成果

The Achievements of “985 Project” in Sun Yat-sen University

广东省软科学项目研究成果
（项目编号：2010B070300035）

中山大学服务经济与服务管理论丛

The Library on Service Economics and Service Management in Sun Yat - sen University

健康管理服务业研究

Research on Health Management Service Industry

黄奕祥　著

经济科学出版社

序

李江帆

《中山大学服务经济与服务管理论丛》是中山大学“985工程”[①]服务经济与管理创新研究项目的研究成果，也是中山大学中国第三产业研究中心学术团队多年来对服务经济与服务管理研究的结晶。该成果出版工作的第一期已于2007年开始进行，现在呈现在大家面前的是成果出版工作第二期。

这套论丛是在第三产业崛起、服务经济和管理越来越为国人关注的背景下出版的。

20世纪中叶以来，随着经济发展和社会进步，世界第三产业呈现迅速发展、后来居上的态势。经济越发达，居民越富裕，第三产业比重就越高；随着经济发展和社会进步，各国第三产业比重都在增大。第三产业的兴旺已成为全球性的发展趋势。据统计，经济合作与发展组织16个成员的第三产业的平均就业比重在1870年仅为23.7%，到1976年已提高到55.6%[②]。从1960~1982年，第三产业在GDP中的比重，市场经济工业国由54%增加到61%；中等收入国家由46%增加到47%；低收

① “985工程”是中国教育部在实施“面向21世纪教育振兴行动计划”中重点支持部分高等学校创建世界一流大学和高水平大学的计划，因1998年5月提出而命名。列入“985”工程的高校共有38所。

② Irving Leveson and J. W. Wheeler: Western Economics in Transition: Structural Change and Adjustment Policies in Industrial Countries, P. 46, Hudson Institute, U. S., 1980.

入国家由25%增加到31%。第三产业在就业结构中的比重，市场经济工业国由44%增加到56%，中等收入国家由23%增加到34%，低收入国家由14%增加到15%[①]。2001年，第三产业占GDP的比重，世界平均为67.7%，高收入国家为70.7%；2003年，中高收入国家为61.1%，中等收入国家为51.5%，低收入国家为50.2%[②]；2006年，世界平均为69.0%，发达国家为72.4%，发展中国家为54.6%[③]。

第三产业迅速增长是由生产率、消费结构和生产结构诸因素的发展引起的。工农业生产率的提高为劳动力由工农业转移到服务业提供了基础。收入和闲暇时间的增长使消费结构中服务消费比重上升，引起生活服务业的发展。生产的社会化、信息化、市场化和国际化使生产结构中的生产性服务增长，带动生产服务业的发展。收入水平提高使人们用货币交换时间和便利的需求增大，推动提供相关服务的新行业出现。

第三产业的崛起使第三产业在国民经济中的战略地位日趋提高。第三产业生产的服务型生产资料充当现代生产系统中不可替代的重要生产要素的功能，使第三产业成为提高国民经济效率的策源地。第三产业提供的服务消费品具有满足居民日趋丰富的生活需要的功能，使第三产业成为提高现代社会中居民生活质量的关键部门。第三产业对GDP增长的贡献率随国民经济发展水平的提高而增大，使第三产业在发展中国家超越第一产业成为国民经济增长的第二推动力，在发达国家超越第二产业成为GDP增长的第一推动力。第三产业对就业增长的贡献随着工农业劳动生产率的提高和收入水平增长日趋增大，使第三产业成为国民经济中就业增长最快、吸纳劳动力最多的部门。第三产业就业比重和产值比重随着人均GDP增大日趋提高，使第三产业终将超过工农业，成为国民经济中吸纳劳动力和提供社会财富最多的第一大产业。在自然资源日渐枯

① 世界银行：《1984年世界发展报告》，中国财政经济出版社1984年版。

② World Development Indicators，http：//www.worldbank.org/data/countrydata/countrydata.html.

③ 《中国主要经济社会指标的国际比较（2006年）》，载于《国际统计年鉴（2008）》，中国统计出版社2008年版。注：世界和发达国家数据是2004年的。

竭而人力资源不断开发的环境下，对自然资源依赖程度较弱、对人力资源依赖程度较强的第三产业在推动国民经济发展中有更广阔的发展空间，对自然资源依赖程度较强的第一、第二产业的发展将受到越来越多的限制。因此，在现代社会中，第三产业已脱离在农业经济时代和工业经济时代相对于第一产业和第二产业的次要地位，取得越来越重要的战略地位。

中国第三产业在改革开放前长期发展缓慢，比重偏低。从横向看，第三产业就业比重在1980年仅为13%，在世界银行统计的126个国家和地区中排第106位；增加值比重在1982年为22%，在93个国家和地区中排倒数第2位。从纵向看，1952～1980年中国第三产业就业比重仅增加4个百分点；增加值比重由27.9%下降到21.4%。中国第三产业发展缓慢主要受三个因素的影响。一是经济理论偏差。把服务部门看成不创造社会财富的“非生产部门”，把其比重增大看作帝国主义腐朽性和寄生性的突出表现，导致在实践中对“非生产部门”的歧视，使第三产业资源投入受阻，发展被遏制。二是发展战略偏差。在工农业已有较大发展的时候，没有及时把第三产业的发展列入国家经济发展战略。“四个现代化”把第一、第二产业的现代化列入议事日程，但忽略了整体第三产业的现代化及其发展。三是政策失误。长期实行服务低价制，损害了服务业的利益，不少服务活动被当作资本主义因素来批判，挫伤了服务业发展的积极性。

改革开放以来，特别是中央于1984年提出大力发展第三产业，1992年做出加快发展第三产业的重大战略决策以来，中国第三产业得到全面快速的发展，在国民经济中的地位越来越重要。但是，目前第三产业的发展与中国经济发展阶段和经济发展水平的要求相比，还有较大差距，还存在着总量不足、比重偏低、结构性失衡、服务领域狭小、服务质量不高等问题。究其原因主要有五个方面：一是体制问题。在体制转轨中，不少服务行业执法不严，或无法可依，行业管理松弛，使服务市场混乱。二是供给问题。在短缺经济基本结束的形势下，服务业对服务需求的变动缺乏预见性，开拓新产品的创新能力弱。三是垄断问题。垄断严重的服务行业，价格高、质量次、效率低。四是投入问题。资本、管理、技术、信息要素对第三产业的投入不足。五是认识问题。对发展第三产业的认识不足，经验也不足。

时至今日，各级政府不少决策者对第三产业的战略地位认识不足的旧观念还未完全消除。一些地区的决策者对中国在短缺经济结束、经济全球化和国际分工日趋发展的环境中，已不存在工农业产品供给不足制约第三产业发展的“瓶颈”问题认识不足，以为按照三次产业排序，应先发展第一、第二产业，后发展第三产业，第三产业应在工业化实现后才能重点发展。一些城市的管理者囿于计划经济时代国民经济主要由工农业推动的传统经验，认为工业发展了，第三产业自然就会上去，无须花大力气抓第三产业发展。一些经济发达的城市，认为第三产业对国民经济增长的推动力随经济发展水平的提高而增大，将在发达地区和城市率先超越第二产业，成为 GDP 增长的第一推动力的必然性缺乏预见性，在第三产业日趋增长，已成为推动经济增长的重要动力的工业化中后期阶段，还把“工业立市”当作经济发展的唯一战略，把第三产业的发展抛于经济发展战略之外。一些地方政府把走新型工业化道路理解成大上工业项目，片面强调工业而忽视第三产业，不顾需要与可能，把大上快上制造业特别是重化工业当作工业化的“政绩”。一些学者对第一、第二产业比重下降，第三产业比重上升的产业高级化趋势心存疑虑，对近年中国第三产业迅猛发展的现象忧心忡忡，斥之为“产业空心化”。一些人不了解第三产业不仅提供服务消费品，而且生产服务型生产资料，把发展第三产业理解成只是搞商贸、旅游。一些人不尊重第三产业特性及其特殊发展规律，热衷于以跟风头、赶浪潮、靠克隆、搞运动的方式发展第三产业，大搞服务项目的低水平重复建设，引起了第三产业的结构性失衡。凡此种种，反映了对中国第三产业发展理论研究和宣传普及工作的不足，也向经济理论工作者的研究分析能力提出了挑战。

中国现正处在全面建设惠及十几亿人口的更高水平的小康社会的重

要历史时期。根据发达国家现代化历程和产业结构演变规律可以预料，中国全面建设小康社会的过程，将是国民经济软化的过程。这一过程在消费结构上将表现为实物消费比重下降、服务消费比重上升；在产业结构上将表现为第一产业比重下降、第二产业比重先升后降、第三产业比重持续上升。

为了揭示第三产业发展规律，纠正中国第三产业发展中出现的偏差、解决现实问题，化解深层矛盾，引导和推进第三产业在健康发展轨道上发展，很有必要对服务经济与服务管理的前沿问题做研究探索。

从经济学的角度看，中国学者应加强对服务经济三方面问题的研究：

一是三次产业结构演变与第三产业发展包括：三次产业结构演变趋势；产业结构转换与第三产业发展；第三产业内部结构演变趋势。

二是产业结构高级化与国民经济的互动关系包括：三次产业与服务经济的关联波及；产业结构演变的结构奖赏与结构负担；第三产业对经济增长速度的影响。

三是与服务经济崛起相关的新现象包括：第三产业的产业融合；第三产业化与制造业服务化；服务生产率的衡量及促进机制；生产服务业发展与服务外包趋势、服务产业聚集与城市化发展；信息产业对服务经济的刷新；非营利组织市场化运作模式；服务业成本病、服务业信息化、服务业集群、相对生产率等。

从管理科学的角度看，中国学者应该推进服务管理的研究。应该看到，在世界第三产业迅速发展、比重已超过第二产业，全球正由工业社会向后工业社会或服务社会过渡的背景下，以工业为模式建立的传统管理理论因忽视服务管理，已不适应第三产业占世界经济总量近七成的当代服务经济时代的发展要求，亟须加以发展。

早在20世纪60年代，美国学者就认为美国已进入“服务革命”时期，提出管理人员应该更多地关注服务领域。在西方，服务管理从服务营销理论的研究中逐渐发展起来。最初对服务管理的研究成果主要面向服务业区别于制造业的关键方面。后来随着研究范围和深度的不断扩展，逐步延伸到生产作业管理、组织理论和人力资源管理、质量管理等学科领域。近年来，越来越多研究服务管理的学者进入测量、统计、决策支持模型的研究领域。服务管理理论虽经历了长达30多年的研究过程，但至今尚未形成完整的学科体系，只是被视为一种新的管理视角或观念。服务管理的关键层面就在于将顾客感知服务质量作为企业经营第一驱动力（Albrecht，1988）。格罗鲁斯（Groonros）在《服务管理与营销》中，基于顾客关系的管理策略角度，详尽分析了企业如何在服务竞争中管理企业与顾客的关系。菲茨西蒙斯则探讨了服务运作、战略和信息技术支持。

国际学术界对服务管理研究的演进的主要特点就是在分析物品与服务的特性和共性的基础上，将管理理论的适用范围由工业拓展到服务业。其大致经历了四个发展阶段：（1）用生产管理（production management），专指制造业的生产过程，忽略甚至否认服务业存在生产活动和生产管理。（2）把生产管理扩展到服务行业，认为服务的提供也是一种生产运作活动，以生产管理概念分析制造业的生产管理，以运作管理（operation management）概念分析服务业的生产管理。如理查德·查斯（Richard B. Chase，1998）就以“制造与服务”为副标题表明其论著的适用范围为制造业和服务业。不过，服务业的运作在其分析中处于次要地位。（3）用运作管理的框架涵盖制造业生产管理和服务业运作管理的分析。如罗杰·施罗德（Roger G. Schroeder，1993）指出：服务业的运作和制造业的运作具有同样的重要性，将平等地对待服务业的运作和制造业的运作，使用共同的运作概念框架来讨论制造业和服务业。但从其论著的章节和篇幅看，对服务业的运作管理仍只占小部分。（4）将服务管理独立作为一门学科单独分析，主要分析服务概念、管理、战略、营销、传递、质量、容量、人力、国际化等问题（Sasser，1978；Fitzsimmons，1982－1998；Collier，1987；Schmenner，1995）。

中国学者从20世纪80年代起关注服务管理，在引进国外服务管理理论方面取得明显进展。在国内服务管理相关文献中，服务质量曾是研究的核心。一些学者从不同的角度，探讨了不同行业的服务质量要素体系，也有少量文献涉及服务设计、服务修复的理论性研究。但是，从总体上看，相当多研究仍属对外国服务管理理论的“本土化研究”，停留在以中国数据验证外国理论在中国的适用性的层面，自主创新能力弱。不少研究仍处于“无思考化再生产”的状态，构建模型虽然形式好看，但缺乏新思想，实际上只是耗费资源“证明”几乎是众所周知的常识，高水平的原创性研究成果还不多。因此，中国学者对服务管理的研究也很有必要“升级”。

我认为，根据中国所处的经济发展阶段，有必要重点研究服务管理的如下四个重要问题。

第一，第三产业崛起形成的影响服务管理的动态服务环境，包括：国民经济软化；政府对垄断性服务行业管制形态的变化；公营服务业和非营利组织的民营化；信息与计算机技术的进步和在服务业的广泛应用；服务连锁店和网络的成长；租借业务的扩展使制造业与服务业形成结合点；制造业成为服务提供者；经济全球化。

第二，服务管理演变的过程与服务管理理论框架的构建。在借鉴国外对服务管理研究成果的基础上，以服务产品在服务领域的创造过程中的运动为研究主线，面向世界第三产业崛起的背景，结合中国服务领域运作的实际，进行管理运作理论创新，探索服务管理实践和理论的演进问题。服务管理以服务产品在服务领域的创造过程中的运动为研究主线构建理论框架。

第三，第三产业崛起引发的服务管理演进的趋势和特点。根据对第三产业崛起形成的影响服务管理的动态服务环境的分析，研究服务管理演进的趋势和特点，包括：服务管理将演变为管理实践和理论的重点与主要任务；服务业规制改革引起自然垄断性服务业管理效率提高；公营和非营利组织管理的市场战略和福利目标的碰撞与磨合；服务运作方式的智能化、网络化、虚拟化；制造业生产运作管理与服务业运作管理的关联、波及与混生；服务运作与服务营销的混生；经济全球化引起生产者服务管理业务全球化。

第四，服务管理创新与中国第三产业的优化升级。面向世界第三产业崛起的背景，结合中国服务领域运作的实际，进行管理运作理论创新，探索服务管理实践和理论的演进问题，以指导中国以管理创新推进产业结构升级优化，促进第三产业与国民经济和社会发展。

服务经济与管理是我二十多年来致力研究的科研课题。我在主持第三产业课题的同时，以科研带动教学，培养第三产业研究方向研究生。2004年，中山大学决定将以我领导的中山大学中国第三产业研究中心为主要平台的服务经济与服务管理研究确定为中山大学“985工程”（第二期）重点研究项目。其研究内容是：面对世界第三产业崛起的形势，结合中国服务领域运作实际，在借鉴国外服务管理研究成果的基础上，充分发挥中山大学在第三产业经济与服务管理学科领域的研究优势，以服务产品在服务领域的创造过程中的运动为研究主线，从第三产业宏观经济分析和特选服务行业微观管理两个层面切入，进行管理运作理论创新，探索服务管理实践和理论的演进，以指导中国以管理创新推进产业结构升级优化，促进第三产业、国民经济和社会发展的实践。其建设目标是：在汇聚人才、创新体制、突出优势的基础上，完善服务经济与管理研究平台的建设和提升平台的攻关水平，利用中山大学在第三产业和服务管理研究中的良好基础，突出发展服务管理学科，带动相关学科，在全国服务管理领域中创立先发优势，从建设服务管理学科入手进行理论创新，培育管理学的新生长点。围绕国家发展现代服务业的目标、服务业升级换代的重大需求，组织项目研究，取得具有重大社会和经济意义的理论与应用成果。在第三产业经济与服务管理研究层面和在特选服务行业微观层面取得重大理论与应用成果。

这些成果按科研进度、成果状况和经费强度，分期分批出版。第一批10本专著在2007年开始与读者见面，在学术界产生了良好影响。现在献给读者的是《中山大学服务经济与服务管理论丛》（以下简称《论丛》）的第二批10本专著。

浏览《论丛》，可以看到这些专著有以下4个共同点。

一是博士概念。这些专著都是我指导的博士生或博士后以其博士和博士后论文为基础扩写而成的。博士们为取得这些研究成果从事了4~8年的第三产业专业研究，其中4个博士从硕士研究生阶段起在我的指导下从事了6~8年第三产业研究。他们长期坚持不懈的努力，终于使他们取得了可喜的成绩。在这批生气勃发的专著面前，我作为导师，也在学生们的成就中分享“授人以鱼”和“授人以渔”的喜悦。多年来，我在指导博士生完成开题、论文撰写、修改、定稿的过程中，利用文字处理软件的审阅和标记修订功能，对博士生的文稿做详细批注、点评，对一些重要段落还逐字逐句地进行直接修改。如今，这些凝聚着我和我的学生们科研心血的文稿电子版已成了刻录在光盘中的难忘“历史文物”了。

二是时代感强。这些专著都以当代第三产业崛起引起的一系列服务经济与服务管理的新现象为专著题目，如服务生产率、城市服务业发展差异、休闲服务、服务产业融合、服务外包、生产服务业、制造业服务化、服务业内部结构高级化、服务业经济“稳定器”作用问题，以及第二产业生产服务、第三产业生产服务、服务业信息化、服务业集群、相对生产率、服务业结构性增长、健康管理服务业、职业体育服务业、租赁服务业、教育服务产品等问题，选题新颖，中国学者过去很少关注和研究，现在以“集群”形式问世，给人以耳目一新的感觉。

三是洋为中用。这些专著都在广泛收集、系统整理和归纳国际学术界服务经济和管理前沿研究最新成果的基础上写成的。作者们对国内外研究动态掌握比较全面，评述比较准确，对要解决的科学问题的目的和意义比较清晰，通过中外比较研究，有针对性地研究第三产业崛起对中国服务经济和管理的影响，分析中国第三产业发展战略面临的新形势、新问题、新机遇、新挑战及应对措施。

四是创新性强。这些专著大都处于服务经济与服务管理某一研究领域的全国领先水平，或填补了我国服务经济与管理研究某一领域的空白，或刷新了某一研究领域的纪录，对服务经济和服务管理学科建设和中国第三产业发展具有促进作用，对政府决策和企业管理有较强的现实意义。

在《论丛》第二批作品出版之际，我衷心感谢中山大学“985工程”对服务经济与服务管理研究项目的研究资助和出版资助。中山大学、中山大学社科处、中山大学管理学院为服务经济与服务管理研究提供了良好的平台；经济科学出版社及责任编辑范莹女士对《论丛》的出版给予了大力支持和帮助；中山大学中国第三产业研究中心师生和特约研究员积极参加了本项目的研究；很多朋友长期以来关心、支持我从事服务经济与管理研究；在《论丛》研究和撰写过程中，不少研究者的相关文献资料在观点、方法或论据上给课题组以有益的启迪，被《论丛》参考、借鉴或引用。对此，也一并表示诚挚的感谢。

李江帆

2009年5月22日

前言

没有全面健康，就没有全面小康，健康是人类体现生活价值的重要条件。健康的重要性就其本身性质而言怎么强调也不会过分。从全球范围来看，社会进步、经济发展不断带来或要求产业结构转型升级。进入21世纪，全球健康产品创新速度加快，人们健康需求持续释放，健康相关产业已成为全球经济发展的新引擎。经济越发达的国家其健康相关产业在国民经济中比重也越大，经济结构健康化成为各国发展的总体趋势。那么，一个国家在健康领域的资源投入越多，是否其国民健康水平就一定越高呢？非也！笔者认为，无论从个体、组织，还是社会角度，投资健康当然必要，但需根据健康评估和需求水平确定投入的“量”和“质”，并实施主动、连续且系统的健康管理，才能形成高效的健康服务产业链，才能产生良好的国民健康结果。研究健康管理理论、分析健康管理服务业发展趋势和规律，对增长中国健康产业的发展动力、实现可持续发展具有重要的现实意义。

本书以第三产业经济学和健康经济学为指导，主要结合人力资本和服务管理等理论，围绕“概念界定—模型构建—需求分析—模式总结—趋势研究”这一逻辑框架，采用定性分析与定量分析相结合、案例研究与理论探讨相结合、纵向对比与横向对比相结合的研究方法。首先基于健康概念、健康特性分析推导出健康服务产品特征；再从健康投资和健康服务整合的角度，定义健康管理并构建其概念模型；接着系统回顾了健康管理起源和发展简史，深入总结健康需求内容和水平的变化；然后比较美国、英国等发达国家与中国健康管理的服务模式和发展经验；最后探索性地分析中国健康管理发展趋势并对发展战略给出了政策建议。

2017 年是我博士毕业的第八个年头，非常幸运，我的博士论文获得了第七届（2017）钱学森城市学金奖“城市医疗卫生问题”征集评选的“金奖提名奖”。这也促使我希望在学位论文的基础上将其修改成书。然而，宏观调查数据缺乏和机构管理数据难得，仍是本研究的“瓶颈”；遗憾的是，一些国内外文献也未能随时跟踪和及时更新。本书撰写获得了广东省软科学项目资助（项目编号 2010B070300035）。由于作者水平有限，书中错漏之处在所难免，敬请前辈和读者朋友批评指正。

目　录

第一章

导 论

健康的重要性就其本身性质而言怎么强调也不会过分。诺贝尔奖获得者阿马蒂亚·森（Amartya Sen）曾说，健康是人类体现生活价值的重要条件①。因为对于个人和家庭，健康是劳动生产力的基础，是在校学习能力的基础，也是智力、体力和情感发育能力的基础，健康能为个人未来的发展和经济保障提供能力（WHO，中译本，2002）。然而，在相当长时期里，关于健康问题的研究却主要局限于医学、自然科学领域②。这直接导致了三种后果：其一，健康研究的资源过多地集中在提高健康水平的技术科学方面。其二，临床医学总是占据着医学的主导地位，预防保健虽作为健康投资的首选方案，但长期得不到贯彻。其三，社会科学如经济学、社会学和管理学等学科关于健康及健康维护手段的研究成果远远跟不上健康需求。

第一节 研究对象与研究背景

一个不争的事实是，健康投入长期被认为是一种单纯的消费行为，因而在制度安排等方面缺少足够的重视。20 世纪 60 年代，舒尔茨（1960）和贝克尔（1964，1975）提出了人力资本理论并从经济角度证实

① 森强调，某些实质性的自由（政治参与的自由和接受基本教育或卫生保健的机会）是“发展的合法组成部分”（本质上是最终目标），同时也助于经济发展。转引自世界卫生组织：《宏观经济与卫生：投资卫生领域，促进经济发展》，人民卫生出版社 2002 年版，第 16 页、第 85 页。

② 起初主要是临床医学，接下来发展为三个领域：基础医学、临床医学和预防医学，后来虽然产生了康复医学等，但多数情况下被归为临床医学的分支学科。

了健康是个人经济生产力的基础。这似乎意味着健康投资研究的春天可能到来，遗憾的是，人们却把重点放在了智力资本方面。于是，世界银行一年一度的系列报告，直到第16期《1993年世界发展报告》才首次将“投资于健康”作为报告主题就不足为奇了。

如何满足民众不断增长的健康需求，促进民众更加健康地生活，是迈入新世纪以来各国政府和社会共同探讨的重大课题。2000年，时任联合国秘书长科菲·安南在为筹备联合国千年峰会委托进行的一项全球调查中（千年民意测验，联合国2000年），良好的健康一直排在全世界男人和女人希望的首位。健康与医疗领域像今天这样备受重视，可谓空前。也许是世界银行1993年报告的推动，或者是迫于联合国实现千年发展目标的要求，世界卫生组织于2000年1月由总干事的积极倡导下设立了宏观经济与卫生委员会，以评估卫生在全球经济发展中的地位。2001年12月，该委员会于发布的研究报告中高调指出，健康和教育是人类资本的两大基石，要求各国政府重视卫生领域的投资，以促进经济发展。

伴随经济的发展和社会的不断进步，加之人们对健康及健康相关问题的高度关注，社会科学领域关于健康研究的清冷场面可能会被改变。近十多年来，特别是2003年的“SARS危机”之后，中国卫生与健康行业的发展呈现出“火爆”现象：提供健康管理及相关服务机构的数量迅速增加，老百姓在健康服务产品的选择上有了较大的余地，中国也似乎在一夜之间变成了健康服务的生产大国①。要知道，长期以来，中国的卫生服务业是健康服务业的代名词，主要包括公共卫生服务和医疗服务，都只是传统的服务行业。如果站在全球视角来看，目前世界各国经济的发展现状中，经济服务化趋势明显，传统服务业都正在向现代服务业体系转型，这个过程也就是服务业技术含量的提升、管理模式的转变、运行机制的更新、产品创新性的增加。服务业在现代化的过程中将衍生出对信息、管理、研发、咨询等知识密集型生产性服务的强大需求。依靠知识、技术、信息等生产服务要素的投入更加带来了服务生产链的发展

① 大量涌现的健康管理机构提供的服务不一定是标准的健康管理服务，国此称之为健康管理及相关服务机构，下文将结合调查资料对之进行详细分析，此处实质意思是提出为什么如此众多的机构非要使用“健康管理”这一名称不可。

与延伸。在多个影响因素中，信息技术对第三产业生产服务的影响最大(朱胜勇，2009)。就卫生领域来说，中国现阶段健康管理机构的大量涌现与卫生服务行业的转型存在着必然联系呢？换言之，健康管理的产生是否为卫生服务体系不完善的必然反应，且最终会对整个卫生服务体系构建和服务模式产生重大影响呢？到底什么样的健康管理服务模式才是合理的、符合民众、社会和国家发展的健康投资策略呢？回答这些问题，有些还不具备详细的统计数据供定量研究，但展开理论探讨和定性分析十分必要。这就是本书的研究背景与选题所在。

健康管理，从字面上看，容易简单地混同于健康服务、健康促进等词，也容易理解成“企业管理”之类的对健康机构进行的管理，虽然国际上尚无关于健康管理的统一且权威定义，但其主要意思是指对人在不同健康状况下的各种影响因素给予的全面而系统的干预服务。又由于健康概念本身不断演化及其影响因素的多元复杂性，健康管理的内涵其实是动态变化之中。本书研究的“健康管理”特指对人的健康资产提供的系统化管理服务①。为突出健康管理的服务产品属性，下文在不同语境中所称的“健康管理”与“健康管理服务”互为通用。

第二节　选题意义

一、理论意义

理论多是源于对实践的认识总结而成，在理论不断完善之后，又会继续促进实践的进步，周而复始，两者方能互相促进、向前发展。健康管理服务业的发展当然不能例外。中国健康管理行业兴起时间较晚，从

① 健康资产，指人的健康指标的系统化表现形式。对于每个个人而言，健康资产就是个人的健康状况或程度，即健康资产存量，可通过一些生理和心理指标来反映；对于企业而言，健康资产既包括企业中每个员工的健康程度，又包括这个企业总体健康程度。健康管理即“健康资产管理”，是针对人的健康给予的维护、保养、治疗、康复等一系列促进健康的服务活动，旨在让资产保值、升值。目前，理论和实践上都尚无健康管理的统一或权威的定义。本研究关于健康管理的概念界定详见第三章。

2001 年第一家健康管理公司注册成功至今，在学术理论研究与服务产品开发等方面出现了许多亟待解决的问题和困难。主要表现于四个方面（白书忠，2007；王占山，2015）：一是健康管理学术理论研究滞后，因而不能满足和适应健康管理服务行业与健康产业产品迅猛发展的需求。二是健康管理学科体系建设跟不上国际健康产业与健康管理行业对中国市场的冲击与挑战。三是盲目照搬发达国家有关健康管理理念、技术和服务模式，并不能完全适应中国的实际情况，具有中国特色的健康管理创新理论体系和实践服务模式还没有真正建立起来。四是健康管理的立法和付费问题尚没有解决，实现了健康管理有法可依和健康管理受益共享，才能解决市场化并筹资难题。换言之，由于理论研究的不足，严重影响的健康管理服务业本身的健康和可持续发展。第三产业经济学指出服务产品具有非实物性、生产与消费的同时性、非贮存性等特性（李江帆，1990）。在健康领域，尤其针对于健康管理服务，不仅服务产品的特性需要验证，健康服务产品本身的特性也需要总结。另外，第三产业经济学的发展规律如服务需求上升率与服务供给上升率在健康或健康管理服务行业的适用性等研究。开展健康管理理论研究，既可以丰富第三产业经济学的服务产品理论，也可以为建立新兴的健康管理学科奠定理论研究基础。

二、现实意义

由于人们在健康价值的认识上存在很大差异，加上执政当局的政治意愿、利益集团的影响等因素，各国政府对于健康的要素生产部门，如公共卫生服务、医疗服务、药品等，往往采取着大不相同的管控措施。因此，世界范围内出现了若干类型健康保障制度，以及形式多样的健康产业发展模式。文献研究显示：现代意义上的健康管理思路和实践最早出现在美国，可以追溯到 20 世纪 20 年代，健康维护组织（HMO）是美国健康管理服务的主要组织形式；而英国则采取国家健康服务制度（NHS）。基于国内外健康管理的发展实践，研究特选国家健康管理典型企业的运行特征，分析健康管理服务业的发展模式及其生存制度环境，对比总结中国健康管理出现的原因、供需现状与存在的问题。可以加深我们从服务管理的角度去理解健康管理服务产品的内涵、认识企业的运作模式和行业发展趋势，为企业战略定位或行业发展提供更加合理的建议，也可以从宏观层面为政府提供更加科学的国家健康投资策略。

第三节 理论基础

健康权已与生存权一起，被视为人类最基本的权利（WHO，1978）。然而健康的获得并非易事，它涉及个人行为与各种社会制度的安排。关于健康问题的研究理论流派较多，有医学、社会学、经济学与管理学等等。本研究从分析健康与健康服务产品的独特属性、健康问题或需求为起点，界定健康管理的概念、追溯健康管理的起源，在此基础上深入探讨健康管理的服务类型、模式与发展趋势。本研究中用到的理论主要表现在五个方面：健康经济学、服务产品理论、服务管理理论、人力资本理论和公共产品理论。

一、健康经济学

健康经济学（health economics）在中国通常被译为卫生经济学。这一学科的建立是以阿罗的经典论文“不确定性与卫生保健的福利经济学”（Arrow，1963）发表为真正标志。阿罗在文中首先应用福利经济学第一定理和第二定理界定了医疗服务市场与完全竞争市场的偏离，尤其是疾病发生的不确定性带来的风险分担市场的缺失。以此为背景，他着重讨论了：第一，医疗市场的特殊性，指出医疗的需求是不稳定的，医生作为病人的代理人也是利润最大化行为者。阿罗同时强调了医疗市场产出的不确定性，人本身健康状态的不确定性以及医疗服务供给方存在的进入障碍。第二，在确定性的假设下，他分析了医疗市场与完全竞争市场的差异主要在于收益递增、进入障碍以及医疗定价行为的价格歧视三个方面。第三，在不确定性的假设下，比较了医疗市场与完全竞争市场的差异。他首先运用期望效用函数描述了理想的保险原则（在风险规避的假设下），其次论述了道德风险、第三方支付和逆向选择行为对于医疗保险市场的影响，最后阿罗建立了风险规避条件下最优保险政策的理论模型。阿罗在此文中始终围绕医疗保健的不确定性（指保健需要和保健结果的不确定性），排除了通过市场竞争来找到最优解决方案的可能性，需要政府介入以克服这些不确定性（赫斯马特，中译本，2004）。虽然一些学者对这种观点持疑义，但是一致认同不确定性是卫生行业的显著特征，且完全可以用不确定性与风险的经济分析方法分析卫生问题（富兰德、古德曼、斯坦诺，中译本，2004）。

此后，格罗斯曼（Grossman，1972）完善了卫生经济学的分析框架，他对于卫生保健需求的研究有重大的理论创新。经济分析的基本假设是厂商的利润最大化，经济理论模型解释了厂商为达到赚取最大利润目的时如何将资源进行分配。而大部分的卫生服务提供机构如医院和社区卫生服务机构都是非营利性质，再加上卫生保健部门的特殊性，因此许多把经济学引入卫生行业的学者经常抱怨经济学与卫生行业的非相关性，认为经济学不能应用于卫生领域，即使适用，那么非营利卫生机构的动机又是什么呢？值得商榷。但是卫生经济学作为经济学的一门特殊分支的出现已是大势所趋。教科书中通常将卫生经济学定义为“研究资源如何向卫生行业分配，以及卫生行业内的资源如何配置的学科”。随着经济学理论的不断发展，卫生经济学的研究对象和研究方法也在不断拓展和进步，近年卫生经济学正在主要通过三个相关的方法表现其重要性和应用性（富兰德、古德曼、斯坦诺，中译本，2011）：（1）卫生行业对整个经济体贡献的大小；（2）国家政策关注国民在维持和提高其健康时所面对的经济困难的迫切性；（3）许多健康问题同经济发展密切相关。显然，健康和医疗卫生服务需求的变化，会使卫生经济学逐渐得到经济学家们更多的关注和研究，人力资本理论引入了健康和健康投资理念就是例证。富克斯（中译本，1996）认为，由于卫生经济学业主要侧重应用和政策，未来的研究无疑要受正在变化的卫生问题的性质和医学的发展所影响，特别是慢性病和对长期保健的需要。因此，他希望看到更多的人关心健康，特别是老年人的健康问题。

二、人力资本理论

在传统的西方经济理论中，资本一般仅仅是处于生产过程中的厂房、机器设备、存货等各种有形的物质生产要素。舒尔茨和贝克尔等经济学家在20世纪60年代创立了人力资本理论，认为上述资本的概念是不完整的，它实际上只是物质资本的范畴，完整的资本概念应该包括物质资本和人力资本。在他们看来，所谓人力资本就是体现在劳动者身上的资本，也即是对劳动者进行普通教育、职业培训、继续教育等支出（直接成本）和其在接受教育时放弃的工作收入（机会成本）等价值在劳动者身上的加总，它的表现形式就是蕴含于人自身中的各种生产知识、劳动技能和健康素质的存量的总和（宏泰顾问，2004）。因此，人力资本属于“总括性的资本概念”[①]。库兹涅茨（中译本，1961）的观点也是“为了研究长期经济增长和各种不同社会中的经济增长，资本和资本形成的概念应该加以扩大，以便把人口本身的健康、教育和培训投资（即人类投资）包括进去”。这与“用于劳动者接受教育和提高健康水平的支出是消费支出”的传统观点有所不同，人力资本理论指出了健康和教育也是与投资于物质建设一样性质的投资，它的目的和结果是用于减少预期消费来增加未来的生产能力，以期取得更多的经济收益。舒尔茨（1959）最早实证了教育形成的人力资本，他运用自己创造的“经济增长余数分析法”，测算了美国1929~1957年国民经济增长额中，约有33%是由教育做出的贡献，故而得出结论“人力资本是经济增长的源泉”。自此，越来越多的经济学家开始把教育当成影响一国经济增长的内生变量，并发表了大量论述教育对经济增长贡献的各种理论和实证论文论著。如另一位研究人力资本与舒尔茨齐名的著名经济学家加里·贝克尔（中译本，2007）于1964年在其重要专著《人力资本理论——关于教育原理论和实证分析》一书中也只是说到“教育和培训是人力资本最重要的投资”。教育在一国经济增长中的作用被提高到了一个前所未有的高度。相对来说，

① 书中的原文为“我们正向着总括性资本概念前进，我们大大加强了资本与收入之间的联系以及靠投资积累资本与经济增长之间的联系”。

也许是健康的指标确定及测量富有难度，健康的影响因素十分复杂，人力资本理论中关于健康的作用的研究似乎没有那么火热。关于健康认识不断进步，也促使人们开始重新审视健康的价值（王曲、刘民权，2005）。1990 年，联合国发展署（UNDP）在《人类发展报告》中提出了人类的福祉是发展的真正目的，其中长寿且健康的生活、获得教育，以及获得确保体面生活所必需的资源是人类发展所要扩展的三大最关键的选择。可见，健康因其自身所具有的深刻的内在价值而应该成为评估社会发展的一个重要维度。健康生活本身就是好的生活，是人们普遍认为有价值去追求并实现的最终目标之一，而且已成为最为关键的三大选择之首。

三、服务产品理论

从经济学角度讲，由于服务产品反映了第三产业经济关系的主体及其特有的性质，是第三产业中主要的、本质的、带有普遍意义的经济现象，随着第三产业的形成，服务产品便独立地出现在了经济领域，为第三产业生产总过程“四环节”的运动对象（李江帆，1990）。服务产品理论本该顺应国际经济发展趋势需要而自然被社会和学术界认可，如欧美等发达国家 GDP 中已有 60% ~80% 为服务业所贡献，然而现实中忽视服务产品的特点，用传统的、主要根据实物产品生产、交换、分配与消费而产生的经济学理论来指导经济发展的现象，虽会有失偏颇但却长期存在。换言之，服务产品得到社会和学术界认可需要经历非常漫长的过程。

中国第三产业经济学创始人李江帆（1990）早在 20 世纪 80 年代就开始系统地研究服务产品、建立了服务产品理论，并构建了第三产业经济学理论体系。该理论认为服务产品为“非实物形态的劳动成果”，且“是社会产品的一部分”。如图 1 - 1 所示，实物产品和服务产品共同组成了社会产品，其中，实物产品和服务产品又都分成精神型产品和非精神型产品，于是社会产品就有了非精神型实物产品（等于“物质产品”，即不具有思想内容的实物产品）、精神型实物产品、非精神型服务产品与精神型服务产品四大类。

李江帆在他服务产品理论还引进了马克思的社会生产的两大部类理

论，并根据服务产品使用价值的不同，把它分归到第一部类或第二部类，即服务形式的生产资料①和服务形式的消费资料。服务产品理论同时总结了服务产品使用价值的几大特性：非实物性（即无形性），生产、交换与消费的同时性，非贮存性、非转移性、再生产的严格被制约性和作为人类劳动产物的必然性等。另外，社会经济发展中服务需求上升律和服务供给上升率两大规律也在现实中得到了验证。服务产品理论在指导中国第三产业发展中起到了巨大作用，但在卫生服务尤其是医疗服务领域，却未引起业内学者和管理人员的足够重要，忽略医疗服务作为特殊经济产品的医疗卫生补偿机制、激励机制和管理方式，致使“以药养医或补医”“以检查补医”“医托和药托”盛行的现象难以根治。

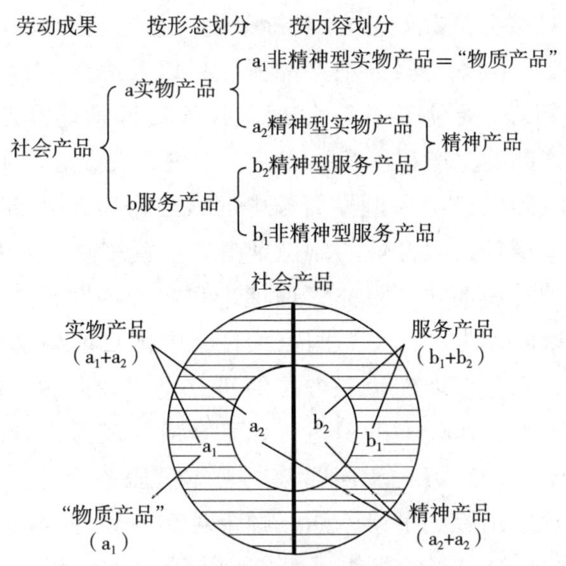

图1－1　服务产品理论视角下社会产品的分类

资料来源：李江帆：《第三产业经济学》，广东人民出版社1990年版，第127页。

① 近年对“服务形式的生产资料”这一部分的研究比较热，学术界通称“生产服务业”，两者的意义和表达方式不尽相同，前为服务产品，后为服务产业。参见毕斗斗著：《生产服务业发展研究》，经济科学出版社2009年版。

四、服务管理理论

从管理学研究进展看，近年，服务（运营）管理已发展成为一门涵盖所有服务行业的学科。国外对服务管理的集中研究大体始于20世纪70年代。究其原因，除社会经济技术的作用之外，另有两个至关重要的因素：一是许多发达国家先后放松了对服务业的管制，从而导致服务业竞争的空前激化；二是基于制造业的传统管理理论和方法已不足以解决服务业的问题。在这种背景下，欧美一些来自于市场营销、生产运营和人力资源管理等不同学科的学者，从不同角度致力于服务管理的理论和方法的研究、开发与整合，至今已初步形成服务管理这门新兴的学科。的确，随着人们对服务产品认知的不断深化，服务运营及其独有的特征，如服务质量、服务战略、服务新产品开发，以及服务流程设计、服务生产能力和需求管理、服务供应链管理、服务项目管理等理论和实践等，都有别于实物产品的生产和运营的特性，不仅大大促进了服务业的发展、奠定了服务业在国民经济和世界商务中的核心作用，也带动了制造业和农业的发展理念更新，服务业与制造业等产业的发展逐渐融合，不断创新着各国经济的发展模式。服务管理理论和实践在世界各国的发展日新月异。但是，诚而言之，与发达国家相比，中国目前各部门的服务管理水平差距很大，服务管理理论和方法的研究仍比较滞后。近年，随着服务管理方面的一些著作译本的引进，如张金成和范秀成翻译的詹姆斯·A·菲茨西蒙斯与莫娜·J·菲茨西蒙斯著作《服务管理：运作、战略与信息技术》已连续出版到了第八版，顾宝炎和时亮等翻译了森吉兹·哈克塞弗与巴里·伦德尔等的著作《服务经济管理学》（第二版），还有韩经纶等译的克里斯廷·格罗鲁斯的著作《服务管理与营销：基于顾客关系的管理策略》（第2版），等等；同时，国内有不少学者关于服务管理方面的专著也相继出版，如李江帆主编著《服务管理》、陈祝平和陆定光主编的《服务营销管理》，以及陈荣平著《服务柔性能力与模型——基于价值的服务柔性竞争优势理论》等。应该说，这些译著的引进与著作的出版，很好地促进了国内服务管理的理论的研究与实践。

五、公共产品理论

公共产品是公共经济学理论的核心概念。"公共产品"是与"私人产品"相对应的概念，最初是应对政府支出和公共财政方面的研究而被引入经济学研究。如今，公共产品问题已经发展成为经济学中的一个独立的研究领域，广泛应用于财政、金融、税收和政府管理等各个方面的理论分析。当然，人们对产品属性的认识有一个漫长的过程。以往的研究侧重于纯公共产品的探索，相对忽视准公共产品的研究。1739 年，苏格兰大哲学家休谟在其著名的《人性论》（中译本，2005）一书中提出了公共产品的概念，并认为公共物品是指那些不会对任何人产生突出的利益，但对整个社会来讲则是必不可少的物品①。公共产品（原译文为"公共品"）实际上是正外部性的极端情况（萨缪尔森、诺德豪斯，中译本 2004）。

在中国，关于卫生事业性质的争论和研究中，焦点是卫生服务尤其是医疗卫生服务，究竟是政府的责任还是社会或个人的责任。也就是要搞清楚卫生服务产品是公共产品②、准公共产品还是私人产品问题。在改革开放以前的计划经济时期，政府竭尽全力承担了保护人民健康的责任，特别传染病防治方面的重大成就举世公认。伴随社会主义市场经济体制的建立和完善，卫生工作在"国退民进"还是"国进民退"问题上举棋不定。虽然 1997 年 1 月 15 日《中共中央、国务院关于卫生改革与发展的决定》中明确指出，"新时期卫生工作的方针是：以农村为重点，预防为主，中西医并重，依靠科技与教育，动员全社会参与，为人民健康服务，为社会主义现代化建设服务"，且定位卫生事业的性质为具有一定福利性质的社会公益事业。但之后的一系列医疗卫生改革政策事实告诉世人，

---

① 休谟已经认识到公共利益追求中个人的局限性和政府的优越性。但是，早期的学者仅是从他们的政治学、哲学著作中涉及到公共产品问题，还没有将这一问题从经济学角度作深入研究。

② 公共产品（public goods）是西方经济学中的术语，中文还有多种译法，如公共物品、公共品、公共商品、公共财货、公益物品、集体产品和社会产品等。译法的分歧源自于对"Goods"一词的不同理解。不难发现，"公共物品"是沿袭了实物产品的译法，加之前文服务产品概念的介绍，笔者认为用"公共产品"更为妥当。

“医改”就是政府摆脱责任，而把更多的“包袱”丢给了市场。最终，矛盾集中暴露于两件事上：一是2003年的“SARS危机”所带来的重大公共卫生危；二是近些年引起全社会民众不满的“看病难、看病贵”问题。根本上还是政府对卫生服务产品性质的认知不清，或即使认知清晰但拒不按卫生发展规律办事所致。因此，有必要对卫生服务产品的性质再次进行厘清，或者说必须区分出卫生机构提供的哪些产品具有公共产品的特性。

关于卫生保健外部性的讨论在大多数卫生经济学教科书中都会提到，包括正外部性和负外部性。传染病的防治具有很大的外部性在学术界没有太大争议，而对于医疗服务是否具有外部性却论及很少。在赫斯马特（中译本，2004）看来，医疗保健通常并不会引起显著的外部性收益。当医疗保健能让家庭中的主要劳动力健康存活时，则产生了外部收益，因为社会不需要为他的被抚养人提供资助，而且他还能继续缴税。不过，许多医疗保健是为小孩或老年人服务的，或者能让人继续存活，但不能参加工作，从这个意义上来看，是否存在正外部性还是值得怀疑的。对大多数主要疾病，如心脏病和癌症的治疗也是如此。

上述分析得到的重要启示是：不管卫生服务是否具有外部性，一个不争的事实是，人的一生很少或几乎没有人不利用到这种产品。大多数情况下，人们在疾病发生时不得不求助于医生，医疗服务消费都有助于人类战胜病魔。疾病的治疗需要花费一定量甚至大量费用，但是疾病如果不治其后果将难以想象。疾病治疗使个人、家庭和国家的人力（健康）资本得到恢复所带来的福利作用巨大。从这一点上说，争论卫生保健特别是医疗服务是否具有外部性，显得不那么重要了。

第四节　研究方法与资料来源

一、研究方法简述

健康产业是一个庞大的产业体系，包括公共卫生、医疗、保健、康复理疗、药品生产及其流通、医疗器械，甚至包括美容、休闲、心理咨询等众多行业，伴随信息技术的进步和互联网的普及，以上各种健康产品与网络平台结合还产生了各种新的服务方式或产业类型，如远程医疗、健康科普与咨询网络等。健康管理既是健康产业的一个分支，也是服务业中的一个新兴行业。就学术研究而言，探讨健康管理服务产品的特性及相关机构的运行情况，需要涉及医学、健康经济学、产业经济学等多门学科理论。到目前为止，关于健康管理的理论与实践研究都处于起步阶段，尚没有一部全面系统的学术理论研究和权威专著（武留信，2007）。本书定位于探索性研究，力求在健康管理的概念、产品特征、行业现状、发展趋势等方面进行分析、归纳和总结。考虑到行业统计资料的不足或欠缺，本研究采用了定性分析与定量研究相结合的方法，但以定性分析为主。主要以服务产品理论、服务管理理论及产业经济学理论为基础，通过理论推导界定健康管理的概念、建构健康管理的概念性模型；以文献研究为工具，探析健康管理的起源；在健康管理的服务模式研究上，重点采用案例分析方法，所选案例是基于文献研究和行业观察，在对案例资料进行分析和归类之后，才形成了若干种类健康管理的服务模式；在健康管理行业发展与趋势的研究中，定量分析为主，重点通过美国健康保险行业竞争状况的分析、全球全健康保障制度建设与财政投入的回归分析，预测了健康管理服务行业，以及国家健康管理的趋势走向。

关于案例研究在管理学中的适用性。根据殷（Robert K. Yin，2004）的观点，案例研究具有三种用途：探究性（exploratory）、描述性（descriptive）和解释性（explanatory）。契伦和索德曼（Kjellen & Soderman）认为“案例研究还有提出理论和促进变革两个用途（古默桑，中译本，2006）”。尽管采用案例研究是否能够反映行业现实会受到限制和质疑，但受约于资料不足特别是行业统计数据缺乏的现实，本书大量使用了案例研究方法，也是不得已而为之。幸运的是“案例研究方法在管理研究中的应用也已经越来越多”（古默桑，2006）。本书中案例分析使用的资料国内部分来源有三渠道：一是现场调研记录和向调研对象索要的资料；二是从“中国知识资源总库”中下载的文献；三是来源于网站特别研究对象的网站资料。

二、全书结构安排

本书内容分为八章，如图 1－2 所示。

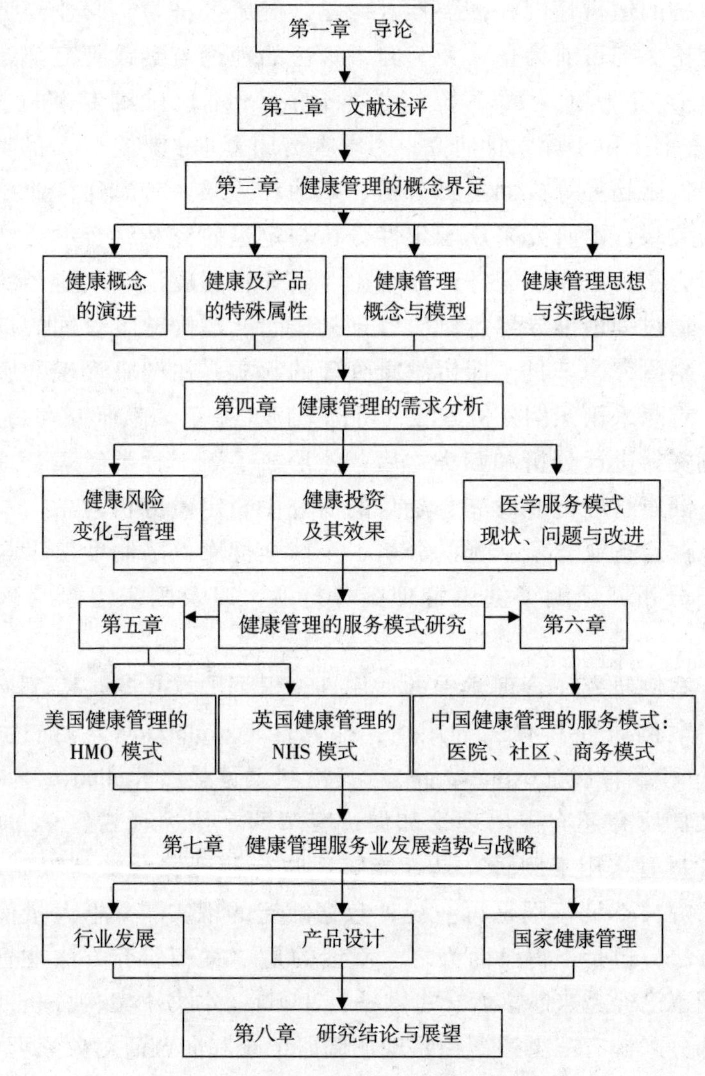

图 1－2 健康管理服务业研究的框架安排

第一章　导论。包括研究对象、研究背景、选题意义、研究的理论基础、研究方法、数据来源说明等内容。

第二章　国内外文献述评。先从医学和经济学角度分析健康管理研究和发展的情况，再论述健康的重要生产者——医生的行为，接着回顾健康体检和健康评估这两个健康管理重要工具的相关研究，最后是国内外健康管理的实践与研究现状的述评。

第三章　健康管理的概念界定。首先，从健康的概念、健康的特性分析入手，运用服务产品理论，推导出健康服务产品的特征。其次，在健康管理定义的文献研究基础上，构造出健康管理的类型学，进而给出本研究的健康管理概念并建构健康管理模型。紧接着探寻了健康管理思想与实践的发展简史。最后，对与健康管理相关的几个概念进行比较分析。

第四章　健康管理的需求分析。从健康风险的变化、健康状况的改善，以及民众期待的医学服务模式改变的三个角度，分析健康管理发展的需求。

第五章　美国和英国健康管理的服务模式研究。美国部分重点介绍健康维护组织的类型及组织运营方式，各组织之间的竞争态势，同时通过典型案例分析美国的健康维护组织（HMO）通过健康促进等达到成本控制的策略；英国部分则以分析国家健康服务体系的形成及制度特征为主。

第六章　中国健康管理的服务模式研究。主要采用案例研究方法，对中国现有的健康管理服务模式如医疗机构、社区健康机构和企业开展健康管理的服务模式、运营特征等逐一进行剖析。

第七章　健康管理服务业发展趋势与战略。本章从健康管理服务行业、社区和国家层面上介绍健康管理的发展趋势，并据此提出从社区、行业、国家战略，以及生活方式管理、疾病管理等角度转变健康服务模式的政策建议。

第八章　研究结论与展望。总结全文，展望今后研究方向。

第二章

国内外文献述评

健康管理主要是应健康需求和健康风险管理的需要而产生。健康管理服务产品包括了针对健康影响因素进行系统评估和连续干预的全部服务产品集合。现代意义上的健康管理，是建立在医学技术进步和信息化背景下出现的一个新兴的学科和服务行业。研究健康管理理应首先评述健康概念的认识过程，笔者较为系统地回顾了健康影响因素的相关研究，没有发现关于健康管理的统一定义，至于健康管理的起源、服务内容也未完全达成共识（黄建始、陈君石，2007）。正如亨特和布朗（Hunter & Brown，2007）所言“健康管理已经被证明是一个看似清晰，但实际概念不严密且令人感觉含糊的学术领域，难以准确理解并定义它”。显然，界定清楚健康管理的概念，对于开展本领域的研究至关重要，才能进一步探析健康管理的起源，并在此基础上阐述和归纳出健康管理的各种服务模式及其生存的制度环境，进而对健康管理发展的趋势进行预测。所以，基于写作总体结构安排的需要，笔者为界定清楚健康管理的概念，特别把健康及其影响因素的文献研究、健康管理思想与实践起源的追溯部分置于第三章中予以论述。

第一节　从医学发展的角度看健康管理

中世纪至19世纪上半叶的这段时期，是现代西方医学发展的最初阶段，表现出两个方面的变化，一是催生了医生的职业化；二是促进了医学的社会化（卡斯蒂廖尼，2003）。医生的职业化培养产生了大量的专科医生和医学研究人员；另外，得益于社会保障制度的建立，各国政府或社会设立了众多的医院和卫生服务机构，卫生服务行业走上了规模化和产业化发展道路，更多的人获得了医学照顾。同时，医学的另一个分支——公共卫生和预防医学的服务水平也迅速提高，其服务重点集中在环境条件和公共卫生设施的改善上，包括提供清洁的饮用水、污水处理、推广免疫接种、卫生食品的供应、营养状况的改善和良好居住条件等。

但是，到了19世纪末，特别是20世纪的前50年，以抗生素及其他特效药物的问世、外科手术的发展等，医学领域开始过分强调生物学的方法，错误地认为只要在生物医学的研究上有足够多的投入，便能达到控制疾病的目的。自此，重治疗轻预防的倾向严重影响了政府的卫生决策（黄敬亨，2003）。拿美国来说，由于高估了医疗服务在健康生产中的作用而过多地将资源配置到医疗领域，该国卫生总费用从1950年的120.3亿美元上升到了1975年的122.2亿美元，增长了10倍之多。贝洛克和布瑞斯洛（Belloc & Breslow，1972）的研究团队通过对7000名成人的5年半随访观察，显示期望寿命与健康质量和7项行为有关，该研究表明个人生活方式对其健康状况有着实质性的影响。

1978年，针对健康领域，特别是医学面临的困境，唐纳德·维克里（Donald M. Vickery）撰文对美国的卫生发展历程进行了划分，如图2-1所示，以提醒政府和卫生界："生活方式时代"已经到来。维克里呼吁，美国人口死亡率在经历了20世纪上半叶那段时期的快速下降后，在20世纪50年代初已经停止下降。这清楚地表明，单纯地靠扩大医疗照顾和药品服务几乎无益于人群健康水平的整体提高。当然，维克里的观点并非认为医疗机构应该取消，他依然认为医疗服务永远有必要救治那些已经生病或发生意外事故之人。只是由于医疗服务处于健康生产的"下游"，对于整体人群的健康水平贡献率已经失去绝对优势。医学本因"除人类之病痛、助健康之完美"而生，其发展历程显示：在环境时代，医学服务与众多社会措施一起致力于健康改善，扮演着辅助者的角色；到了医药时代，主要是得益于抗生素的发明，医学手段一度演变成为健康守护的主角；但最近五十多年，全世界科学技术飞速发展、经济全球化改变了普通的生活和工作方式，人类开始步入现代化社会。此时，由于卫生部门面临的疾病谱和健康危险因素发生了重大变化，公共卫生服务需要改变之前单纯的消毒、防疫手段，临床服务再也不能仅靠打针、吃药和手术三件“宝贝”了。

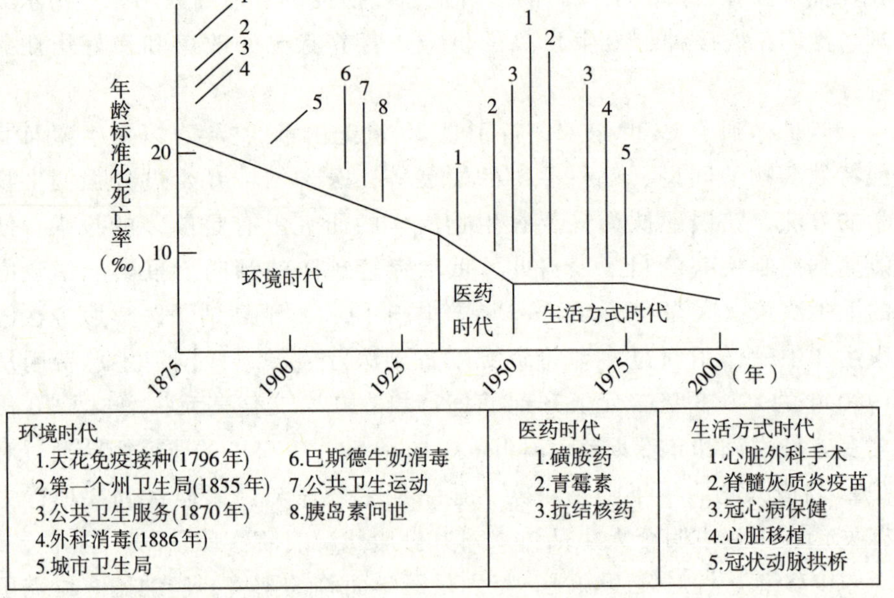

图 2－1 美国卫生世纪

资料来源：Donald M. Vickery. Life Plan For Your Health，Addison Wesley Publishing Co.，1978. 转引自，黄敬亨：《健康教育学》，复旦大学出版社 2003 年版，第 13 页。

1986 年在加拿大渥太华通过的《健康促进宪章》，提出用健康促进来对付新公共卫生问题。同年，英国利物浦市提出建立健康城市和健康社区计划，总结经验出版《新公共卫生》一书，倡导以社区为方向的新公共卫生服务（梁浩材，2005）。中国学者梁浩材（2005）把 20 世纪 50 年代以来，以行为与生活方式等因素导致的慢性退行性疾病为主的时期称之为“后医学时代”。从表 2－1 可以看出，在不同于医学时代的致病因素、疾病类型时，要求现代社会对于疾病的治疗或健康维护的方法、服务模式和服务产品的提供也必须更有针对性，服务供需双方的关系和政府扮演的角色也随着有所变化。

表 2－1　　医学时代与后医学时代的主要区别

内容	医学时代	后医学时代
时间	<20 世纪上半叶	>20 世纪下半叶
致病因素	理化生物因素为主	行为社会环境因素为主
疾病类型	传染病、营养不良性疾病为主	慢性退行性疾病为主
主要应对方法	医疗、预防	行为干预
医患关系	医生权威性较大	医患平等、朋友关系
卫生部门的作用①	主要靠卫生部门努力	主要靠非卫生部门努力
医学模式	生物医学模式为主导	生物、心理、社会医学模式主导
服务类型	药物、手术、消毒、杀虫等	健康教育和健康促进

资料来源：梁浩材：《新公共卫生与后医学时代》，载于《中国公共卫生》2005 年第 1 期，第 125 页。

医学的进一步发展与健康改善之间的关系不再那么密切，传统的生物医学服务手段已经显得严重不足，人类必须重新审视并尽力寻找到新的医学服务模式。健康管理正是在医学技术进步与健康需求出现非匹配的情况时应运而生，它从重视单纯治疗向防治结合转变，将健康的责任从以医生为主体向医患互动转变；在健康服务产品的设计上，通过服务价值链的打造，特别是搭建信息管理技术平台，大幅度促进了健康服务的延伸和连贯性，使得医学在健康维护上的作为突破了传统的技术服务思维和方式。健康管理带给健康相关服务部门的是一种全新的医学服务模式。可以说，医学视野里的健康管理是一种健康服务方式的演进。

第二节　从健康投资的角度分析健康管理

菲力普·亚当和克洛迪娜·赫尔兹里奇（1994）认为：健康已构成

① 笔者加注：这里卫生部门的作用主要指卫生服务提供上的作用，在医学时代政府往往是服务的直接提供，如举办各种各样的卫生机构等，而后医学时代并非要求政府退出，因为对于个人行为与生活方式的干预，政府处于无能为力的地位，此时需要政府在筹资规模和方式上加大力度，发达国家的卫生改革经验显示，采取购买服务的方式往往更加有效。

了当今发达国家主要的评价内容之一，成为先进工业化社会的中心价值观，健康和幸福联系紧密（亚当、赫尔兹里奇，2005）。尽管如此，健康领域也仍未进入到主流经济学家的研究视角。

其实早在 1909 年，欧文·费雪（Irving Fisher）提交给美国国会的“国家健康报告”中就曾提到，从广义的角度看，健康首先是一个财富的形式。费雪在报告中还界定了疾病所带来的损失包括三个部分：一是因为早亡而丧失的未来收益的净现值；二是因为疾病而丧失的工作时间；三是花费在治疗上的成本。他估计美国的健康资本存量在 1900 年为 2500 亿美元，大大超过了其他形式的财富数量①。丹尼逊（Denison）在规模收益不变的假设下，估算出如果死亡率在 1960 ~ 1970 年下降 10 个百分点，则美国经济增长率可以提高 0.02 个百分点。沿着丹尼逊的思路，马斯金（Mushkin，1962）在“健康作为一种投资”一文中，开篇就提到“人力资本的理论正在构建过程之中”，他将教育和健康并列为了人力资本框架下的孪生概念。接着马斯金计算了美国 1900 ~ 1960 年由于人口死亡率的下降带来的经济收益约为 8200 亿美元，进而归纳出了由于疾病对人力资本和劳动生产率造成损失的“3D”框架，即死亡（death）、伤残（disability）和体弱（debility）。现在学术界多数人认为，马斯金是正式将健康作为人力资本构成要素的首位学者（高梦滔，2002）。

罗伯特·福格尔（Fogel，1991、1997、2000）的研究精辟地揭示了身材体形与食物供应的关系，并指出这对长远劳动生产力至关重要。根据经济史研究者的分析，历史上的一些巨大腾飞——诸如工业革命时期英国的突飞猛进、20 世纪早期美国南部的腾飞、20 世纪早期日本的快速发展，以及 20 世纪 50 年代和 60 年代开始的南欧和东亚的强劲发展，所有这些都是以公共卫生、疾病控制和改善营养摄入等方面的重大突破为后盾。它不但提高了工人的能量和生产力，而且增强了对传染病的抵抗力。相反的情况是，有着严重疾病负担的社会往往会遇到多种经济发展的障碍。

世界银行（1993）“投资于健康”的世界发展报告，是当时最全面、

① 转引自 Mushkin SJ，“Health as an investment.” *Journal of Political Economy*，1962，70（5）. pp. 129 – 157.

最权威的关于疾病经济负担的研究，报告中首次提出一揽子卫生服务（包括公共卫生和基本临床服务）的健康投资策略，因为综合措施会以较低的代价产生巨大的收益[①]。2001 年，世界卫生组织宏观经济与卫生委员会报告中认为“良好的居民健康是对整个社会扶贫、经济增长和长远经济发展的关键投入”（WHO，2002）。需要特别提醒，健康和教育都作为人力资本的两个主要组成部分，关于它们的资本性投资具有长期性，只是两者的回报有所侧重，健康主要通过增加可劳动的时间，而教育主要通过增加生产率来提高收入能力。根据一些估算，除去市场消费、纯粹的长寿效应和疾病带来的痛苦和烦恼等，平均而言，一个人一年的寿命大约值三倍的年收入（WHO，2002）。

国内关于健康投资问题的重视程度实在不够，正如朱玲（2008）所言，教育和劳动力流动对改善人力资源的积极作用已经广为人知，投资于教育和培训因而在社会中达成共识，但投资于健康的重要性却常常遭到遗忘。众多研究显示，中国健康投资的主要问题是：卫生服务领域中的公共卫生投入不足，健康筹资方式存在严重不公平现象，卫生发展和服务水平在区域之间失衡现象明显等。邓曲恒（2007）利用 1978～1998 年的中国省级面板数据分析表明：总体上看，健康对中国的经济增长具有显著的正向作用，仅仅靠医生总数增加 1 万人，人均实际 GDP 就会增长 0.8 个百点。在艾鼎顿（Edington，2008）等人看来，健康管理是最好的健康投资方法，因为他们有二十多年的研究作为证据：90% 的个人和企业通过健康管理后，医疗费用降到原来的 10%，而 10% 的个人和企业未做健康管理，医疗费用比原来上升 90%。

大量研究和实践都无可争辩地证明了原本是“浅显”的道理：第一，无论对于个人生活、企业发展或是国家经济的增长健康投资都至关重要。第二，健康投资的渠道和方式对于投资绩效影响甚大，投资于健康生产的上游产业（预防）比下游产业（医疗）更合理且效果显著。第三，健康需要管理，健康管理是目前发现的最有效率的投资策略。

---

① 一揽子服务（package of essential clinical & public health services），即服务包或综合服务。详见世界银行：《1993 年世界发展报告：投资于健康》，中国财政经济出版社 1993 年版，第 72～133 页。

第三节 关于健康的重要生产者——医生行为的经济学分析

虽然“健康和医疗之间的联系并不像大部分讨论想要使我们相信的那样直接和紧密”，但“医疗卫生部门的特殊之处在于它对健康、痛苦、生与死的影响是直接、持续和强有力的”（Fuchs，1997）。因此，在一般民众的理念中，医生才是实际可及的健康守护者。这自然导致了经济学关注卫生领域的重点是聚焦于医生的行为分析。按照委托代理理论，只要委托人（例如某个患者）将决策权委托给另一方代理时，就形成一个代理关系（富兰德、古德曼、斯坦诺，2011）。在卫生保健领域，不是消费者而是供给者如医生作为其代理者做出了需求。根据卡尔耶（Culyer，1989）的研究，作为完美代理人的医生会做出和患者了解情况而自己做出的决定相一致的决定。委托人的问题在于确定和保证代理人的行为符合委托人的最大利益。不幸的是，利益的分歧往往会产生利益冲突，并且很难引入制度安排或运用契约以消除这种利益冲突。

德兰诺夫和怀特（Dranove & White，1987）的观点则是，为什么不让医生从患者健康状况的改进中得到补偿呢？简单地说，只要疾病被治愈，医生就应该受益。这是一种结合医生和患者双方利益的自然设置。然而，两位学者同时又认为，医患之间存在着非对称信息，卫生保健中实施“疾病治愈医生受益”的契约并不可行。因为医生是缺乏患者身体状况信息的那一方，患者总有掩饰改善程度的经济动机；而患者则是缺乏疾病及诊治信息的一方，医生具有利用医学信息优势获取利益的可能。学术界认为在医患之间医生是主动和有优势的一方，信息问题对于医患之间特殊的代理关系而言，引发着政策高度关注——供给者诱导需求。由埃文斯（Evans，1974）所提出的医生引致需求（physician induced demand，PID）是健康经济学领域中最具争议性的课题。从很多实证研究结果来看，确实存在有某种程度的引致需求，只是不同的医疗专科其程度有所不同（Fuchs，1978；Gruber & Owings，1996；Yip，1998）。研究显示，价格管制不是控制医疗成本的有效政策工具，因为医生有能力借着增加量与密集度来补偿所得的损失，而且医生对需求量决定的能力极大。同时，降低医疗费用具有外溢效果，如果只针对个别部门进行价格管制，并不能有效控制整体的医疗费用（Yip，1998）。医生引致需求现象的存在，有其最重要的政策内涵。即控制医疗费用增长的政策，不能只从需求面着手，医生有引致需求的能力至少会抵消一部分需求面成本分担政策的效果。医生在掌握信息优势的情况下，供给面的成本分担制度能有效控制医疗费用的增长，搭配使用才能够发挥更大的效果。尽管实证方法上又有许多争议，但“医生有能力事实上也在实施的对服务引致需求作用的假设是充分成立”，所以，“影响健康状况的主要因素其实是病人本身，但在医疗成本的决定上，情况恰好相反”（Fuchs，2000）。在中国，医疗系统中部分行为人（医生及医院的各行政部门）的行为扭曲现象（如医院与药厂合谋等）相当普遍（蒋天文、樊志宏，2002；朱恒鹏，2007）。虽然无法得到准确的数据来实证医生行为的扭曲程度，但从媒体大量关于医闹事件的报道中，足以说明医患关系是多么紧张，医患之间的信任度已降到谷底，这其中医生行为里的诱导需求行为一定是重要因素。

以上关于健康投资和医生行为的经济学分析文献提示，强化政府行为的健康投资与科学确定健康投资重点同等重要。如果把健康投资主体简单地让位于需方，会产生人们过多地依赖于医疗服务来获取健康，不仅导致健康投资绩效非常之差，还会由于供需双方的严重信息不对称和可能存在的医生机会主义行为而令医疗服务的生产环境向恶化方向发展。

第四节　健康管理的两个重要产品

健康体检与健康风险评估是健康管理服务产品的最重要产品组合和健康干预的前台服务产品，两者的有效使用是实施健康管理的依据，说明它们也同样是健康管理的两个重要工具。这两个工具与疾病治疗所进行的体格检查、临床物理或实验室检查的区别之处在于前者一般具有周期性和连续性，而后者多为单次性的服务提供。在研究健康管理领域的文献时，非常有必要系统地回顾国内外关于健康检查和健康风险评估的实践历程和研究现状。

一、健康体检

关于健康体检概念的源起难以考证到精确的时间点。文献显示，体检的手段最早被保险公司使用。19 世纪 50 年代初期，已经有保险公司运用医学临床的身体诊断对被保险人进行健康风险评估，以计算投保人的保费额和公司内部的财务风险（Davis，1981）。定期体检由英国医生杜贝（Dobell，1861）提出。他指出：定期的检查可以预防罹患疾病及死亡，同时强调，对于没有明显病症的市民，如果能够由受过良好教育的医生们来进行家族史、个人病史、生活环境，以及生活习惯等方面的调查，对身体器官的状态、机能及体液、分泌物等利用显微镜做检查，再将检查结果以非口头的报告书来通知，并给予必需的建议，对于民众的健康是有益的。不过，这在当时尚未引起医生和一般民众的重视。

直到 1900 年，美国医学会召开第 51 届年会时，一位医生再次建议，可以透过个人定期的健康体检方法收集资料，以了解早期的发展过程（詹媛媛，2007）。1908 年，美国总统指示陆军士官定期接受体检，开启了定期健康检查的制度化先河。其后，美国寿险公司于 1914 年开始采用了多项组合的临床检查方法，成为寿险投保前进行健康检查的先例（杨清潭，2006）。而且当“周期性体检的确有助于降低疾病死亡率（Tobey，1923）”的研究证据出现之后，保险公司立刻意识到：健康检查将有相当大的获利空间，于是很快将原先建议的个人一次性投保前健康检查改为了定期行为（Edie，1925）。美国 Metropolitan Life 公司就曾评估过，投资在健康检查的资金，可以在五年内回收 200%（Tobey，1923）；而且被保险人进行健康检查后，所降低的死亡风险，可以为公司省下大笔理赔费用（Knight，1921）。这些数据更加促进了保险公司的经营者为被保险人开展定期健康的运动，从而带动了体检服务需求并催生了专业体检机构的出现。1953 年，凯撒（Kaiser）基金会规划 15 项健康检查，在周末及假日利用医院的设备进行检查；并提出“自动化健康诊断”（automated multiphasic screening，AMS）系统。1964 年 7 月，凯撒基金会在美国加利福尼亚州的奥克兰，成立了全世界第一家的自动化健康检查中心，共进行40项的检查，每天可检查100人，1966年扩大到每天300人。到1970年美国政府将自动化健诊正名为“自动化健康检查服务”（automated multiphasic health testing and services，AMHTS）。其实，在1900~1950年里，美国的私人企业就开始重视起为其员工提供周期性健康检查服务，并与保险公司开展合作。其目的蕴含着相当程度的经济因素，通过健康检查来监测员工的身体状况，一方面及时发现员工可能的疾病风险并给以及时干预，避免了不必要的职业伤害补偿；另一方面也同时提高了劳动者生产能力和企业的生产效率（Cronin，1916；Siegel，1966；Rosen，1975）。20世纪50年代以后，预防医学崛起，临床预防医学的组织相继成立，并推广、执行各种筛检（screening）计划，公共卫生部门也开始推行各项社区筛检计划，加上医学科技的进步，越来越多的疾病可以通过筛检技术及早发现，也丰富了健康检查的项目内容（Rosen，1975）。

日本于1954年在国立东京第一医院（后来改为东京医疗中心）正式开办健康检查业务，当时称为“短期住院综合精密身体检查”（李智锋，2007）。1961年，日本Hoken Donjons医学中心成立，首次真正地将健康体检从一般的医疗机构中分离出来，并由专门的医务人员为顾客提供专业的体检服务（孙乃强，2005）。

中国台湾地区的健康检查始于20世纪中叶，台湾大学医学院附属医院于1956年首先开展健康检查业务，起初受检者多为社会名流。到了80年代，大多数上规模的医院也相继可以提供体检服务，但体检业务仅作为医院的“副业”。90年代以后，由于体检市场需求旺盛，实力强劲的大医院都纷纷成立了专门的健康体检中心，以提供专业的检查服务（张恩中，1998）。进入21世纪，体检市场竞争趋于激烈，大医院附设的体检中心开始把连续性检查和治疗服务当成竞争优势，而专业的体检机构则以舒适、人性化和医检分离的健康检查服务作为营销策略，很多机构还采取了会员制度以稳住消费者（杨清潭，2006）。

目前，在一些发达国家或地区，都已经将健康检查的内容、方式、方法、间隔时间以及职业人员资质和行业机构的建设标准等事宜，以法律的形式固定下来（张成琪、孟庆跃等，2007）。仅拿日本来说，居民健康体检依据1962年制定的《老人保健法》；职员等劳动者的一般健康体检、政府掌管健康保险的生活习惯病预防体检和癌症体检依据1972年的劳动安全卫生法；自幼儿园到大学的健康体检，依据1958年的《学校保健法》（王召平、张爱莉，2002）。

中国开展健康体检服务的历史较短，按照体检志愿可大致分为两个阶段：非自觉体检时期和自发自愿体检时期。第一阶段的健康体检虽然也是一种集体行为，但大多受检者都为非自觉状态，甚至带有一定的强制性。如成立于1964年的北京市体检门诊部和部分大医院所设的体检部，服务对象并非面向普通大众的服务，主要进行干部保健体检，参军、就业、升学、运动员或飞行员选拔体检等，另外一个参加体检的主要目的是特殊工种的职业性体检。对于这些体检人群，极少人是出于自身健康意识的主动行为。第二阶段是面向大众的健康体检。服务开展始于2000年以后，内地第一家专业营利性体检机构上海GB医疗中心于2000年9月在上海成立。2002年3月，CM体检中心的成立拉开了北京市公营与私营体检服务竞争的市场序幕。2004年，北京市能够提供健康体检服务的机构约有546家，但公立医院占据了绝对优势的体检市场份额（孙乃强，2005）。从目前健康体检服务的开展现状来看，中国体检市场服务模式和管理水平相对滞后，一方面表现于需求不足，如体检普及率仍然非常之低，即使在北京和上海这样经济发达的超大型城市中，参加体检人数的比率也仅有15%～20%（曾强，2007）；另一方面却出现了供给“过剩”，包括医疗机构、疾病控制中心、体检中心等都争相开展了体检业务，公立与私营机构无序竞争。由于社会医疗保险和商业健康保险大多未将健康体检纳入到费用支付范围，自费体检成为主流，因为各方体检服务提供主体都把服务重心放在了高端人群之上，出现了“广告战”和“价格战”等拙劣的营销策略，甚至有违规和不正当竞争行为，而看清服务经济的大环境，靠提供超值服务和建立品牌来赢得市场的机构数量极为少数。

二、健康风险评估

健康风险评估是对个人的健康状况、未来患病和（或）死亡危险性的量化评估（陈君石、黄建始，2007）。它是描述或估计某一个体未来发生某种特定疾病或因为某种特定疾病导致死亡的可能性，目的在于估计特定事件发生的可能性，而不在于做出明确的诊断。健康风险评估的结果是实施健康干预最重要的依据，因此，它本身是一种方法或工具，也是健康管理过程中一个技术含量较高的服务环节。

健康风险评估的概念首次由罗宾斯（Robbins）医生于1940年提出（Vogt，1981）。罗宾斯从当时进行的大量子宫颈癌和心脏疾病的预防实践中总结了出一个观点：医生应该记录病人的健康风险，用于指导疾病预防工作的有效开展。他创造的健康风险表（health hazard chart），赋予了医疗检查结果更多的疾病预测性含义。10年后，罗宾斯医生担任了公共卫生部门在研究癌症控制计划的主持人，他主持制定了《10年期死亡率风险表格》（Tables of 10－year Mortality Risk），并且在许多小型的示范教学项目中，以健康风险评估作为医学课题的教材及运用的模式（Hall & Zwemer，1979）。1968年，第一个健康风险评估工具（health hazard appraisal）由罗宾斯和豪尔（Hall）开发问世，成为了现代健康风险评估工具的基础（Goetz，1980）。1970年，罗宾斯和豪尔的著作《前瞻性医学实践》出版促进了健康风险评估的广泛使用。

美国密西根大学于1978年率先在全球成立了健康管理研究中心（UM－HMR），之后不久得到了美国疾病控制中心的授权，向全美推广健康风险评估（health risk appraisal，HRA）系统，普及健康风险评估。密西根健康管理中心同时对HRA量表的应用情况进行了深入的研究，并随着20世纪80年代末和90年代计算机技术的成熟普及和政府的大力支持下，相继更新并推出了第二代和第三代HRA量表。目前美国健康管理服务机构针对服务对象在大量健康信息资料收集的基础上，健康风险评估的范围不仅包括被评估者的健康状况，还包括健康管理干预措施的比较、方法的选择、决策，以及干预效果等方面的内容。除美国外，英国和日本也建立了适合本土使用的个人健康风险评估工具。相比较而言，中国国内的健康管理相关服务机构中尚未建立统一的健康风险评估方法和标准框架。部分机构使用单一危险因素与发病率为基础计算患病危险度，有些使用基因图谱检测或通过测量特定的基因类型及是否突变来预测将来所患的疾病。这些方法能否作为健康风险评估的手段或如何使用等都缺乏足够研究证据（张斓、王煜、黄建始，2008）。

第五节 健康管理的实践与研究现状

一、美国与欧洲的健康管理现状

最先提出健康管理概念的是美国保险业。虽然美国有记录的健康管理仅二十多年的历史，但其实践却可以追溯到七十多年前。美国蓝十字和蓝盾保险公司早在 1929 年就通过对教师和工人提供基本的医疗服务进行了健康管理的实践探索。手段是保险公司雇用医生，让其采取健康评估的手段来指导病人自我保健，大大降低了医疗费用，为保险公司控制了理赔风险。凯撒健康计划和医疗集团、梅奥医疗集团也成功地进行过类似的尝试。黄建始（2006）认为，健康管理在美国的出现是源于美国最先面临无法遏制的医疗费用增长和健康对后工业化时代生产力的压力的双重挑战。

1973 年，在美国卫生部的推动下，美国国会通过了“健康维护组织法”（Culyer & Newhouse，2000），等于是鼓励通过健康管理等措施来控制疾病的发生率，特别是在健康维护组织（HMO）中推行守门人制度，试图发病预防医学的作用，力求将疾病控制和消灭在萌芽状态。在宏观上，美国政府开始认为健康管理和促进关系国家经济、政治和社会稳定的大事情，因而制定了全国健康管理计划，即“健康人民”计划，每 10 年一个计划、执行和评价循环，旨在不断地提高全国的健康水平。该计划已经进入第二个 10 年，叫做“健康人民 2010”。在“健康人民”计划的推动下，微观层面上美国企业和学术界则更加关注健康和生产效率管理，控制医疗费用，提高服务质量和效率。也使得美国健康管理服务有了较大发展。医疗集团（机构）、健康促进中心、大中型企业、社区服务组织等，都为大众提供各种形式、内容多样的健康管理项目及其相关服务，成为美国医疗保健系统中的一支重要力量。生活方式管理、需求管理、疾病管理、灾难性病伤管理和残疾管理等，逐渐发展成为较为成熟的健康管理服务体系（黄建始，2006）。从前文关于健康风险评估的情况来看，美国健康管理服务业发达之处主要体现在其健康风险评估技术工具研发上，不仅先进而且应用广泛。

亨特和布朗（Hunter & Brown，2007）认为，欧洲在健康管理方面的原创性研究极其少见，在英国本土以外，这种局限性甚至更加明显；健康管理在整个欧洲来说都是一个发展不充分的研究领域。笔者认为，这并不能说明欧洲在健康服务的提供和体系建设上非常落后，因为相对美国来说，欧洲各国尤其如丹麦、芬兰等国，其卫生总费用占 GDP 的比例低于美国许多，但其居民健康指标如健康期望寿命等却优于美国。这的确需要引起研究者和政府反思：应该从国家层面建立健康服务体系，还是最好把提供健康管理服务的权利交给市场来处置[①]。梅耶和若萨夫（Meyer & Rassaf，2008）等在介绍第十九届世界健康促进与健康教育大会的论文时也指出“健康管理预期将加入到疾病管理行列成为未来卫生保健的整体概念”，他们同时提示，未来世界卫生的发展有四个方面最值得关注，即创造维护健康的支持环境、建立有益于健康的公共政策、加强社区行动且发展个人维护健康的技能以及重要定位卫生系统的功能。虽然没有给出具体措施，但就卫生发展导入健康管理理念的意图是显而易见的。

从国家制度背景来看，整体而言，美国与欧洲，特别是英国以及北欧的一些发达国家相比，在健康保障的价值观上存在着巨大差别。美国更加相信市场的作用，故以健康管理企业提供健康管理服务产品为主；而英国等国则把健康服务作为公共产品的表现形式以社会福利方式提供给民众，因而从国家层面提供了主要的健康管理服务产品。从研究的视角分析，这也导致了美国健康管理企业发达，更加关注健康管理理论的研究；英国等极少依赖企业提供的健康管理服务产品，研究重点更多地放在了健康保障制度和健康服务供给体系的建设上。

---

① 这涉及健康领域的伦理学判断，因为受到价值观和政治体制的影响，全世界在健康保障制度问题尚无统一认同的模式，建立适合本国民众期望且满足健康公平性原则的健康服务体系是学术上认可的标准。本研究将在下文中主要分析美国和英国两种截然不同的健康管理服务模式。

二、国内健康管理的实践与研究现状

21 世纪初，现代意义上的健康管理理念被引进中国。

中国第一家健康管理公司注册于 2001 年，至 2008 年 8 月，全国在工商局注册加上各种形式自报的健康管理相关机构已达五千多家，仅从其名称来看，体检机构占了 64.5%，健康咨询公司占了 14%，而署名为健康管理公司的只有 6.1%，其他还有健康教育公司、健康产业公司等（中华医学会等，2009）①。从网站上获取信息，即使取名为“健康管理公司”的单位，其提供的服务产品也主要还是体检服务，2010 年以后由体检机构提供的健康管理服务内容逐年拓展。

在理论研究上，从中文全文期刊网（中国知网 CNKI 等）上查到的文献信息，1975 ~ 2017 年 9 月底，中国关于健康管理的研究，在篇名中检索能查到 5001 篇论文，用关键词检索则可以找到 3017 篇。以篇检索进行分析，这些文献表现出以下几个特点：论文发表时间多在 2000 ~ 2017 年，2007 年起每年论文量超 100 篇，逐年增长，2016 年全年已达 678 篇；论文刊载的杂志绝大多数刊于医药卫生科技类杂志，接近占 66%；论文字数一般介于 2000 ~ 4000 字；论文作者的学术背景以医学方面的研究者为主，政策类的研究成果相对偏少。作者们的研究重点主要集中在四个领域：一是实施健康管理的必要性与现状研究；二是欧美等发达国家开展健康管理的经验介绍；三是中国健康相关机构健康管理实践的平台建设与经验介绍；四是健康管理的理论探讨。同时，能够查篇名含有“健康管理”一词的博士和硕士论文有 369 篇，已有近十本健康管理师培训教材，以及数十本健康与健康管理方面的科普读物等。国内尚未发现公开出版的从经济学或管理学角度对健康管理服务业进行系统研究的学术

① 中华医学会等：《中国健康管理相关机构现状调查报告（2007 - 2008）》，中国协和医科大学出版社 2009 年版，第 17 页。后文在介绍中国健康管理现状时将详细分析相关数据。从该报告中并没有发现关于医院和社区卫生机构等公立机构提供健康管理服务的相关情况介绍，笔者认为在中国现在乃至将来相当长的时间里，医院和社区卫生服务机构都将是健康管理服务的重要供方，因此本研究后文将对此专门介绍。2010 年之后尚未查到以“健康管理相关机构现状”为主题的全国性系统性调查报告。

专著。

这些情况说明，2009 年新医改文件发布之时，“中国健康管理犹如雨后春笋，发展势头迅猛，但先进的理念缺乏相应的支持理论和技术手段，健康管理还处于‘胚胎期’”（黄建始，2009）。又经过近十年的发展，健康管理服务机构数量、行业市场规模和国家健康战略方面都已有长足发展。只是由于健康管理机构运营数据与行业统计信息缺乏，尤其是受众健康管理服务利用和效果的信息利用得非常不够，极具价值的政策和医学研究成果还期待在学术界足够重视中产生。

第三章

健康管理的概念界定

第一节 健康的概念及其特性

一、健康的定义

健康的含义是什么？这是医学中最重要和最基本的概念之一，问题看似简单却并不容易给出答案，对健康含义的理解可谓见仁见智。在贝克尔看来，健康是“一个机体或有机体的部分处于安宁的状态，它的特征是机体有正常的功能，以及没有疾病”（沃林斯基，1999）。这个定义是以常识为基础的，健康只被简单地定义为没有症状和体征。症状和体征是医疗专家，主要是医生用来确定生理机体即人体或躯体，处于某种生物学紊乱状态的证据。从医学的角度看，人体处于生物学紊乱状态时，执行正常生理机能的能力就会降低，需要接受适当的医学治疗，以使躯体恢复到原来的健康状态。显然，贝克尔给出的并非健康而是没有疾病的定义。无病与健康画等号，结果会导致人们“把注意力集中在熟悉的机能失调体征上，并倾向于排除对机能良好者的分析。对不正常的认识很多，但对正常的认识却极少”，这使人们“对预防疾病和促进机能提高的努力反而放松了”。在当今社会，尤其是医学界，工作和科学研究重点大都放在健康的拯救上，而并非放在健康风险的控制和维护上。这种“救火”式的医学思维和服务方式深深影响着现代医学的发展和运行模式。在《辞海》中给出健康的一般定义，是人体各器官系统发育良好，体质健壮，功能正常，精力充沛，并具有良好劳动效能的状态。通常用人体测量、健康检查和各种生理指标来衡量。应该说这一定义已经超出了身体健康的范围。

国内外心理学家、医学家对心理健康问题有不少精辟见解。心理学家麦灵格说："心理健康是指人们对于环境以及人们相互之间具有最高效率及快乐的适应情况。不只是要有效率，也不只是要能有满足之感，或是能愉快地接受生活的变故，而要三者都具备。心理健康的人应能保持平静的情绪，有敏锐的智能，适合于社会环境的行为和愉快的气质"①。至于身体健康与心理健康孰重孰轻，学术界分歧很大。著名心理学家马斯洛认为"心理健康比生理健康更重要"。实际上，身体健康是心理健康的物质基础，心理健康又是身体健康的精神支柱。这是认识健康、探索健康的生态学基础。良好的情绪状态可以使生理功能处于最佳状态，反之则会降低或破坏某种功能而引起疾病。身体状况的改变可能带来相应的心理问题，生理上的缺陷、疾病，特别是痼疾，往往会使人产生烦恼、焦躁、忧虑、抑郁等不良情绪，导致各种不正常的心理状态。作为身心统一体的人，身体和心理是紧密依存的两个方面。

从社会功能的角度，杜博斯（1981）给出了健康的定义："健康可以看成发挥功能的能力"。在将健康的医学定义改变为健康的社会学定义的开拓性研究中，帕森斯最先阐述了对健康的极为重要的新分析："健康可以解释为已社会化的个人完成角色和任务的能力处于最适当的状态"（沃林斯基，1999）。因为帕森斯认为，健康的医学定义不适合于发达社会，诸如美国，社会结构分化水平很高，健康定义不能仅依赖于生理性机能失调为根据。社会上的每一个人都要去履行他自己的特殊职责，假如这些职责不能完成，那么，相互依赖和交织在一起工作的复杂网络（社会体系）就会崩解。可见，帕森斯是以个人参与复杂社会体系的本质为基础，给出了健康的社会学定义。

1946 年，世界卫生组织（WHO）章程中给出了迄今为止健康的最权威定义："健康不仅仅是没有疾病或身体虚弱，而是指生理、心理以及社会适应良好的完美状态"。该定义是建基于医学、心理学和社会学等学科

① 转引自祝家华：《心理学的诡计全集》，华山文艺出版社 2010 年版，第 2 页。

在健康研究的科学论证之上。六十多年来，WHO 的健康概念仍然沿用且从未改变过。从中可以看到，健康状况不仅是简单地判断一个人是否生病或受伤，它同样意味着一种完全安适状态。需要提醒：尽管健康新概念问世已经半个多世纪了，但如何正确理解健康的内涵，这一关键问题从理论到实践还没有真正解决。

其实，可把 WHO 关于健康的表述理解成三个递进层次的状态：

第一，身体健康，又称生理健康或躯体健康（physical health），指躯体健康，躯体的结构完好、功能正常，躯体与环境之间保持相对的平衡。其实这就是贝克尔意义上的健康。

第二，心理健康，又称精神健康（mental health），指人的心理处于完好状态，包括正确认识自我、正确认识环境和及时适应环境。

第三，社会适应能力良好（social well - being），指个人的能力在社会系统内得到充分的发挥，人体能够有效地扮演与其身份相适应的角色，个人的行为与社会规范一致，和谐融合。社会适应性归根结底取决于生理和心理的素质状况。

关于健康认识的不断进步，使得健康观从被动的治疗疾病转变为了积极的预防疾病和促进健康，从单纯的生理标准扩展到了心理、社会标准，从个体诊断延伸到群体乃至整个社会的健康评价。既考虑到了人的自然属性，又侧重于社会的属性；既重视健康对人的价值，又强调人对健康的作用，并将两者结合起来。因此，健康与疾病、人类与健康多种因果关系的认识使健康观念得以更新。

不可否认，对健康的理解或实际工作中对健康的关注，从生物医学角度进行考量仍占据中国民众和政府部门的主流。例如，人们只有“生病”（有临床表现）时才寻求医生的帮助，而在平时的“健康”状态却很少或根本想不到要得到医生的服务。多数医生更是习惯于“坐堂看病”，很少愿意或有意识地上门送“健康”服务。再看看政府的决策者，依然最关注的是群众的生病就医问题，最乐意把卫生资源投入到医疗机构以建立现代化的医院，以及特别热衷于配备高精尖的设备。令人可喜的是，常常有人提出要更多关注“身心健康”，实际上就是包括了生理健康和心理健康。

根据 WHO 关于健康的定义，沃林斯基（1999）与他的研究团队构建了健康的三维概念图，有助于加深理解 WHO 的健康内涵。如图 3－1 所示，这是一个三维立方体，将每一个平面一分为二，从而产生了八个亚立方体。这八个亚立方体分别代表个人健康状况的一种可能性。处于“健康状况 1”的个人在正常情况下符合世界卫生组织的定义；处于“健康状况 8”的个人病情严重，在 WHO 定义中所提到的三个方面都被评定为有病。据此，可将八种健康状况贴上标志，如表 3－1 所示。

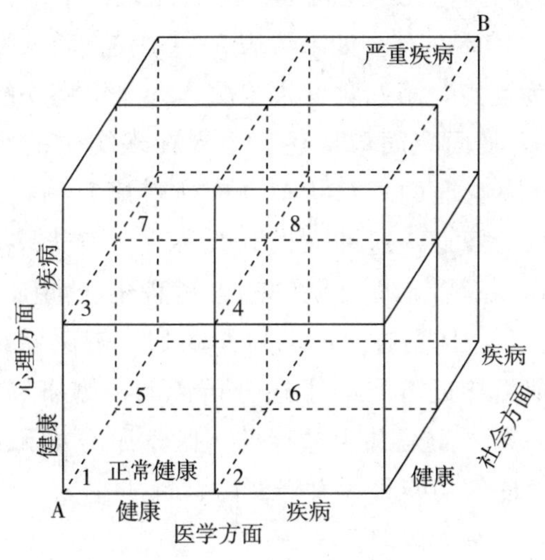

图 3－1　健康的三维表象

资料来源：沃林斯基：《健康社会学》，社会科学文献出版社，2002 年版，第 145 页，稍有改动。

表 3－1　　健康的八种状况在三维概念图中的组成

健康状况	标志	医学方面	心理方面	社会方面
1	正常健康	健康	健康	健康
2	躯体有恙	不健康	健康	健康
3	悲观失望	健康	不健康	健康
4	长期患病	不健康	不健康	健康
5	角色失当	健康	健康	不健康
6	乐观开朗	不健康	健康	不健康

续表

健康状况	标志	医学方面	心理方面	社会方面
7	患疑病症	健康	不健康	不健康
8	严重病伤	不健康	不健康	不健康

资料来源：根据沃林斯基的健康三维表象图制作而成（有改动）。

据沃林斯基的调查，处于正常健康的人在人群中所占比例不到一半，而严重患病者要占10%左右。如果将表3－1中的第一种健康状况，即正常健康的A点作为起点，第八种健康状况，即严重病伤的B点作为终点，则可用图3－2这个平面图简单描述一个人在现实中的健康状况。此时，A点实际上表示健康状况的理想状态（完全健康），这类人是极少数的；B点表示此人已病入膏肓，这种人也为数不多。绝大多数人的健康状况都是处于完全健康和濒临死亡之间的动态过程中，如图3－2中的C点，位于AB之间的线上，且是在AB之间移动的。健康状况越好离A点越近，病情越严重则更接近B点。上述分析说明，健康和疾病之间，不能看成对立的二元关系，而是共生共存的。医学服务如果仅专注于躯体健康，则医学本应发挥的功能将大大降低。

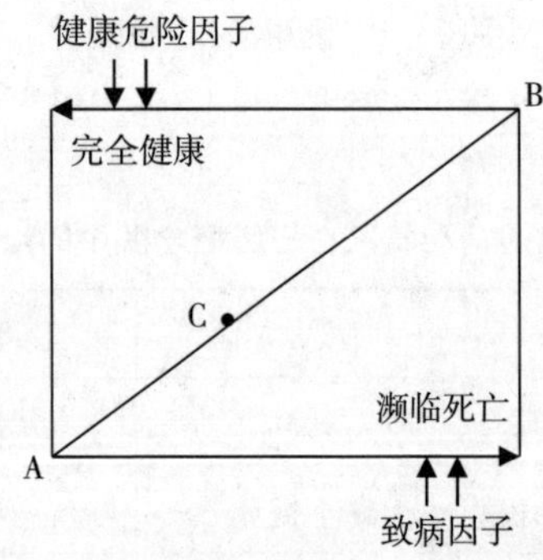

图3－2　健康与疾病共存模式示意

二、健康的特性

健康长寿向来是人类最为珍视的目标之一，但关于健康的特性却有多种理解。

（一）健康可以理解为耐用品

经济学中，产品（goods）是指增加人们效用水平的东西。健康显然能够增加人们的效用水平，给人带来幸福，所以世人常说“健康是人生最大的财富”。从这个意义上说，健康的确能理解为一种产品。这种产品的数量表现在人生某个时点上的健康状况或称健康水平，称之为健康存量（stock of health）①，而且可以用一些测量工具来衡量它。如果一个人的健康存量用 H 来表示，消费所有其他产品的集合用 X 表示，则此人的健康效用函数简单表示为：U = U（H，X）。当给定 X 的数量后，H 给这个人带来的效用即可表示为图 3－3。不难看出，在这种情况下，一个人从健康这种耐用品中得到的效用将随着健康存量的增多而增加。同时，如果采用传统的无差异曲线来表示 H 和 X 之间的关系，如图 3－4 所示，每条无差异曲线表示所有在线上的 H 和 X 的组合对应相同的效用水平，那么，假定效用函数是连续和向上凸时，H 和 X 的边际效用也是递减的了。现在，任取图 3－4 中的一条无差异曲线，如 U_2，对于某个人而言，其上任意两点 D 和 E 所表示的效用水平是一样的，但 D（H_1，X_1）、E（H_2，X_2）的商品组合是不同的，H_1 小于 H_2，而 X_1 显然大于 X_2，说明这个人为获得 $X_1 - X_2$ 单位的其他产品而放弃了 $H_2 - H_1$ 单位健康产品，这就解释了在现实生活为什么有些人为获得某种快感，如吸烟等带来的效用，而放弃健康目标的原因。

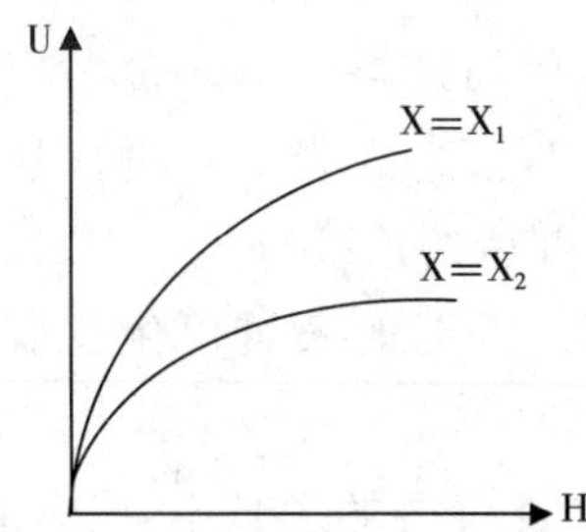

图 3－3　给定其他产品消费时健康和效用的函数关系

---

① 有时也译成健康储备。

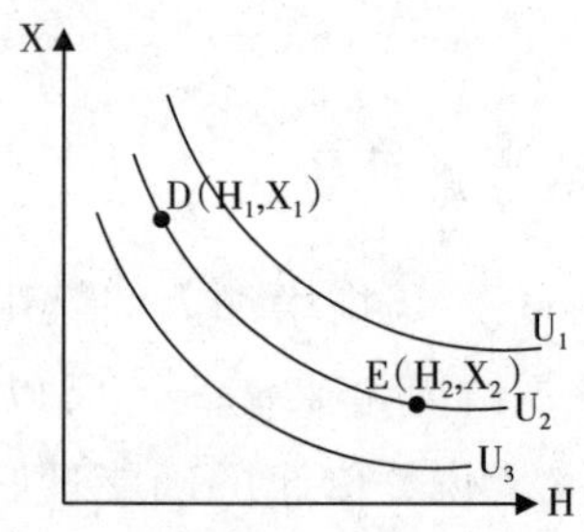

图3-4 健康和其他产品的无差异曲线

由于不同测量工具的使用决定了健康存量的多少和维护的手段，不同学科或领域对于健康测量的最大分歧在于测量工具的开发和应用上。在人生的任何一个时点上，健康状况对其后来人生的健康都要产生影响，此时如果通过某种措施（如医学治疗），使得人的健康得到改善或健康存量增加，则对其之后一段时期甚至终身都带来收益。因此，经济学上常将健康看成是一种耐用品（durable good）或一种资本所提供的服务（Santerre & Neun，1996）。格罗斯曼（Grossman，1972）认为，一定健康存量所提供的健康服务流量，在一个人的一生中不断地消费。当然，健康的初始存量对于不同的人，会因大量影响因素（其中有些影响因素是不可控的）的不同而有所不同。一个人自己是不能够控制出生时的健康初始存量的分配。一生下来有残疾的婴儿，如患有先天性心脏病，其健康存量从生命的起点期就低于同龄人的平均水平①。同时，由于人与人之间在年龄、身体素质、生活方式、环境因素和卫生服务享受数量的不同，其健康折旧率也大不相同。一位得了糖尿病的人的健康折旧率较大程度上取决于该人医疗服务消费的数量、本人生活习惯优化的情况及其得到的社会理解与支持力度。而当某人患了心理疾病时，是否及时获得心理治疗，也包括亲友与社会创造的治疗环境，对此人健康折旧率影响甚大。所以，在三维健康概念下，针对健康可提供的服务范围已大大拓展，每个人的健康投资方式需要科学选择。在现实生活中，有人重视生命数量，有人更看重生命质量，健康获得的手段和方法也是多样化的。换言之，

① 这就是育龄期夫妇及孕产妇健康管理非常重要的原因，它不仅是为当事人，也在为下一代增加健康存量而投资。

健康这一耐用品的生产与维护由于需求目的会因人、因时、因地而异。下文将引入健康生产函数来说明之。

（二）健康生产投入的需求是引致需求

所谓健康的生产就是一个将健康生产的投入转换为健康结果的过程，表现为健康存量的增加（樊明，2002）。对于卫生经济学家以及公共政策制定者而言，健康的生产是一个核心问题。卫生保健，包括医生所提供的医疗保健在内，在社会中的地位归根结底就是生产问题。需要考虑和研究的是：卫生保健对公众的健康状况贡献到底有多大？生产及分配卫生保健的最佳途径是什么？经济学家通常用生产函数来解释投入与产出之间的关系，健康生产函数的引入有助我们了解卫生投入与健康状况之间的关系。

一个普通的个人健康生产函数（卫生保健、生活方式、环境和遗传）如下：HS = f（Kenkel，1990；Rice，1998）。用见图 3－5 表示，如果后三个因素中的任何一个提高了，都将使曲线向上移动。生产函数表示在一个特定期间内投入与产出流之间的关系，所以该图中的投入与产出是在一定期间内衡量的，比如说一年。在实际应用时，很多研究都是以每人所经历的健康天数或诸如死亡率或生病天数等表示健康状况的反向指标。为了简化对健康生产过程的描述，这里将所有的投入化简为了一个标准，即卫生保健。它是由公共卫生和临床医生等许多不同领域从业人员所提供的保健服务投入总和。不难看出，在所有其他投入固定不变的条件下，一个额外单位卫生保健所产生的健康的增加，即卫生保健的边际产出，是递减的。如图 3－6 所示，第 n 个单位卫生保健投入的边际产出是趋于零的。经济学家与医学史学者通过研究验证：其一，在现代社会，尽管卫生保健所作的总贡献相当可观，但其边际贡献却很小。其二，进入 20 世纪后，医生提供的卫生保健对降低人口死亡率所起的作用几乎可以忽略不计（富兰德、古德曼、斯坦诺，2004）。尽管这个结论令许多人特别是医学界吃惊不小，但研究本身给予的启示是显然的：现有的卫生服务模式或卫生保健提供方式，对于健康生产的作用正在减弱。然而在平时，人们为了获得更好的健康，不仅把希望寄托于卫生保健部门，而且主要依赖于医疗机构。正如前文所述，卫生经济学家福克斯（1986）也持这样的观点，健康和医疗之间的联系并不像大部分讨论要使我们相信的那样直接和紧密，影响健康状况的主要因素是病人本身而非医生。

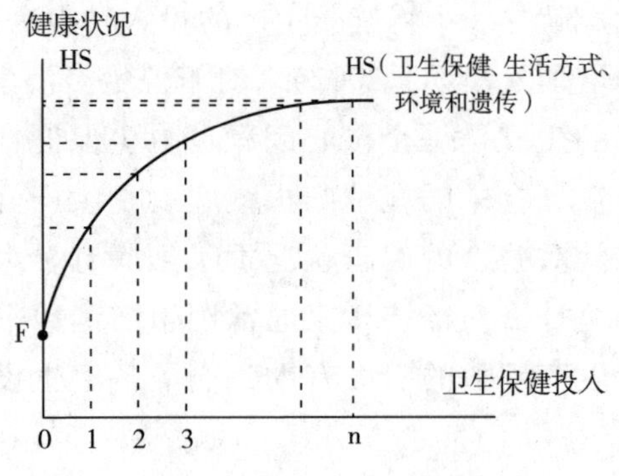

图3－5　健康的生产函数

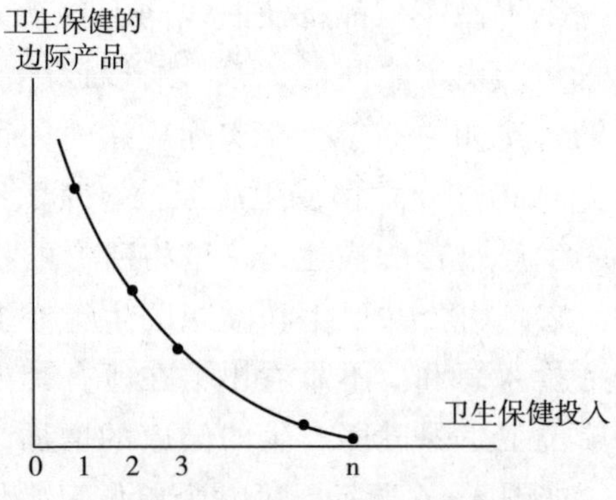

图3－6　卫生保健的边际产品

健康生产函数的分析结果表明：对健康生产投入的需求是因为生产健康结果而派生的需求（derived demand）。就像一般生产过程对生要素的派生需求一样，尽管医疗服务处于健康服务产业链的下游，且对健康的贡献作用有限，但种种原因导致人们更多地购买了医疗服务，医疗服务需求是由于对健康的需求而产生的引致需求也不必置疑。与一般的生产过程相比较，健康投入和健康状况或健康产出的关系并不那么明显直接，有时甚至是模糊的。在很多情况下，研究者甚至很难断言所采取的医疗措施到底如何作用于人们的健康，在作用的大小上存在的争议更大。下面关于健康影响因素的分析，同样说明这点。不过，对于健康是由相应的投入生产出来，健康会给人们带来效用的事实，已不再有疑问。

（三）健康影响因素呈现多元化趋势

20 世纪 70 年代，学者布鲁姆（H. Blum）等指出，环境因素，特别是社会环境因素，对人们的身心健康、精神和体质发育都有重要的影响，并提出了环境、生物遗传、行为与生活方式及医疗卫生服务这四大类因素是影响健康的主要因素，如图 3 -7 所示，箭头的粗细代表了影响的大小。在布鲁姆的模型中，环境对健康的影响是最大的，而医疗卫生的影响是最小的。

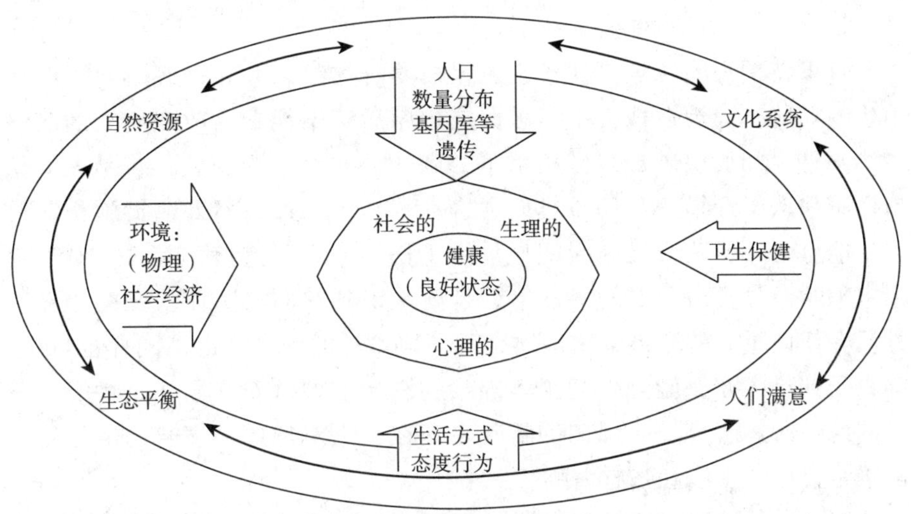

图 3 -7 健康的影响因素

资料来源：布鲁姆（1974），转引自龚幼龙《社会医学》，2000 年版，第 18 页，稍有改动。

如图 3 -8 所示，1991 年世界卫生组织根据上面四项因素进行死因归类分析，得到的结果表明：60% 的死亡是由于行为生活方式，17% 为环境因素，15% 为生物遗传因素，8% 为卫生服务因素所致（龚幼龙，

2000)。可见，行为生活方式已经成为死亡的主要危险因素，健康的生产需要从改变人的饮食习惯与生活方式等方面实施综合措施才会有效，如仅仅依靠医疗卫生部门只会事倍功半。

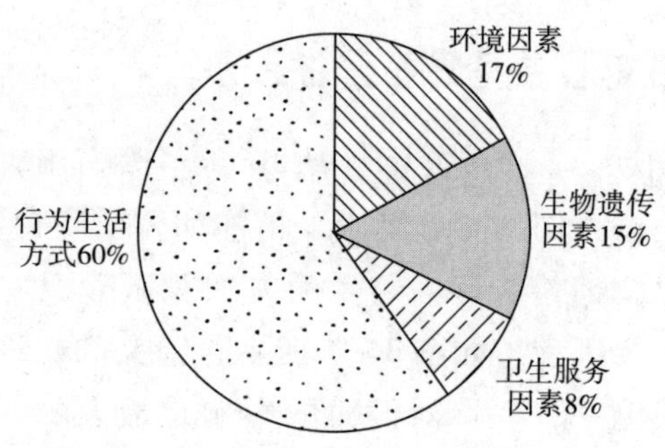

图 3-8　四种主要因素的死因归类分析

资料来源：WHO（1991），转引自龚幼龙：《社会医学》，人民卫生出版社 2000 年版，第 19 页。

这里特别说明两点：其一，死因归类研究结果并非彻底否定了医疗卫生的功能。因为在现实中很多医疗程序尽管不能最后改变病人的最终健康水平，却加快了最终健康水平的到达。比如手指划破，若是大的伤口而不采取医疗措施，伤口难以愈合；若是小伤口，不采取措施伤口最终虽能愈合，但采取措施后明显加快了伤口愈合的速度。其二，对于健康水平的差异，最重要的一件事就是要认识到它们与医疗状况的差异通常没有任何重要的联系。这是福克斯（2000）的观点，但他同样也承认，健康受到除医疗保健之外的很多因素的影响，如营养和居住条件等，只是同前文所述医疗卫生部门的特殊之处在于它对健康、痛苦、生与死的影响是直接、持续和强有力的。

因此，从健康投资策略上讲，应该着重于治理环境、行为生活方式的科学改进，以及优孕、优生和优育等，当然身体一旦患病还得首先求助于医生及其服务团队。

（四）健康目标与社会生活选择往往存在冲突

健康这一耐用消费品会随着时间的推移磨损消耗，这就是所谓的衰老过程（aging）。从古至今，人们都渴望追求长生不老，到目前为止，也许永远也不会实现。当健康存量下降到一定程度，身体就渐渐失去某些机能，直至最后死亡。用经济学的术语表达，就是我们的健康时时在折旧。

一个人的生命周期，如图 3 –9 所示，这是一个典型的健康存量随时间变化的状况。

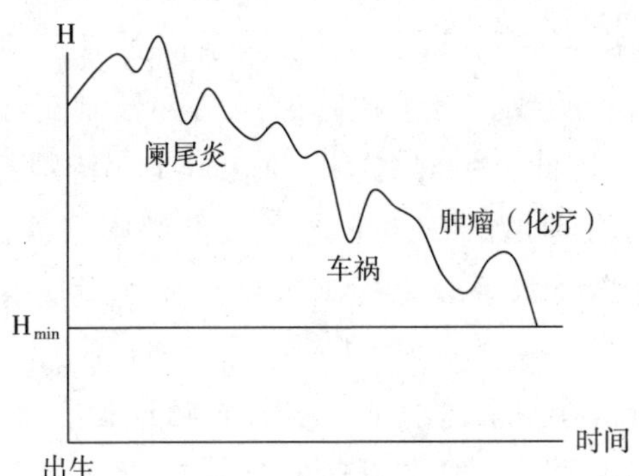

图 3 –9　健康存量的时间轨迹

资料来源：樊明著《健康经济学：健康对劳动市场表现的影响》，社会科学文献出版社 2002 年版，第 18 页。

出生时，婴儿从父母，特别是母亲那里获得了一定的健康存量。这时的健康存量在很大程度了决定了一生健康的起点高度。对于婴儿来说，其健康存量主要决定于父母的健康状况。这里，同样从四个方面的因素进行分析：一是遗传因素。主要通过婚前检查和孕前检查等，从健康角度避免不合适结婚，或可以结婚但不适宜孕育的现象发生，或能够孕育但今后需要注意的保健事项等。二是饮食与行为生活方式。主要通过科学合理的饮食安排，保证胎儿成长有足够的营养。另外注意规律的作息制度、保持心平气和的心理状态等。三是环境因素。尽量生活在空气清晰的环境下，孕前的父母、孕期的母亲远离辐射源等。四是卫生服务利用。适宜的卫生服务利用，一方面可以帮助监测胎儿正常成长，另一方面也要避免不必要的医源性伤害、保证孕妇顺产等。这些因素的充分考虑都会对胎儿的成长有利。有时哪怕一点点疏忽都可能导致生产出有缺陷的婴儿，使其一出生时的健康存量就低于同龄人的水平①。关于出生缺陷的研究显示，出生缺陷逐渐已成为包括中国在内的各国凸现的公共卫生问题。出生缺陷不仅引起早亡，而且大部分存活下来的出生缺陷儿带有各种残疾，对病人的生活、学习、工作和发展带来极大影响，同时也给家庭造成极大的心理压力和精神痛苦，也让家庭和社会承受沉重的经济负担。据美国出生缺陷研究和预防中心估计：10%的出生缺陷归因于环境因素，20%的出生缺陷归因于遗传因素，而70%则是因环境和遗传交互作用或其他因素所致。出生缺陷的预防和控制正在成为世界各国卫生保健的新热点②。因此，世界各国，尤其WHO特别重视未婚期保健与围孕期保健工作是有理由的，这也是对人类健康素质高度负责的举措。显然，仅仅依靠医学技术手段来提高人生初始的健康存量，作用将非常有限。

婴儿出生以后，在正常情况下，随着年龄增长，主要在青少年时期，人的健康存量逐渐增加。一般来说到了20～30岁左右，人的身体机能完全发育成熟，这时人的健康存量达到顶峰。然后开始减少，即开始了衰老的过程。如果一个一生中在遭受到大的疾病或意外受伤时，及时的救治和恢复，才能使这个人的健康折旧率维持在原有的水平上。若受到的打击特别大而无法抗拒、挽回，健康存量会突然发生急剧的下降，当到达保持生命所必需的最低水平（H_{min}）以下时，个体生命就会结束。

衰老无法抗拒，如能延缓衰老就更好了。因此，延缓或推迟某些事件的发生，对于健康维护，即保持健康正常折旧率或试图健康折旧速度显得特别重要，也是每个人的正常意愿。但在现实生活中人们的行动却并非都能够与健康目标相一致！人生中很多目标的实现，都无益于健康，甚至相悖的情况常常存在。“健康第一”对于很多人来说，可能只是在嘴上说说。坦率地讲，比起健康，这些人更看重其他目标。例如，有些人

① 从广义的角度来分析，父母的健康状况也包括心理、社会适应等都会对婴儿产生或多或少的影响。

② 出生缺陷是指胚胎或胎儿在发育过程中发生解剖学和（或）功能上的异常。既包括先天畸形，如胎儿形态结构的异常、大体的或细微的异常，也包括功能、代谢、行为的异常，如先天性智力低下、遗传代谢性疾病等。参见陈英耀：《中国出生缺陷的疾病负担和预防策略的经济学评价》，复旦大学出版社2006年版。

平时应酬不断且“海吃豪饮”，多数理由是工作需要身不由己；有的人，因图享受患上“赖车病”“空调病”；有人为了追求刺激和某种状态，吸毒（包括吸烟）、迷恋上网成瘾，等等。还有的就是为了实现人生价值或生活所迫，给自己施加上超负荷的工作压力，导致健康严重受损，走入到“四十岁前拿命换钱，四十岁后拿钱买命”的怪圈，岂不知后者往往成本更高，却大多无法实现。这时，主观或客观上找到健康危险因素，并通过干预进行降低或消除的工作努力方式值得重视，健康投资宜早不宜迟。

（五）健康价值的无法估量性与健康损害较多不可逆性同时存在

俗语“好死不如赖活着”蕴涵的意思是“生命只有一次”，宝贵的生命需要弥足珍惜。而“生命诚可贵，爱情价更高，若为自由故，二者皆可抛”则反映了人们对生命意义的哲学思索。从医学角度分析其实就是人类关于生命的长度和宽度，或生命的数量与质量的不同追求。医学家告诉人们要注重生命质量（quality of life），有人译为生活质量或生存质量[①]。这在日常生活中，便是人们的祝福语“健康长寿”，道出了人生的完美境界。经济学家一直试图计算出生命的价值，方法与路径很多，但仍无定论[②]。质量调整生存年（quality adjusted life years，QALYs）的引入令生命质量与生命数量的评价统一起来。它是通过把不正常功能状态下或疾病及伤残状态下的生存年数换算成等同于健康人的生存年数，用生命质量来调整期望寿命或生存年数而得到的一个新的生命计量指标[③]。可见，处于不同研究或工作目的来估算人的生命价值是可能的，但健康的价值事实上是无法估量的。单从人体器官来看：如足球运动员的脚和

① 目前尚无普遍被接受的关于生存质量的定义，WHO 将其定义为：不同文化和价值体系中的个人对于他们的目标、期望、标准及所关心的事情的生存状况的体验。

② 经济学关于生命价值研究的驱动力来源于保险公司特别是人寿保险公司费率的厘定，如用支付意愿法（willing to pay，WTP）来统计人们对生命的估算等。请参阅戴维·德兰诺夫著：《你的生命价值多少?》。

③ 计算质量调整生存年，要首先用生命质量评价方法得出各种功能状态或不健康状态的效用值（参考尺度 0～1，0 表示死亡，1 表示完全健康），然后用效用值作为权重（W_i），计算各种状态的生存年数（Y_i），最后的合计值就是质量调整生命年。$QALYs = \sum_{i=1}^{n} W_i Y_i$，式中 n 为功能状态数。

腿、歌唱家的声带等对其本人的重要价值，要比一般器官和一般人的相应部位高出很多倍。特别是人体健康①一旦受到不利影响，如生活中的严重外伤、手术中切除的器官、某些药物的副作用等，都是无法挽回的。这将直接或间接地影响到人的健康的数量和质量，加快健康存量的折旧速度。正是因为健康产品的消费直接关系到人的生命和生活质量，这里把健康损害在很多情况下无法挽回的现象称作“健康损失存在有不可逆性特点”②。

第二节　健康服务产品及其特征分析

一、健康服务产品的分类

健康服务产品按作用于人的方式分为直接健康服务和间接健康服务。前者如健康教育、健康咨询与信息服务等，主要通过健康及保健知识、方法的传播，由消费者个人自己完成健康生产过程；后者如治疗服务，则因产品技术含量太高，诸如诊断、医学处方制定、手术、针灸等要由专业医疗团队共同合作直接向客户提供。前者作用于健康或亚临床人群较多，而后者绝大多数情况是面对单个患病者。特别注意：在治疗服务的过程中，也含有大量的间接服务内容，如向患者解释病情、诊疗方案安排、注意事项，以及对患者及其家属实施关怀服务等。

目前，健康服务发展的一个趋势是面对健康或亚临床人群的直接服务内容在不断增加，主要表现在推拿、按摩等保健服务上。因此从医学角度，为突出健康生产上的直接或间接关系与技术含量之间的关系，笔者将健康服务产品为医学技术和医学人文两个维度，如图 3－10 所示，

① 其实也包括心理健康和社会适应性，如有些事件对一个人的打击，影响是终生的甚至致命的。

② 这里表述为健康严重损害的不可逆性，是想与一般的小病小伤区别开来，其实健康无小事，即临床上经常说的疾病无大小，有时一点点小小的失误都会导致患者健康蒙受巨大的损失而无法补救。

总体而言，直接服务多寡与技术要素含量之间成正相关关系。

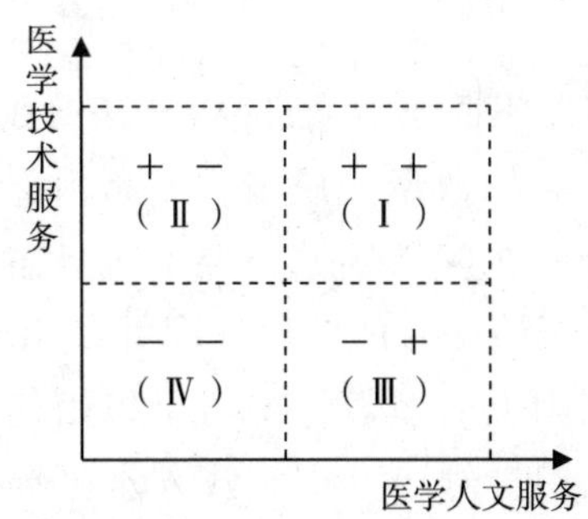

图3－10　健康服务产品的人文与技术两个维度

资料来源：作者制作。

二、健康服务产品的经济属性

健康生产函数涉及卫生保健、生活方式、环境和遗传等众多生产要素。医学领域投入到健康的生产要素至少包括公共卫生、医疗和康复服务三大产品门类，其中每一门类又由若干种服务产品组成。公共卫生服务中的传染病防治、卫生监督等才具有公共产品（public goods）经济属性。计划免疫等预防保健服务虽然归为公共卫生部门生产，但这些产品实际上不具有公共产品的非排他性和非竞争性的特点，但因其服务消费的正外部性明显，有一部分产品由政府统一生产并免费提供。还有诸如计划生育和许多初级卫生保健项目、性传播疾病的控制、为弱势群体提供的基本卫生服务和严重创伤之人提供的急诊服务等，常被称为公益品（merit goods）①，即将介于公共产品和私人产品之间的半公共产品（semi－public goods）。对于一般的医疗服务和康复医学服务，在经济学上都被界定为私人产品（private goods）。绝大多数私人产品获得的制度安排是通过自由的市场交换，即使是与人类生存或健康生产的最密切相关的必须消费品如食物等，消费者也都是在市场中根据自身需求水平自主做出购买产品数量和质量的决定。

① 转引自毛正中、胡德伟：《卫生经济学》，中国统计出版社2004年版，第26页。

三、卫生服务需要与需求之关系分析

卫生服务产品的消费不同于普通商品①，不管是多么理性的消费者也无法知道并选择所需产品的数量或质量，而是由专业的医务人员作为代理人进行卫生服务消费。在医学领域，卫生服务需要量一般由医学专家根据自身的知识优势基于消费者的健康状况并做出专业的需要量为标准；然而在卫生服务产品利用上，多数情况下是以由消费者的认识和需求为起点，消费者的医学知识、健康意识、收入水平等因素会直接影响到卫生服务产品的消费水平（Jeffers，1971）。

因此，卫生服务供需双方矛盾的焦点集中在卫生服务需要的判断上，如表 3－2 所示，A 指个体感觉身体不适，医学专家也确定个体身体存在疾病需要治疗；B 为个体实际存在健康问题，但尚未被其认知，从医学的角度该个体需要得到卫生服务；C 是个体认为身体不舒服，需要获得卫生服务，但医学专家认为没有必要提供给卫生服务，其原因可能是个体疑病或存在无需进行医学干预的极小健康问题所致，也有可能是现有的医学知识或条件无法解释的症状；D 即个体没有不适症状，经过专家检查个体确实健康状况良好。相对来说，A 和 D 比较理想，个体与专家对健康状况的判断完全相同，达到了卫生服务产品是否消费的意见一致；但遇到 B 和 C 的情况时，供需双方的意见就产生了分歧。C 又存在两种情形：如果此时的卫生服务产品是私人产品，只能通过市场交易获取，多数消费者会认为医务人员是帮助自己少花了“冤枉钱”；而若是政府提供的免费产品（包括公共产品或私人产品），都会被消费者误认为是供给不足②。B 的情况较为复杂，在供给者行为理论学者看来，医生的机会主

---

① 健康生产和卫生服务是紧密联系但又各不相同的概念，它们的经济学和政策含义有本质的不同，健康是人力的资本的一个组成部分，但它与其他形式的人力资本理论（如知识）有所不同。对于健康需求的研究，国际通行的方法基于人力资本理论的 Grossman 模型，只是人们不可能直接购买到一个单位的健康。由于人们对于健康需求是通过卫生服务等因素实现的，要理解或研究健康需求水平，离不开对卫生服务需求的研究。然而对卫生服务需求研究的工具主要是消费者理论。为区别健康生产的其他要素，本书将医学领域生产的健康服务产品统称为卫生服务产品。

② 事实上，非市场状态产品供给不足的情况的确存在，也就是经济学痛批的低效率生产状态；还有一种情况则是医生的能力有限或现有医学技术尚未达到认知此症状的水平。

义行为——供给者诱导需求可能会产生。

表 3 – 2 个体与医学专家对卫生服务需要的确定

医学专家	个体	
	有卫生服务需要	无卫生服务需要
有卫生服务需要	A	B
无卫生服务需要	C	D

资料来源：江启成、李绍华主编：《卫生经济学教程》，安徽科技出版社 2002 年版，第 127 页。

接下来，让我们看一下卫生服务需要和卫生服务需求的区别与联系。如图 3 – 11 所示，Ⅲ区是卫生服务利用的主体，该区表示消费者有购买卫生服务的意愿和能力，同时，经过医学专家判断从健康角度出发又是实际需要的状态。Ⅰ区和Ⅱ区指或因消费者购买能力不够、或因卫生服务可及性不好、或民众健康意识不高等，尚未转化成实际的需求，可以称之为潜在的需求。Ⅳ区和Ⅴ区统称为没有需要的需求，其中Ⅳ区是出于维护健康目的无需要却有必要的需求状态，如个人自愿或在医生建议下进行的健康检查，结果为阴性的情况；Ⅴ区一方面是“求非所需”，即由消费者刻意造成，如有些享受医疗保险者，重复就诊或要求医生进行的不必要检查等现象，属于败德行为（moral hazard）范畴，另一方面是“供非所求”，即医务人员利用信息优势、在经济利益等驱使下，诱导消费者产生的需求（physical induced demand，PID）。从卫生政策角度看，Ⅱ区是要通过提高收入和/或服务可及性使之转化成需求；Ⅰ区则要加强居民健康知识的普及，使之向Ⅱ区转化，再通过服务可及性提高和/或增加收入方面给予支持；Ⅳ区属于有必要的“浪费”；Ⅴ区是应该从政策、法律或管理层面予以“杜绝”或减少的现象。但是Ⅳ区和Ⅴ区界线非常模糊，现实中如何清晰识别两者是研究和管理者关注的重点和工作的难点。

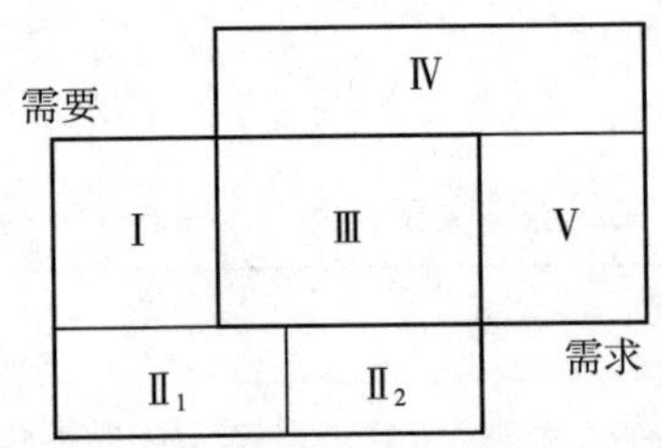

图 3－11 卫生服务需要与需求之关系示意图

资料来源：作者制作，参考吴明主编《卫生经济学》，北京大学医学出版社 2002 年版，第 14 页。

四、卫生服务产品的特征分析

卫生服务产品具有所有服务产品主要的共性特征如非实物性、生产与消费的同时性、非贮存性、差异性，同时还有本身的特殊性，如顾客参与程度非常之高、产品组合性、及时无误性等。

1. 非实物性

卫生服务产品也具备服务产品的非实物属性。健康需求者在购买卫生服务整个过程，都无法像实物产品那样感知到产品的形状、大小、颜色等，更谈不上“货比三家”了。因此，消费者利用卫生服务的前提，主要是建立在对服务提供方信赖的基础之上，如服务单位的级别、品牌、设施，服务者的资历、道德水准，以及过往服务的体验之上等。

2. 生产与消费的同时性

卫生服务的生产和消费过程是同时进行的，例如医务人员对患者进行治疗、护理服务的生产过程，也是患者消费医疗服务产品的过程，当生产结束了消费也必然结束。与一般服务产品略有不同的是，服务生产过程往往很长，如患者在医生指导下服了药品以后，药品发挥疗效的过程仍处于治疗状态，因为医护人员在观察病情、适时调整治疗方案。这就是卫生服务产品的质量监督具有极高难度的原因，事中和事后监督的可行性都非常小且成本异常之高。因此，在卫生服务行业，普遍采取了事前监督的办法，即要求服务人员必须相应的资格如相应的学历、实践经验并取得执业资格证书之后才能上岗。

3. 非贮存性

卫生服务产品无法像实物产品一样进行贮存，必须即时消费。因此，卫生服务机构不可能在闲时生产一定数量的服务，以备急时之需，患者也不可能在健康之时“预购”某种医疗服务，以供病时之用。卫生服务需求具有极大的随机性，结果导致服务供给具有不确定性。产生的现实问题是卫生机构闲忙无度，目前已有卫生机构根据健康需求，特别是疾病的性质与严重程度采取了相应的管理措施，如开通医疗服务预约系统等。由于非贮存性也导致了卫生服务核心产品的非转移性特征，大多数的诊疗服务，特别是手术服务、急救服务等需要采取现场救治的生产方式。为提高生产效率，传统的卫生服务机构都是按“提供者定位服务”的方式，通俗地讲就是“坐堂行医”。

4. 差异性

指同一种产品不同的生产者，即使为同一生产者在不同的时间来生产，产品的质量也不同，甚至相差很大的情况。服务产品一般都具有差异性的特点，难以像实物产品那样通过标准化的生产技术和生产流程达到产品质量的一致性。由于卫生服务生产的最终目标是作用于人体（的健康），使得消费者对产品异质性的感知比银行、会计等服务显得更加明显。尽管医学界一直在努力通过临床路径实施、标准化医师培训等各种办法试图消除卫生服务产品的异质性，但也只能在技术含量较小的低端卫生服务产品上有些效果，专业化分工的深入和医学技术的进步到头来反而加大了产品的差异性①。对于疾病治疗本身而言，最理想的情况是，同一种疾病、同一时间范围内，不管什么级别的医生所实施的治疗方案和治疗效果本应相同。然而在现实中的情况差异性可能很大，进而导致产品消费后果，即健康改善状况相差很大（当然是假设患者的病情不会发生巨大变化，尤其非恶化发展的情况）。

5. 顾客参与程度高，成为重要的“生产者”

卫生服务产品的生产，多数需要顾客，包括患者及其亲友等人的参与和密切配合。卫生服务产品的提供过程如询问病史、体检、服药、手术等均需要患者及其亲友的高度配合。如果顾客在回答病史时有所隐瞒、

① 这是源于健康本身的特性所致，如健康的不可逆特性，看似简单的小病小伤，很可能处置不当而酿成难以想象的恶果。所以，在健康消费上，质量再高也不为过。即下面所讲的高质量和无误性特点。实际上，顾客一方面要求卫生服务生产上的技术标准化，另一方面又要求医务人员充分根据自身病情需要、偏好、心里或性格特征给予个性化服务，两者的差距往往难以弥合。

不按医嘱服药、不配合手术等，将严重影响到医疗服务产品的生产，甚至无法进行。科学研究已经表明，心理作用对患者治疗效果有显著作用。正如福克斯（2000）所言，在寻求健康的过程中，病人和医生之间的合作十分关键，因为健康状况这个过程的最终结果，它包含了病人和医疗人员的共同努力，两者的相互信任能大大加强这一过程的效用。可见，卫生服务生产，不仅自始至终需要顾客实质性参与，而且需要高度信任作为“催化剂”并密切配合，顾客成为实际上的“重要生产者”，只是多数情况下处于“配角”而已。

6. 组合性

从卫生服务产品的定义和实际的情况来看，它事实上是一个产品束、产品组合或者称为卫生服务包（package）。也可以说类似于“服务套餐”，但卫生服务包比实物产品包和一般服务产品包要复杂许多。这是由疾病的复杂性及其诊治过程的复杂性所致。用临床上常见的阑尾炎作为例子，患者因右下腹疼痛入院就诊，先是挂号，门诊医生做体格检查初步判断病情和病种。接着进行验血等相关检查，如果确诊阑尾炎，要根据病情和患者的意见选择是手术还是保守治疗。如果手术，手术后还有一系的如服药指导、护理等服务。整个诊疗过程，患者个体差异、检查结果的可靠性、病情严重程度、手术医师水平、术后预防感染的治疗方案、护理水平、患者配合程度等因素，都会影响患者消费到的服务产品的种类和质量，进而影响患者的疾病康复，即服务产品的消费后果。对于“手术治疗阑尾炎”这一医疗服务产品而言，与疾病治疗直接相关的有门诊体检服务、各种检查化验服务、会诊服务、手术服务、服药指导服务、一系列护理服务、康复指导服务等；与疾病治疗间接相关为接诊咨询服务、挂号服务、取药服务、缴费服务、制作病历服务、电梯服务、病床住宿服务、饮食服务、保安服务、用水用电服务等。这其中有些服务如护理服务等本身又包含着多种服务。这个例子说明，医疗顾客实际上消费了由一个个项目组成的服务组合。每一个项目服务的价格大多是可以定价的，但是疾病复杂性会导致项目服务组合在不同医院、不同医生、不同时间的组合上有很大差异，这会引起整个医疗服务产品价格的巨大变动。卫生服务产品组合性的特点解释了医疗服务价格理论上是可控的，而医疗服务费用却往往难以控制的重要原因，也是医生行使机会主义行为的最大疑点之处。

7. 及时无误性

及时无误性包括两层含义，一是生产及时；二是救治服务准确无误。直接作用于人体的卫生服务，尤其是医疗服务，在疾病治疗中起核心作用①。关键所在是卫生服务产品既不同于实物产品的生产那样，可以通过出厂前的质控环节把关而最大限度控制不合格产品进入消费环节，即使进入了消费环节，不合格的产品也可以通过更换和保修得到弥补；也不同于有些非直接作用于人体的服务产品，在出现“次品”时补救是可能的且成本相对不高。如前所述，健康存在不可逆性现象，疾病如果得不到及时救治，身体健康的损失（有时是精神损失）可能非常巨大甚至没有弥补的机会。同时，由于受医学技术的局限性和疾病发生机理的复杂性和人的个性差异性等诸多因素的影响，加上医疗服务产品的“组合性”和生产环节众多，产品的质量要受到很多主观和客观因素的制约。要做到卫生服务产品提供上及时无误和高质量的难度可想而知。

由于健康的特殊效用价值以及卫生服务产品的特征，卫生服务市场也产生了炯然不同于其他市场的特别之处，主要表现以下三个方面：

其一，不确定性。1963 年，阿罗（Kenneth J. Arrow）最先系统地讨论了卫生服务市场的不确定性问题，主要表现在卫生服务产品需求及产品消费后果两个方面。对于整个市场而言，通过市场调查或人群健康普查的资料长期积累之后，患病率和治愈情况基本上是可以掌握的。因此，产品需求和产品消费后果是有一定概率规律可循。实际的不确定性来源于单一个体消费者的患病时间与患病严重程度上。基于上述卫生服务产品的特性分析，影响健康的因素与影响疾病治疗效果因素都非常复杂，导致两个结果：卫生费用和健康恢复的不确定，即财务风险与健康风险的不确定。

其二，信息问题。相对于其他市场，卫生服务市场的两类信息问题更加突出。一是信息严重不完全。卫生服务市场的许多投入（例如医生的努力程度）与产出（健康状况的改变）可能无法直接观察到。据报道，

① 正作用或负作用。正作用指疾病的治疗维持、改善或恢复了原有的健康状况；负作用指使健康状况恶化了或指治疗没有达到理应得到改善、恢复健康水平的情形。

目前人类已经掌握的疾病致病因子不到所有疾病的15%，况且还有很多疾病即使知道了病因也还缺乏有效的治疗手段，因此，人类对于疾病病因的认知、药物不良反应与干预效果的了解程度永远跟不上疾病治疗的需要。二是信息严重不对称。医学发展的结果之一就是专业化程度更加深入，医生对于疾病治疗成本或产出的了解程度远远超过患者以及保险公司，信息非对称（asymmetric information）问题存在的根源就在于此。笔者认为，信息非对称还表现于医生对病史的了解要逊于患者，如果患者不信任医生或医疗制度安排不当，就会产生瘾瞒病情或消极治疗现象，甚至患者诈骗事件的发生。

其三，趋高性。对于消费者来讲，追求产品的高质量是正常行为，但在绝大部分的产品市场中，消费者一般者会按自身需求水平理性购买适宜的产品。在卫生服务领域，情况有所区别，卫生服务产品的需求弹性不仅高于实物产品，也多高于大部分的服务产品[①]。其根源在于健康损失存在着不可逆现象，导致了消费对于卫生服务产品质量的异质性和消费后果的不确定性的担忧，在卫生服务市场的信息问题不能解决之时，消费者只能追高产品质量，甚至出现非理性追高的现象。同时，作为卫生服务产品的生产者，也往往会出于各种原因推荐患者购买更高端的产品，如高端检查、高技术或新法手术，甚至病房、护理级别等，还包括医疗领域最特殊的实物产品——药品。供需双方共同制造卫生服务市场上的趋高性特点，需要说明的是：趋高性不同于市场失灵，趋高性侧重于产品级别与卫生服务需要的匹配特征，它是市场失灵的因素之一，市场失灵还包括卫生服务产品效益外在性和垄断等原因。

针对卫生服务市场不确定性带来的财务与健康风险，世界通行的治理措施是通过保险介入或政府提供服务两种方法，然而严重的信息问题又导致了市场失灵和政府失灵。这就产生了各国基于本国国情量下的多种健康保障制度。接下来将要讨论的健康管理是指一种综合的健康服务提供方式，而非健康保障制度，受制于各国社会与制度，健康管理会产

---

① 根据福格尔最新的研究，健康收入需求弹性为1.6，远远高于实物产品的收入需求弹性，如住房（0.7）、穿着（0.3）、食品（0.2）；也高于其他服务产品的收入弹性，如教育与休闲均为（1.5）等。参见Fogel，“Forecasting the cost of U. S. Health Care in 2040”。

生不同的服务模式或供给方式。

第三节　健康管理的概念界定

人力资本理论告诉我们，人们关于健康的认识已从最初视之为耐用品，逐渐当做投资的对象，健康需要且能够进行科学的维护和管理。合理的健康维护不仅仅是对疾病的治疗，更重要的是在疾病未至之前的“保养”，即通过科学的干预来延缓或防止各种疾病的发生，从而有效控制健康维护成本并增进健康。在此背景下，健康管理，作为一种具有前瞻性的医学服务模式逐渐发展起来，并引起了社会各界的高度关注。前文已述，作为一门新兴的学科或医学理念，健康管理还没有一个举世公认的定义（黄建始，2007），换言之，国内外尚未达成共识的健康管理理论体系和服务模式。作为一个新兴的产业或服务方式，它可能将代表着医学发展及健康服务的新方向。因此，定义健康管理具有很强的现实意义，但挑战性很大。

笔者已经疏理并分析了健康的特性，这是界定健康管理概念的前提，但这并不等于立刻就可以准确地给出健康管理的概念。仍然拿亨特和布朗（2007）的话来说明“健康管理已经被证明是一个看似清晰，但实际概念不严密且令人感觉含糊的学术领域，难以准确理解并定义它。”从笔者掌握的文献来看，国内最早提出健康管理概念的是苏太洋先生（1994），在其主编的《健康医学》中指出：健康管理是运用管理科学的理论和方法，通过有目的、有计划、有组织的管理手段，调动全社会各个组织和每个成员的积极性，对群体和个体健康进行有效的干预，达到维护、巩固、促进群体和个体健康的目的。

如表 3 - 3 所示，笔者分析认为，国内具有代表性或目前常被引用的两个关于健康管理的定义分别是“健康管理是对个人及人群的健康危险因素进行全面管理的过程”（陈君石、李明，2005），“健康管理是对个体或群体的健康进行全面监测、分析、评估，提供健康咨询和指导以及对健康危险因素进行干预的全过程”（陈君石、黄建始，2007）。可以看到，这两个定义的共同点是都认为健康管理是一个“过程”，即对“健康”

进行“管理”的“活动过程”；不同点是管理的“内容”有所细化，前者指对个体或群体的“健康危险因素”进行全面管理，而后者只是突出了管理的方法是“监测、分析、评估”“健康咨询”“健康指导”“健康危险因素的干预”。因此，两者在本质上没有区别。

表3－3　　国内外学者关于健康管理具有代表性定义摘要

代表学者（年代）	代表地区	定义
苏太洋（1994）	中国	健康管理是运用管理科学的理论和方法，通过有目的、有计划、有组织的管理手段，调动全社会各个组织和每个成员的积极性，对群体和个体健康进行有效的干预，达到维护、巩固、促进群体和个体健康的目的。
陈君石，李明（2005）	中国	对个人及人群的健康危险因素进行全面管理的过程。
陈君石，黄建始（2007）	中国	对个体或群体的健康进行全面监测、分析、评估，提供健康咨询和指导以及对健康危险因素进行干预的全过程。
查普曼（1999）	美国	有意识且积极主动地通过个人、组织和文化上的干预性努力，以帮助特定的人群改善不健全的状态（如疾病和伤害负担等）、提高健康水平和对卫生保健的利用。
查普曼，佩尔提埃（2004）	美国	为了帮助特定人群中的每一个人减少发病、改善健康状况、改进卫生服务利用方式，以及提高自身生产力，从而运用新式技术进行主动、有组织并注重成本效果的一种预防方法。
奇里洛（2006）	美国	运用信息分析法来提高保健的管理和计划绩效。
格林（2008）	美国	一种通过改变人的行为来促进其接受更有益于健康的生活方式和提高生命质量的方法。
兹温卢特（2004）	荷兰	为了促进个人和组织的健康，对影响公众健康（包括职业健康）的因素进行系统管理的活动。

续表

代表学者（年代）	代表地区	定义
亨特，布朗（2007）	英国	围绕政策制定和执行，以及服务性组织开展的旨在改善健康的活动。其中心在于组织中有关提高人群健康的服务提供方式和效果改变。
乔安娜（2016）	波兰	微观层面安排有益自己或其他个体健康幸福的生活方式；中观层面为机构成员创造健康的制度；宏观层面在国家或区域水平建立有助于全体国民的健康服务体系。

资料来源：作者整理。

在英国，亨特和布朗（2007）给出的健康管理定义具有代表性，他们基于 1995 年 7 月 ~2005 年 6 月欧洲关于健康管理的文献研究之后给出了健康管理的定义，即“围绕政策制定和执行，以及服务性组织开展的旨在改善健康的活动”。在亨特和布朗看来，健康管理的中心任务在于“组织中有关提高人群健康的服务提供方式和效果改变”。

美国关于健康管理的研究文献最为丰富，学者们将健康管理分为若干种类，主要的是两大类是动物健康管理和人口健康管理①。查普曼（Chapman，1999）认为，健康管理是指有意识且积极主动地通过个人、组织和文化上的干预性努力，以帮助特定的人群改善不健全的状态（如疾病和伤害负担等）、提高健康水平和对卫生保健的利用。这个定义作者只是突出了主动预防、多种措施对人群健康管理的作用，与传统的公共卫生定义十分接近。后来，查普曼与佩尔提埃（Chapman & Pelletier，2004）根据新的发展形势，再次给出了健康管理的概念，即为了帮助特定人群中的每一个人减少发病、改善健康状况、改进卫生服务利用方式，以及提高自身生产力，从而运用新式技术进行主动、有

① 本研究只把后者作为研究对象，在未特别说明的情况，本书所提到的健康管理均指人口健康管理。

组织并注重成本效果的一种预防方法。与之前相比，这一定义指出健康管理的重要作用之一是提高自身生产力，同时主张在进行健康管理时，要运用新式技术并利用卫生经济分析工具，来增加健康管理的效果。荷兰学者兹温卢特（Zwetsloot，2004）在一篇名为“健康管理的商业价值”一文中提出，健康管理指为了促进个人和组织的健康，对影响公众健康（包括职业健康）的因素进行系统管理的活动。兹氏的定义不足之处是没有指出健康管理的方式和方法是什么。在奇里洛（Cirillo，2006）看来，健康管理目的是提高健康资源利用效率，其手段和方法是采集健康信息并对其进行分析，因此他将健康管理简单表述为“运用信息分析法来提高保健的管理和计划绩效”。格林（Green，2008）直接把健康管理本身看成了一种方法，即“一种通过改变人的行为来促进其接受更有益于健康的生活方式和提高生命质量的方法”。近年，波兰学者乔安娜（Joanna Sułkowska，2016）乔安娜从卫生资源管理的角度总结健康管理应该从个体、组织和公共体系角度定义其基本要素，即微观层面安排有益自己或其他个体健康幸福的生活方式；中观层面为机构成员创造健康的制度；宏观层面在国家或区域水平建立有助于全体国民的健康服务体系。

上述关于健康管理的概念分析说明，不同的学者基于不同的视角，对健康管理概念界定相差很大。美国密西根大学健康管理研究中心专门从事健康管理研究已有四十多年的历史，虽然该中心的研究文献中没有给出健康管理的确切定义，但以艾鼎顿为首的研究团队有着明确的工作使命、研究目标和研究内容。其工作使命是对个人及组织整个生命过程的行为生活方式，以及它们影响健康、生产力、生活质量、机体活力和卫生保健利用情况进行研究。目标是评估、提高和保持个人以及组织的全面健康。研究内容包括组织咨询，整合健康与卫生保健成本管理，开发和测试各种健康评估工具如健康风险评估等，推荐量表，以及发布正在进行的研究课题和出版物包括成本效益分析报告等。

根据文献中的健康管理定义，可将健康管理的特征概括为以下四点：

第一，健康管理的客体是人的健康。这里的人，既可以指个人，也可以是组织，或是全体国民。此处，健康的含义，已不再单指身体健康，还包括心理健康和社会适应良好两个方面。

第二，健康管理的层次主要有疾病管理、健康维护与幸福管理。疾病管理旨在建立一个实施医疗保健干预和人群间沟通，与强调患者自我保健重要性相协调的系统。该系统可以支持良好的医患关系和保健计划。疾病管理强调利用循证医学指导和增强个人能力，预防疾病恶化。疾病管理以改善患者健康为基本标准来评价所采取行动的临床效果，社会效果和经济效果。健康维护的重点在于降低健康折旧率，通过健康因素，包括健康促成因素和健康危险因素的系统管理，实现人健康资产的保值或增值[①]。健康管理的最高层次（境界）是实现人对幸福生活的追求，即幸福管理是通过整个社会的经济、文化、环境及良好管理状态的实现，促进每一个社会成员提高生活质量，以获得最大程度的快乐与幸福。幸福管理的主要方法是从国家的角度，用国民幸福总值（gross national happiness，GNH）取代国民生产总值（GDP）来考核政绩。

第三，健康管理的方法是整合手段。健康管理只能将传统的疾病预防与诊治作为措施之一，更重要的是要基于现代科学研究成果与人文发展需要，运用现代技术工具，全面收集健康信息并对其进行分析、评估，进一步实施包括医学、心理学、社会手段在内的综合性干预手段，科学管理人的健康。

第四，健康管理的投资主体是个人、组织或国家。现代社会，尤其是全球化背景下，健康不仅是个人资产，也对企业、社会和国家的发展至关重要。因此，投资健康之人可能是社会中的每一个人，也可能是每一个家庭、企（事）业单位或政府。

以上四点是准确界定健康管理概念的四个条件。接下来，基于健康管理服务的内容和层次（性质）不同，本书构造了第一个健康管理的二维类型学，如表3－4所示。

---

① 事实上要完全实现健康资产的保值或增值是不可能的，因为人总是要死亡的，届时健康资产一定降到零。就身体健康而言，分不同年龄阶段提出健康资产的保值或增值是能做到的，即新生命创造阶段（如孕产期）的健康管理主要是增加人健康资产的初始值；而生命成长期（即儿童、青少年时期）的健康管理，目的在于健康资产增值；中年时期健康管理的重点在于健康资产的保值；老年期的健康管理则只能力求延缓衰老速度。对于心理健康或社会适应来说，如果家庭和社会教育成功的话，一部分人的健康资产是可以实现一直增值的情况，如伴随年龄增长，有些人的心理上更加成熟，至年老时身体机能虽然很弱，但生活质量并不差，可以乐观安度晚年。可见，追求人生幸福，健康管理的手段必不可少。

表3-4 健康管理类型学（Ⅰ）

服务内容（关注重点）	技术手段	服务层次（性质）		
		A. 疾病管理	B. 健康维护	C. 幸福管理
致病因子检查（身体健康）	病案管理	A_1（临床服务）	B_1（预防服务）	C_1（通科服务）
健康危险因素筛查（身体和心理健康）	健康信息管理	A_2（连续服务）	B_2（保健服务）	C_2（全程服务）
社会诊断（身体、心理健康及社会适应状态）	社会系统管理	A_3（关怀服务）	B_3（医学服务）	C_3（终身服务）

资料来源：作者观察并整理，基于服务内容、手段和服务层次不同划分。

在这个二维类型学中，服务内容维度分为三种亚类型，服务层次也分为三种亚类型，由此可将健康管理划分为 A_1、A_2、A_3、B_1、B_2、B_3、C_1、C_2、C_3共9种理想类型。每一行，从A~C服务层次不断提升；每一列，从1~3服务内容不断拓展，从 A_1~C_3所需要的手段更趋于复杂、综合和现代。每一种类型的作用对象都可以是一个单纯个体、组织或全体国民，但相比较而言，从 A_1~C_3，有从个体逐渐向群体过渡的倾向。根据现实生活的观察，服务层次越低、手段和内容越简单的目前供给和需求的都越多。

除了服务内容与服务层次的模式之外，投资主体是影响健康管理服务提供者行为的最重要因素。根据投资主体（筹资或需求方）和服务提供者组织模式的不同，作者构造了第二个健康管理的二维类型学，如表3-5所示。在这里筹资（需求）维度分为4种亚类型：国家出资、保险公司支付、单位出资和个人出资；而服务提供维度则分为公立卫生机构、保险公司所属机构与私营卫生组织3种亚类型，这样一来就总共有12种类型了。

表3-5 健康管理类型学(Ⅱ)

服务供给方*	筹资(需求)方			
	D. 国家出资	E. 保险公司	F. 单位出资**	G. 个人出资
公立卫生机构	D_1	E_1	F_1	G_1
保险公司属卫生机构	D_2	E_2	F_2	G_2
私营卫生组织	D_3	E_3	F_3	G_3

注:*服务供给方有严格意义上区分,这里的公立卫生机构还包括医疗机构和公共卫生机构等,保险公司所属卫生机构还分为营利性和非营利性,私立卫生组织也分为营利性和非营利性。**单位在国外主要指雇主,在中国包括企业、事业单位。

资料来源:作者观察并整理,基于筹资和服务提供者的组织模式不同划分。

如此对健康管理进行分类有点类似于医疗卫生体制的类型学(顾昕,2005),但两者又有着本质的区别,医疗卫生体制类型学重点是讨论医疗费用的支付方式,而健康管理类型学则侧重于健康投资主体的责任和动力学分析。回头再看表3-4,健康管理服务在内容和方式上较之于医疗服务的差异相当之大。

基于国内外文献研究,又分析众多学者关于健康管理定义,根据健康管理的四个条件和健康管理的类型学,在本研究中,笔者将健康管理定义为:基于顾客需求和健康评估对人的健康资产实施主动、连续且系统管理的一系列服务的总和。

在实践中有两个现象无法回避,一是由于评估与管理技术水平等原因,健康管理的范围仍较多地侧重于身体健康方面,为便于区分健康管理服务产品,本研究把针对人的身体健康实施的健康管理称为身体健康管理或狭义健康管理,而把针对人的生理健康、心理健康、行为与生活方式、社会适应能力等提供的系统干预服务称为整体健康管理或广义健康管理;二是健康管理涉及的服务供给主体较多,一些机构只能提供部分健康管理服务产品,当然前提是提供以健康为核心,以预防性服务产品为主,故在确定健康管理的研究对象时,把健康产业链中以提供预防性服务产品的部门都纳入到了考察范围之内,即包括了健康管理及其相关服务机构。

健康管理的完整定义重点强调了如下五个方面的含义：

其一，实施健康管理必须尊重顾客需求且以健康评估为前提。本概念提出尊重顾客需求，是从人本论出发，强调单个社会人对健康的选择权利。但健康权不同于其他公民权利，公民的选择是有限的范围，如环境、卫生服务条件等，因此，这里的顾客需求还包括了公民人权的含义，即公民依法享有获取健康服务的权利。笔者把健康评估作为健康管理程序的首要环节，也意味着它是健康管理的核心服务内容之一，旨在倡导科学健康管理。同时，从经济学和医学角度看，健康需要的甄别，顾客意愿只是健康需求的起点，还需要借助医学及相关学科专家、现代科学技术进行专业判断才能作为健康“需要”的真正依据。而且健康管理全过程的每一个环节都要以健康评估作为行动实施依据和效果考核依据。本概念特别重视健康评估工具的使用，主要是基于前文中所述的健康资产损害不可逆这一特殊性以及健康需求特点而言。健康评估的实质是要秉承循证管理的观点，既涵盖健康风险因素评估，也包括健康保护或有益因素，评估中运用的主要理论是循证医学在内相关研究成果，方法是运用健康评估工具对健康需求主体进行大量而系统的健康信息收集、存贮和分析。

其二，健康管理是一种投资行为。如果按照马克思对社会产品的两大部类划分法，则传统的医疗卫生服务业属于服务形式存在的消费资料（李江帆，1990），因此多数情况下，看病就医都被看成是单纯的消费行为。在本研究中，把健康作为一种资产进行界定，那么围绕健康所提供的一系列管理服务就必然会大大突破医疗服务原来的界线，而变成了投资行为了。这不仅只是文字上的变化，也是一种理念上的跨越式更新。

其三，健康管理是对健康风险的主动防范过程。研究表明，人群中最不健康的1%和患慢性病的19%共占用了70%的医疗卫生费用；最健康的70%人口却只用了10%的医疗费用（Harrison，2004）。所以本书突出健康管理的投资性质，意在指出：科学地管理健康，主动“出击”至关重要，一是主动防范健康风险，二是主动维护健康资产的质量。

其四，健康管理强调健康服务活动的连续性。健康管理中的连续性特点反映在两个方面：一是指服务供需双方最好建立长期、连续的服务关系。健康服务中的连续性关系虽然在一定程度上限制了需求一方的自由选择权利，但却有利于双方信任关系的建立和健康信息的系统管理，也同时会大大减少消费者更改服务对象造成的转换成本（黄奕祥，2009）。二是健康资料收集的连续性更加有利于健康管理的效果。有了供需双方连续的服务关系，健康资料的不间断收集成为可能，这就使得运用现代科学技术尤其是信息技术处理、管理健康信息更加方便和有效，从而促进健康投资效益的提高。

其五，健康管理是一项系统管理工程。不论是针对个人、组织或者国家，现代意义上的健康管理都将是关于健康的系统管理过程。因为涉及人的生理、心理和社会适应这三个维度健康信息的连续性收集与分析，内容包括与健康相关的所有生理数据、心理状态、个人及家庭成员的行为与生活方式、职业场所环境与工作压力数据、疾病及其医疗服务利用资料等，所以健康管理实际上是一个立体的信息处理与决策管理平台。而参与这一系统管理的人涉及专业的健康管理人员、各专业背景的医护人员、信息分析及报告人员等。

第四节　健康管理的模型构建

前文定义了健康管理的概念，并且从不同角度分析整理了健康管理的类型。很显然，健康管理理念的引进及技术工具的开发，已经或即将导致医学研究及服务模式向更加专业化和更加融合的两个方向快速发展，同时健康服务及其相关产业经营策略将经历着巨大幅度的变迁，最主要的是它必然会促进个人、组织或国家健康需求层次及其实现路径的重大革命。本研究将这三种由于健康管理所带来的主要在卫生领域发生的变化概括为技术层面、产业层面和政策层面的变化趋势。黄建始（2006）提出中国在建设小康社会和实施可持续发展战略时，健康管理是值得认真考虑的选择，他根据中国国情建议针对个人、公司和企业，以及政府和整个社会分别进行微观健康管理和宏观健康管理。本研究定位于服务经济背景下顺应于顾客需求变迁的健康管理策略与发展模式问题①。对应上述分析，笔者认为

① 这里关于顾客的概念，是对健康需求者的泛称，可理解为个人、企业组织或国家等。

健康管理从需求（消费）层面具有微观、中观及宏观角度的三层含义，而从服务供给（生产）角度可由社区、企业（行）业或政府三种方式。当然服务提供方式的选择与顾客需求水平与需求层次是密切相关的。

为有效管理健康，满足顾客需求，依据本研究中界定的健康管理内涵，笔者构建了健康管理服务体系的概念性模型。如图 3－12 所示，模型的核心部分是贯穿于三维健康的健康评估服务，本模型中的健康评估，不仅含有基于健康信息采集、与管理平台下的健康风险的种类确定和风险大小评估，还包括了健康保护因素的识别。健康评估的起点于顾客价值理论下的健康需求，通过制定健康方案和健康干预措施等健康管理策略，使得个人、企业或国家的健康资产得以保值或增殖，让顾客最终形成了由优质健康资产所带来的人力资本竞争优势。模型中的健康管理服务生产和消费体现了时间要素要求的连续性和符合约束条件下的成本最小化或收益最大化原则。

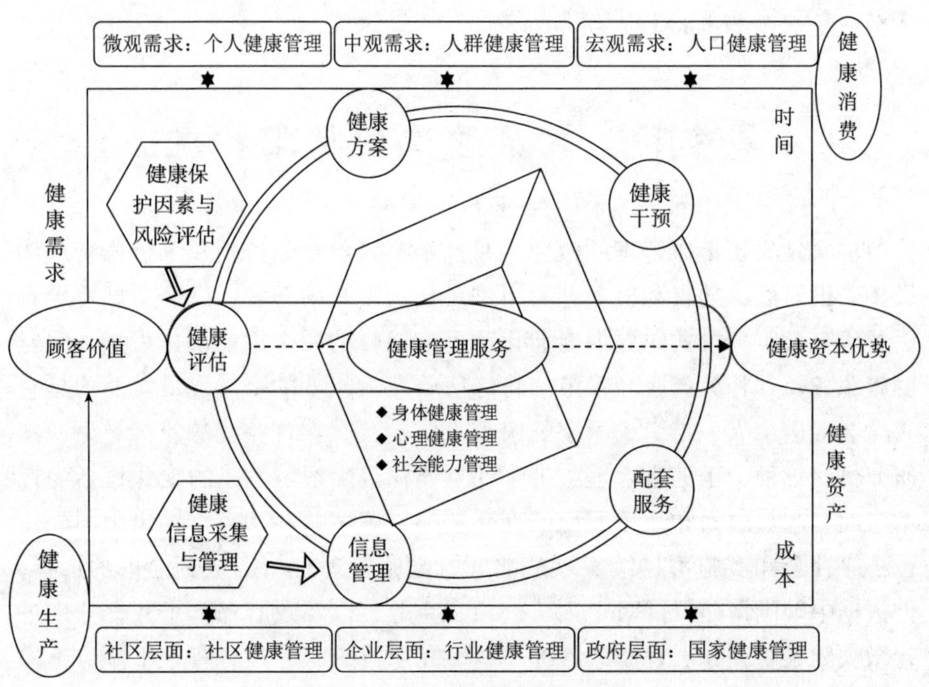

图 3－12　健康管理的概念性模型

资料来源：作者制作。

通过这个模型的构建，至少体现了传统健康服务体制如下五个方面的转变：一是由疾病为中心向健康为中心转变；二是由单维的身体健康为中心向身体健康、心理健康和社会适应能力良好三维并重转变；三是由健康的医疗卫生部门“负责制”向健康的卫生与社会共同“负责制”转变①；四是从满足个人健康需求向服务特定群体、促进人口健康与公平转变；五是从健康消费观向健康投资观、实现健康资本竞争优势转变。本研究在接下来的章节里将针对健康管理需求的不同层面从供给角度，对以上提出的健康管理概念、类型和服务体系模型进行验证，分析并总结国内外健康管理服务模式和发展趋势等问题。

第五节　健康管理的思想与实践起源

健康管理虽是一个新兴的服务行业，但人们对于健康和健康服务问题的探讨历程却十分久远。中西方文化、制度存在巨大差异，在医学领域也不例外。特别是现代西医学，其发展过程相伴着保健制度的建设且互相具有促进作用，一些国家不仅试图通过健康服务体系的完善使得服务质量有所保障，且力求构建因健康而产生的财务风险防范机制。中医在长期实践过程中形成了完整、独特的理论体系，可以说，中医的发展应该更多归功于民间的力量，因为中医的发展在旧社会不仅未得到政府的真正推动，还几乎遭遇被废除的灭顶之灾②。直到近代社会西医引进中国后，政府在政策层面也没能重视并建立起像样的健康保障和服务制度，所以中国人似乎只能“自负健康之责”，借助祖宗留下的中医遗产以寻求养生保健之道。因此，追溯健康管理的起源，其实与探析中西方在健康

① 这里提及健康的医疗卫生部门“负责制”意指：人们平时不从行为与生活方式这一最重要影响健康的因素出发去维护健康，政府根本未真正贯彻预防为主的卫生工作方针，而错误地将卫生资源投入到健康服务的下游产业——医疗卫生机构，特别是大型医院中；民众只在健康出现问题时，才片面地求救于医疗部门，而当民众因健康问题产生不满时，政府和民众一起就想当然地将全部责任归咎于医疗卫生部门。

② 1929 年 2 月，当时的国民南京政府召开第一次卫生委员会议，会上通过了余去岫等人提出的“废止旧医以扫除医事卫生之障碍案”。参见张效霞：《无知与偏见：中医存废百年之争》，山东科学技术出版社 2007 年版，第 59 ~ 112 页。

保障与健康需求满足方式上的差异分不开的。基于文献和实际观察，笔者认为，健康管理的思想与实践主要来源于三个国家：美国、英国和中国。

一、美国起源说

关于健康管理的思路和实践，中国学者陈君石、黄建始（2007）等认为，“最初出现在美国”，因为“在健康管理概念正式提出前，美国就有健康保险经营机构应用健康管理思路为客户提供健康服务”。

1929 年，美国蓝十字和蓝盾保险公司在为客户提供基本医疗保健服务的同时，把健康服务作为完善服务内容的手段，这是健康管理实践探索的开始（黄建始，2006）。1910 年，美国华盛顿州塔科马市的“西部诊所”（Western Clinic）为当地木材加工厂的业主及其工人提供一些医疗服务，条件是这些业主和工人每人每月付给西部诊所 50 美分的“佣金”（premium），即按月支付保险费（per member per month，PMPM），这是后来对美国健康保险领域产生重大影响的健康维护组织（health maintenance organizations，HMOs）的第一个实例。但是在美国，1929 年成立的罗斯—卢斯医疗集团（Ross-Loos Medical Group）才被认为是首个真正的 HMO。在 HMO 创立者的信念中，医疗保健可以通过预付的方式实现改进服务，预付制消除了筹资障碍，不仅有利于医疗信息档案的共享，且使得医疗集团内部的会诊变得容易。最主要，这种制度安排使得医疗保健提供者将工作重点转移到服务质量的提高上，而不是如何成功获得更多收入。许多理念和计划将鼓励预防的公共卫生方法导入到了医疗实践中，如产前保健、有利新生儿健康的访视，以及提高儿童身体免疫力的标准受益服务包等，不需要或只需支付很小比例的医疗费用，产妇在住院期间就可以享受到这些被传统医疗保险中被排除在外医学服务。这或许就是罗斯 - 卢斯医疗集团被业界作为第一个 HMO 认定的真正原因。

1933 年起家的凯撒永久医疗集团（Kaiser Permanente，KP），经过多年发展，逐渐成为了美国 HMOs 的代名词。当时，实业家享利 · 凯撒（Henry J. Kaiser）联合了另外几家大的建筑工程承包商，组成了一个名叫产业补偿（Industrial Indemnity）的保险协会（insurance consortium），以补偿工人因工受伤时的工资补贴、医疗费用，或因工死亡应该得到的经济补偿等（Fleming，1997）。这就相当于这些产业工人同时享有了工伤保险、医疗保险和人寿保险。凯撒公司通过按人头预收费提供全面医疗和健康服务和管理。主要是开展包括职业安全在内的健康服务。这其实就是早期的职业安全与健康管理。1938 年，凯撒公司斥巨资修复了梅森城市医院，次年，公司开始启动与奥克兰地区几个巨大的造船厂签约工作，至 1941 年，公司已经控制了美国西海岸四个主要的船舶制造与修理所，并为里士满市的工人设立了健康保险计划。1942 年，凯撒永久医疗集团开始更加强有力地支持预防医学并努力通过教育让其成员学会维护健康的办法。1944 年，凯撒决定把其公司的健康维护项目向所有一般民众开放。1950 年，凯撒的会员已经上涨到 15. 4 万人，1952 年则上涨到 28. 3 万人，1954 年达到 47. 0 万人，1956 年与 1958 年更是分别拥有成员 55. 6 万人和 61. 8 万人，在 1960 年凯撒的健康服务拓展到夏威夷之后，其成员更是增长到了 80. 8 万人。尽管从 1944 年开始，凯撒公司面对美国医师协会（American Medical Association，AMA）、各级政府和地方医疗卫生界的无数次抨击和强烈反对，但幸运的是，公司决策层击败了这些批评，并成功创立了健康计划（Hendricks and Rickey Lynn，1993）。

美国健康保险计划的产生及其制度安排，特别是凯撒永久医疗集团有几个共同的特点：其一，都产生于 20 世纪二三十年代经济危机下的大萧条时期。其二，相对于传统的医疗保险公司与医疗机构分业的情况，医疗服务提供方成为保险公司的内部雇员。其三，保险公司与企业合作为工人购买并提供保障水平较低的医学服务，但健康保险计划的安排开始重视到预防医学服务，同时如罗斯—卢斯医疗集团提出，医学服务中需要强调医疗信息共享和综合医学服务都是在以前的保险和医疗服务未曾有过的。

健康维护组织对医院实行预付制度萌芽，在经济不景气的时候，至少有三个优点：一是对稳定工人队伍起到很大作用；二是使得医院具有较为持续稳定的收入来源而得以生存；三是使保险公司的注册会员有了持续增长。最值的称道的是，HMO 创新了后来被广为应用的一种新的健康保险与健康服务合作的模式。

从此之后，HMO 这种健康保险的组织形式得到美国民众的青睐，也引起了政府和学术界的广泛关注。HMOs 提供的医学服务也被认为是现代健康管理实践的开端。因此，后文将以凯撒永久医疗集团（以下简称"凯撒集团"）作为案例，分析 HMO 的组织制度，并以此来研究健康管理的美国模式。

二、英国起源说

也有观点认为，健康管理起源于英国。在"英国处于领导地位的商业医疗保险机构"，保柏公司的中国官方网站上发布了 2006 年 10 月 23 日于成都举行的中英健康管理论坛消息，其中提出"健康管理的理念 1947 年起源于英国"。笔者考察保柏公司的网站信息资料，该公司是 1947 年成立的一家医疗保险和医疗保健机构，它不仅提供商业医疗保险和职业医疗保健服务，而且还经营疗养院、医院、诊所和健康评估中心。公司一贯推崇"对待疾病最好的方法是预防"，这也是健康管理坚持的宗旨。这一理念的付诸实施不仅将专业医疗人士纳入疾病管理体系，同时在鼓励公众关注自己的身心健康方面也具有同等重要意义。因此，就这点来说，保柏公司在成立之初的理念的确具有健康管理雏形。

其实，英国在卫生领域对于全世界产生重大影响的是其国家健康服务制度（national health service，NHS）。1945 年，英国工党上台，当时深受社会主义思潮影响的英国执政工党采纳了经济学家和社会改革家威廉·贝弗里奇 1942 年发表的文章"社会保险与相关福利服务"（social insurance and allied services），即后世称之为"贝弗里奇报告"中关于建立全国统一的社会保险制度的设计方案。首相艾德礼（Clement Attlee）于 1946 年签署了国家卫生服务法案（National Health Service Act 1946），该法案从 1948 年始正式实施。从此，英国在世界上第一个建立了国家卫生服务体系。NHS 是英国战后福利国家制度的重要内容。所以，1950 年，艾德礼首相自豪地宣称的那样，英国在世界上第一个建成了"从摇篮到坟墓"的"福利国家"。NHS 的制度目标是达到"不论收入多少，人人都可享受统一标准的医疗服务"美好愿景。

根据笔者在前文对健康管理类型学（Ⅱ）的分析，英国的 NHS 集健康筹资、服务提供于一体，可以把它看做国家形态上健康管理服务制度。

从服务提供的内容看，NHS 设计之初就将医疗卫生服务分为医院服务、全科医生服务（general practice，在美国全科医生常被称作 family doctor，即家庭医生）和社会个人服务（家庭保健等）三个部分，后两者称为基层保健（primary care），主要在社区进行，故又叫社区健康服务（community health services，CHS）①。NHS 在卫生保健实施过程中，凡英国公民均可享受免费的医疗服务。但患病时必须先找自己的家庭医生或全科医生（general practitioner，GP），在 GP 不能处理疾病时，才将患病者转诊给医院的专科医生治疗。同时，GP 还负责在自己诊所进行治疗的一些常见病进行家庭访视、承担卫生局组织的一些预防性服务。因此，英国的社区卫生服务在各种政策下得到迅速发展，后来由各种专业人员组成的基层卫生保健小组及健康中心、社区医院、日间医院、社区之家等一系列社区健康服务机构共同组成了社区健康保健网（卢祖洵、金生国，2001）。尤其是 NHS 框架下的全科医生逐渐建立了社区居民、患者及其家庭的详细的健康档案资料、加上提供的长期、连续和综合的健康保健服务，为世界各国卫生服务体系建设提供了很好的思路。从服务产品的角度来看，英国 NHS 的实施，首次从医疗卫生制度建设层面将医疗服务产品分为二级：社区（基层）卫生服务产品和医院服务产品②。

1961 年，怀特和其研究助手一起（White，Williams，Greenberg）在新英格兰杂志发表了“医疗卫生的生态环境”一文，如图 3 - 13 所示，有 1000 个成年人（16 岁及以上）的社区人群中，在平均一个月的时间里，大约有 750 人报告有病，其中有 250 人去看了医生，9 个人需要住院进行治疗，住院的 9 人中有 5 个人被指需要转诊给其他医师，而仅有 1 人转诊到了大学的医学中心接受治疗。后来，美国华盛顿特区的罗伯特 -

---

① 在中国官方文件、大多数学术著作和教科书中都译为社区卫生服务，只有深圳市称为“社区健康服务”，笔者认为社区健康服务的翻译更符合 CHS 的英文愿意，而且相信随着中国社区卫生服务的发展，健康服务的内容会更多更完善，故研究运用社区健康服务的名称，可以认为与社区卫生服务通用。

② 在这里，也可将 NHS 分级的卫生服务产品界定成低端卫生服务产品和高端卫生服务产品，但如果理解成两者具有优劣之分则是不妥当的，由于医学分工的细化和专业化医学服务的产生，社区医学（以全科医学为主）在美国发展成为家庭医学，全科医学服务也成为事实的“专科服务产品”，1969 年家庭医学被美国批准为第 20 个医学专科。后文还会将健康/卫生服务产品按高、中、低端分类，只是便于表述和理解，绝不含优劣之意。

格雷厄姆中心和明尼苏达州罗彻斯特市的奥姆斯特德医学中心的研究人员合作，收集数据对怀特的模型进行了重新“修订”，结果得出了与40年前非常相似的估计值（Green，Fryer，Yawn，Lanier，Dovey，2001）。

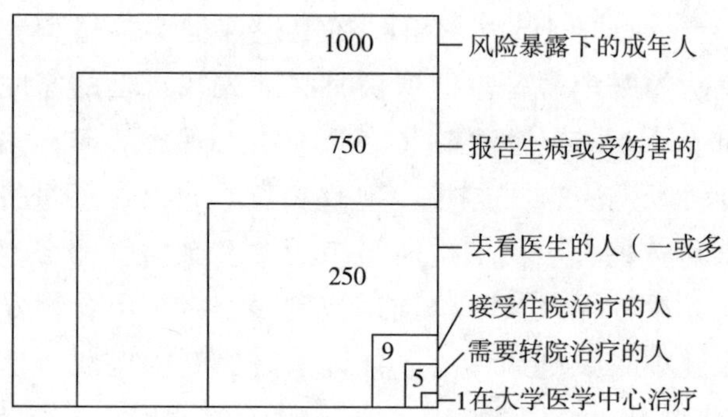

图3－13　每月社区患病情况及其需要的相应功能医学服务

资料来源：White 等（1961）。

1997年，怀特又根据美国国家卫生统计年报资料，基于人群为基础构建了医疗卫生生态模型，如图3－14所示，一年之内，平均在1000个人中，720人去看了医生，但需要住院的只有100人，而在综合性医院住院的人仅为10人。这些研究结果表明在一般人群中，人们所生的疾病超过80%只需要在社区就可以得到解决。怀特等人论文中的经典范例为思考卫生保健组织体系建设提供了良好的思考框架。同时，证明了NHS制度当时的设计是具有前瞻性和合理性的。

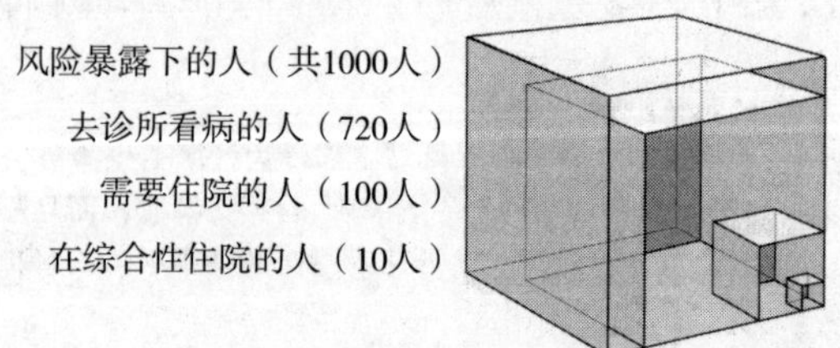

图3－14　特定人群一年内医疗卫生需求分布情况（1970年）

资料来源：White（1997）。

因此，对卫生服务进行分级管理与提供非常必要，NHS 制度改变了传统医疗机构只提供卫生服务价值链中处于“下游”地位的诊断与治疗的医疗服务产品之现状，在一定程度上整合了预防医学与临床医学。从卫生经济学角度来评价 NHS，由全科医生组成的“守门人”（gate keeper）制度，主要通过转诊必要性的把握，作为医疗费用控制的守门人；还能通过转诊信息的提供，某种程度上缓解医疗选择上信息不对称问题，减少交易成本和作为患者与专科医生沟通的“中介人”；同样重要的是，全科医生能够提供预防保健等服务，降低疾病发生率、提高生存质量，而成为健康的管理者或“守门人”。

通过以上分析，如果称健康管理或社区健康管理起源于英国也是有道理的，至少说英国是从社区卫生层面实现了居民健康服务的连续性和系统化管理。

三、中国起源说

中医药是中华民族灿烂文化的重要组成部分，历数千年而不衰，显示了自身强大的生命力，为中华民族的繁荣昌盛做出了卓越的贡献。从中国浩瀚的中医学文献中，我们可以很容易地发现健康管理的思想火花（黄建始、陈君石，2007）。

（一）中医“治未病”思想

“治未病”思想源两千多年前的《黄帝内经》，即“是故圣人不治已病治未病，不治已乱治未乱，此之谓也。夫病已成而后药之，乱已成而后治之，譬犹渴而穿井，斗而铸锥，不亦晚乎”，又说“上工救其萌芽……”“疾虽久，犹可毕也。言不可治者，未得其本也”。更有意义的是“或言久病之不可取者，非其说也”（李经纬，2007）。可见，《黄帝内经》非常清晰地强调，一位高明的医师必须预防疾病于未发之前，或至少应当在疾病刚刚形成之时就能予以控制，不让其发展到难治的地步而酿成不必要的悲剧。这里，“治未病”“救其萌芽”也可理解为“动态”的过程，即在疾病发展的每个阶段，只要施以适当的救治，都未时不晚。《黄帝内经》强调的久病可治思路的确是非常进步的思想。体现了医者不论任何时候都应尽力帮助患者，这是医者的职责，也反映了对生命的尊重，其重要的意义还在于，之后历代医家在此基础上不断发展与完善，逐步形成了“未病先防、既病防变”的“治未病”的原理和方法，成为中医药理论体系不可或缺的组成部分，“治未病”作为奠定医学理论的基础和医学的崇高目标，倡导人们珍惜生命，注重养生，防病于未然。

“治未病”作为中医学重要的思想。在今天看来，这里的“治”可以理解为管理、治理、维护的意思。而“未病”呢，并非就是无病，也不等于“健康”，按中医观点而论是身体初现阴阳、气血、脏腑营卫的不平衡状态的端倪。现在最好用两种方式来理解它，其一，如图 3－15 所示，“已病”为临床状态；“欲病”相当于亚临床状态①；“未病”则代表了前两种状态外的情况，显然指健康状况中最好的一个个层次。其二，针对三种健康状况进行处理的一种理念，即在健康状况下尽量注重保健使人不得病，而一旦有了不适情况（欲病）就要尽快给予必要的处理，防止发展至病。如果的确疾病染身，也要尽早治疗以防病情加重，如果是重病在身，则更应积极治疗，预防致残，全力恢复到最理想的状况。

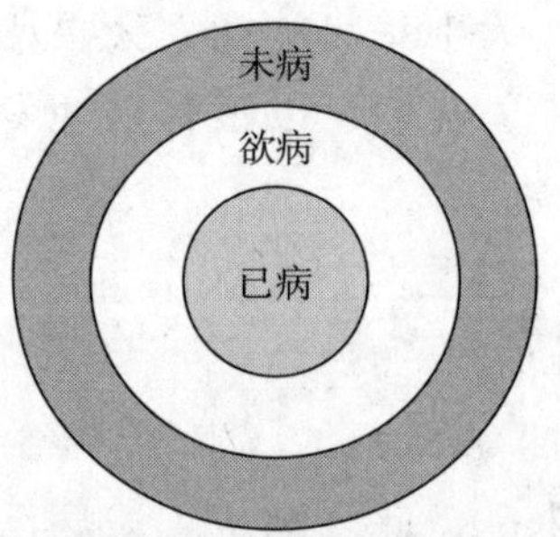

图 3－15　中医理论视角下健康状况的三个层次

资料来源：作者制作。

可见，“治未病”，就是采取相应措施，维护健康，防止疾病的发生与发展，涵盖未病先防、既病防变、瘥后防复三个层面，强调人们应该

① 2008 年 3 月 21 日黄建始在回答科学时报记报提问的“亚健康与健康管理，哪个更科学?”的问题时，表达了不宜使用“亚健康”概念的意思，在《最大回报：健康投资》一书的生命连续过程图中黄建始使用了“亚临床”一词，这里借用。

注重保养身体，培养正气，提高机体的抗邪能力，达到未生病前预防疾病的发生，生病之后防止进一步发展，以及疾病痊愈以后防止复发的目的。唐代医家孙思邈还在明确论证了治未病与养生的直接关系的基础上，创造了一整套养生延年的方法。在今天看来，西医学所称谓“早期发现、早期诊断、早期治疗”与中医“治未病”思想乃“形不似而神似”。因此，有足够理由认为中医“治未病”的思维模式孕育的正是“预防为主”的健康管理思想。

（二）整体观念与辨证论治思想

相对于西医越来越细的分工，中医学的整体医学观念与关于疾病辨证论治的思维方式有其非常特殊的学科优势。

从古至今，中医学家们都强调在关注医学问题时，必须视野开阔，从多维视角加以分析。所以，中医学的综合性主要体现在看待问题的多维性视角，知识构成上的多学科渗透和维护健康的综合性措施等方面（郑守曾，2003）。中医学的整体观念表现于其非常重视人本身的统一性、完整性和内在脏器之间，心理、生理活动之间，以及人与外界之间的相互联系，形成了独特整体观念。如中医认为人是一个有机整体，强调“形与神俱”“形神合一”，认为人的正常生命活动是心理和生理机能的有机融合。中医学理论同时认为人与外界环境具有统一性。外界环境提供了人类赖以生存的必要条件，故人与外界环境有着物质的同一性，即所谓“人与天地相应”。因此，环境的变化或直接或间接，或显著或不显著地影响着人，左右着的机能活动，迫使人做出相应的反应。由于人及体健康与外界环境的紧密相关，所以因时、因地、因人制宜，就成了中医治疗学上的重要原则。中医学要求在临床诊治过程中，必须注意分析外界环境与个体机能的有机联系。

另外，中医认识并治疗疾病，是从症状和病着眼，既注重病症的辨析，又强调辨证，且重点在于辨证。辨证的关键在于抓住疾病的本质，以便确定正确的治疗方案。辨证论治作为指导中医临床诊治的基本规范，它引导人们辩证地看待病、症和证的关系，既应看到同一种疾病常可表现出多种不同的“证”，又须注意不同的疾病在其发展过程的某些阶段，有时可以出现类同的“证”。因此，在临床治疗时，还可根据辨证结果，分别采取“同病异治”或“异病同治”等方法。针对疾病发展过程中不同的本质矛盾、不同的状态，用不同的方法进行治疗的思想，是辨证论治的精髓所在。

中医学的综合、整体观念在最大程度上考虑了健康与疾病因素的多样化，而且把这一理念融入了中医临床实践之中。从现实意义看，相对于前文中所述的布鲁姆“健康影响因素模型”，中医学的综合医学观同样具有实用性。中医学特别强调并一贯坚持的辨证论治的行医原则，也与现代全科医学要求家庭医生必备“三种眼光①”的主张具有类似的思想含义。

（三）独特的养生文化与生存哲学

中医学源自中华民族生息繁衍的客观需求，已经深深融入到国民甚至是海外华人的日常生活之中，成为生活文化的重要组成部分。历经数千年的探索，中医学积淀了大量的与人们日常生活休戚相关的生活科学知识，同时由于古贤注重养生而形成了一系列行之有效的养生保健、延年益寿的知识与技能。吐纳、导引、太极拳、食疗、药膳等具有确切的保健功效，针灸、推拿等除可治病外，亦具有保健、养生和预防疾病等作用。中医还认为身心是互相影响的，人得病是身体和心灵的双向选择，人祛病也是人身体和心灵的双向选择，故而强调身心需要互动（曲黎敏，2007）。《黄帝内经》讲“头为诸阳之汇，四肢为诸阳之末”，其意是脑袋是用的首领，四肢是用的工具。但是五脏藏精而不泄，心不能动，心要一动五内俱焚。所以“勤动脑不动心”成为了中医调节情志养生的要诀（樊正伦，2008）。清代袁开昌撰写的《养生三要》中就特别强调了“治心”的重要性，认为“盖人心本自定静，本自泰然，何病之有？惟遇货财则思争夺，遇功名则思挤排，遇势焰则思趋附，遇睚眦则思报复，遇患难则思推避，未遂则心病于患得，既遂则心病于患失，以是日攻于心，则病日入于膏肓。”因而建议“苟欲治病，先治其心”。只要善于治，

---

① 即用显微锐镜检查病人身体器官上可能的病灶；用肉眼审视面前的病人，了解其患病的体验；用望远镜观察病人的身后，了解其社会情况（背景）情况。这是全方位、立方体性思维方式。参阅顾湲：《全科医学概论》，人民卫生出版社 2001 年版。

人便可摆脱物累，就可获得“不期寿而寿增”的目的（袁开昌，2002）。由此可见，中医独特的养生文化将生活和治病的生存哲学很好地统一起来。WHO在维多利亚宣言中提出了“合理膳食、戒烟限酒、适量运动、心理平衡”这四大健康基石，从中医的养生学的角度看，两者其实极其相似。

按现代健康管理的含义来分析，中医药学及其为主体构成的中医药文化，“治未病”的预防思想、“综合”且“辨证”的治疗手段、以修身静心为核心的生存哲学和饮食起居为主线养生文化，不仅与现代健康管理理论所倡导的理念极其吻合，更可以让健康管理在中国本土的发展找到丰富的思想源泉和生存土壤。

上述分析表明，现代意义上的商务形式健康管理服务在美国非常发达。英国作为社区健康服务的发源地，以家庭医生为骨干的服务团队提供了可及、连续、系统化的社区健康服务必将有很多经验为世界各国所借鉴。而中国悠久的中医药服务和健康养生文化，特别是“治未病”思想非常符合现代预防医学的理念，在慢性病为主要健康问题的现代社会，把中医药服务融入到西医服务中去，必将有利于健康管理服务模式的创新。

第六节 健康管理与相关概念的比较分析

近年，国内众多医院或企业看重健康管理的发展前景，纷纷挂牌开展健康管理业务，事实上有相当多的机构经营的业务只是健康管理的部分内容，有些只是与健康相关服务。因此，有必要将健康管理与几个密切相关的概念进行比较。

一、健康评估

如前所述，健康评估是健康管理程序的首要环节，其历史最早可以追溯到50年代，随着研究的发展及分析手段的提高，从初期的医学教育工具发展到了现在的多领域的决策手段；其范畴包括健康状态评价到疾病危险性及进程的评价，到目前的疾病费用及投资回报模型等；在国外已被广泛地应用到预防、医疗、保险及人群健康决策中。国内对健康评估的阐述多从临床护理的角度，如“健康评估指动态地收集和分析护理对象的健康资料，以发现其对于自身健康问题的生理、心理及社会适应等方面的反应，确定其护理需求，从而作出护理诊断的过程”（吕探云、王蓓玲，2008）。这其实是健康护理评估的概念，此定义明确地指出临床护理应该从健康的生理（机体）评估、心理评估和社会评估出发，是符合健康新理念的。另一个与健康评估极其相近的概念是健康风险评估（health risk appraisal，HRA）。目前，国内外推出健康管理产品时，其核心产品之一就是健康风险评估服务。健康风险评估一种方法或工具，用于描述和估计某一个体未来发生某种特定疾病或因为某种特定疾病导致死亡的可能性。这种分析过程目的在于估计特定事件发生的可能性，而不在于做出明确诊断（Goetz，Duff，Bernstein，1980）。WHO（2002）认为，健康风险评估可以定义为一种估计并比较由于不同风险造成疾病以及伤害的负担的系统方法。国内也有学者认为健康风险评估即健康危险因素评价，是研究危险因素与慢性病的发病率及死亡率之间的数量依存关系及其规律性的一种技术。它研究人们生活在有危险因素的环境中发生死亡的概率，以及当改变不良行为，消除或降低危险因素时，死亡及危险改变的情况、可能延长的寿命。其目的是促进人们改变不良行为，减少危险因素，提高健康水平（应桂英、李宁秀等，2004）。因此，作为定义，笔者认为，健康风险评估是指根据健康检测所收集产生的健康信息，对人体和群体的健康状况及未来患病或死亡的危险性所做出的定性或定量评估。显然与健康评估比较起来，健康风险评估重点在于健康或疾病的危险因素甄别和危险程度测算上，健康评估还包括了健康保护因素和健康投资的成本效益分析等，内涵要远大于健康风险评估。

二、健康检查

健康检查最初的形态即为普通意义上的体格检查（physical examination or physical check - up），简称体检，是医师运用自己的感观及借助一些简单的工具，了解被检查者身体状况，发现有意义的阳性体征的最基本的检查方法（陈君石、黄建始，2007）。随着健康需求的变化，特别是信息技术和医学技术的发展，体检服务的范围与方式已大不相同。本研究将普通意义上的体检称为手工作坊式，而将利用新技术、设备和信息工具的体检称为专业服务式，从表 3 – 6 中对两者的优劣比较中可以看出体检服务概念的变化。

表 3 – 6　　手工作坊式体检与专业服务式体检的优劣比较

评价指标	手工作坊式	专业服务式
服务提供主体	（1）绝大多数由医院提供，少部分为公立疗养机构 （2）医务人员加上简单的检查设备 （3）劳动密集型	（1）医院（包括疗养院）、专业体检机构 （2）医务人员、现代化医疗仪器设备和计算机处理系统 （3）人力、技术与资金要素并重
体检项目选择	（1）检查项目固定，各地各医院的检查内容大多相似，只是在性别、年龄上略有所不同。包括身高、体重等一般检查和内、外、眼、耳鼻喉、口腔各科和血、尿、便等生理指标及心、肺等主要脏器的功能状况检查 （2）优点是面对特定的人群检查内容雷同，便于比较和掌握人群整体身体健康状况 （3）不足是体检过程相对烦琐，缺乏个性化选择，对于周期性体检而言重复内容多，同时由于人工操作工作量太大，消耗大量的人力和时间，且易出错，检查单多、散、易丢失，未检、漏检项目也不易被发现	（1）检查项目设置灵活，为体检套餐模式。不同性别、不同年龄、不同职业、不同需求水平的体检内容相差很大 （2）优点是适应了不同人群的个性化需求，而且通过计算机的信息管理，方便发现未检项目且可以及时查找，如属漏查、漏录的，与相关工作人员联系，进行补检、补录及时纠正错误，也同时便于个人体检资料的系统化管理。相对而言顾客满意度较高 （3）不足之处是资金需求量大，一般的医院无力配备相应的设备和计算机信息管理系统

续表

评价指标	手工作坊式	专业服务式
服务提供方式	供方固定、需方流动式	因顾客需求不同两种方式兼有①
数据的记录与采集	(1) 手工填写表格 (2) 优点是操作简单、对工作人员没有计算方面的技术要求 (3) 不足之处是手工填写的检查申请单和检查结果有字迹不易辨认的现象，最主要是不利于形成完整有效的数据库	(1) 通过医学习惯用语模板，鼠标加键盘可轻松录入检查结果 (2) 优点是解除了识别手写体的困难，使体检数据的录入速度大幅提升 (3) 不足之处是增加了学习成本，即对工作人员有具备计算机技术的能力要求
数据汇总与体检报告	(1) 分别到各科取体检报告，对照各体检项目进行汇总。将汇总好的报告本交医师手工书写体检结论和建议 (2) 不足之处是手工汇总体检资料劳动强度大，效率低	(1) 管理人员在系统上导入查收即可自动汇总 (2) 优点是计算机管理软件内置专家评测功能，可自动生成体检小结、综述、建议，省时、效率较高
资料保存	(1) 体检资料全部交给病人保存 (2) 优点是体检单位无需资料保存与管理成本 (3) 不足之处是体检资料没有系统保存。不能充分的利用体检原始资料进行各种统计学分析，缺少对单位体检结果的综合分析，凭主观分析与实际情况有偏差	(1) 体检机构除将体检资料拷贝或打印后交与顾客自己保存，电子资料可以长期保存 (2) 优点是便于对每位个体顾客和单位的体检情况进行总结，使体检单位对员工或体检者对自己的健康状况有全面的了解，利于复查和追踪 (3) 不足之处是体检机构增加了大量的资料管理成本

① 目前，由于设备与技术水平的提高，不少医院和专业体检机构都购置了体检车，能够根据顾客的需要配备相关设备，进行上门服务。

续表

评价指标	手工作坊式	专业服务式
体检流程	工作人员根据经验，形成体检信息管理流程，在人员流失或成员之间交流不畅时容易导致体检质量低下。即业务知识大多是隐性知识，而不能转变为显性知识，体检中心的知识难以积累	形成信息化体检经验曲线，新员工可根据系统内置流程，很快掌握体检信息。体检中心效率和竞争力大为提高

资料来源：作者观察并整理。

目前，体检的两种方式在中国并行存在着。手工作坊式体检在征兵、招生、招工体检中仍然广泛应用专业服务式体检因为在服务理念、服务内容、技术水平上都较之于手工作坊式有了质的飞跃，一些机构为了吸引消费者眼球，已称之为健康检查（health examination）。按照健康的新概念进行推理，健康检查应该包括健康体格检查、心理健康测试、行为与生活方式情况调查等多个方面。无论体格检查的哪种方式较之健康检查的范围都要窄很多，存在将专业服务式体检与健康检查等同起来的现象，可能与健康检查尚无统一的定义有关。体格检查在指标、方法和工具的应用都已十分成熟，影响心理健康、行为与生活方式等方面内容测评结果的因素多、测评工具的标准化难度较大，故健康检查服务供方在工作中便有意将之略去。根据健康评估的定义分析，可以认为，健康检查是健康评估之中收集健康信息并作初步分析的阶段，在健康评估技术尚不成熟的时候，健康检查即作为了健康管理的起点和健康评估的替代服务程度。

三、预防医学

预防医学（preventive medicine）是医学的一个分支，它以人群为主要研究对象，以流行病学、卫生统计学、实验技术等理论与方法，研究环境中物理、化学、生物、社会因素和机体的心理、行为因素对人群健康的影响或造成疾病、伤害的规律，制定公共卫生策略和措施，预防和控制疾病，促进健康。现代预防医学不仅包括狭义的预防——预防疾病的发生，也包括广义分级预防——根据机体处于疾病自然史的不同阶段而采取相应的措施，病因预防（无病防病）、临床前期预防（有病早治，即三“早”：早期发现、早期诊断、早期治疗）、临床预防（治病防残）称为三级预防。对比健康管理的概念演进过程，预防为主的预防医学思想是实施健康管理的最重要思想来源和理论基础。

四、健康促进

最容易与健康管理相混淆的概念是健康促进（health promotion）。WHO早在1986年的《渥太华宣言》中给出了健康促进的定义：“健康促进是促进人们维护和提高他们自身健康的过程”。宣言中还明确指出健康促进涉及5个主要活动领域，即建立促进健康的公共政策，创造健康支持环境，增强社区的能力，发展个人技能和调整卫生服务的方向。由此可见，健康促进是一个调动社会、经济和政治的广泛力量，改善人群健康的活动过程，它不仅包括一些旨在直接增强个体和群体知识技能的健康教育活动，更包括那些直接改变社会、经济和环境条件的活动，以减少它们对个体和大众健康的不利影响。从原则上讲，健康促进是在组织、政治、经济、法律上提供有益于健康的支持环境，在健康的行为和生活方式的正确改变上相对于健康教育带有强约束性和持久性，相对于健康管理则更加侧重于宏观政策层面在健康维护上的作用。

第四章

健康管理的需求分析

健康相关问题在中国社会中正受到前所未有的关注。尤其是以下现象基本上反映了目前民众健康需求的总体状况和卫生系统面临的主要挑战。一是经济与生活水平不断提高，人们对健康问题的忧虑似乎加深了；二是卫生总费用大幅度攀升，健康状况的改善幅度相对很小；三是医院就医条件大大改善、医疗技术与研究水平快速进步，民众对医务人员的工作好像越发不满。这三个现象主要涉及健康风险、疾病负担和医学服务模式问题。健康风险和健康需求已经发生了重大变化，这需要政策制定方和服务提供方从健康管理服务产业发展的角度来分析健康投资和健康服务模式的转变。

第一节　社会发展与健康风险

一、健康意识觉醒

在向现代工业化社会转型的过程中，各种变迁随之产生。生命过程变得更为开放和可塑。人们活动半径的扩大，不仅造就更多的选择和机会，也意味着每个个体都面临着新的需求和期待。最重要的期待之一是个人越来越把追求积极自主的生活作为人生的使命。毫无疑问，健康成为实现这一使命的先决条件。在宗教主导着人们思想生活的时代里，宗教给人们许诺了一个没有痛苦的来世。既然死后即可永恒，那么一个活了2年、20年或是100年的又有什么区别呢①？但在现代社会里，现实迫使人们不得不清醒地认识到，如果健康受到损害，个人在劳动力市场上的机会就会减少，甚至会完全丧失机会。关于健康的威胁虽然潜在，却产生了人们普遍的不安全感，从而对于靠宗教获得救赎的信仰力量变得脆弱起来，健康的意义和价值开始凸现，它成为尘世中可以感知的获救期望。大量的社会学者给出了类似的研究结论。那些不再能寄期望于来世的东西……被投射到了现世：免于困苦和损害，远离疾病和痛楚——总之就是快乐和不朽。身体逐渐成为关注的中心，健康和运转良好的身体组成了我们生活的唯一保障，是我们生活的全部。一旦身体开始枯萎，我们的生活将随之枯萎。健康甚至获得了一种先验的重要性：没有了健康，一切都失去了价值。瑞德（Rohde）说，救赎已经被废黜，取而代之的是治病疗伤（亚当、贝克、龙，2005）。换言之，人们对健康意识已经觉醒了。这种健康意识与现代社会发达的健康照料水平恰好契合了社会经济发展对于生命历程的期待。社会需要人们的健康资本作为发展的基础动力，而个体为了承受竞争并获得各种各样的成功体检，同时需要展示自身的健康之美。

二、健康风险和脆弱性增加

现代社会在创造灿烂科技文明的同时，也正在生产着大量的风险，如核辐射及核战争威胁，各种新型的甚至不知后果的化学物品被生产且被广泛用于生活领域，各个国家及其民众的生活更加紧密相连导致人与人之间的依赖性更强，等等，这些都在相当程度上改变和影响着人类的生存环境，并使得人们遭遇到前所未有的“财务风险”和“健康风险”。比如2008年由美国华尔街次贷危机所引起的全球范围金融海啸，其强度令世界震惊和沮丧，民众不仅受到了巨大的财务损失，因此导致的心理和健康损害同样令人担忧，这也说明了“地球村”真正形成了，财务风险也会导致健康风险增加。2008年至今，是国际格局的重塑期，由于无

① 盛行于西方的基督教、天主教与东方的佛教其基本教义中都有人生的痛苦是由前世的造成的思想，需要忍受。

法且不该以世界大战这种剧烈的形式呈现出来，重塑的时间可能会更加延长。正如德国著名的社会学家，以风险社会理论的首创者而广为学界熟悉的乌尔里希·贝克（2004）所言，现代人其实“生活在文明的火山上”。人类一边享受着现代化的成果，又一边承担着相应的代价，更让人不情愿的事情是“我们已经被风险所包围着，却还在不断地制造新的风险”（童星、张海波，2007）。

从观察来看，大量社会风险的发生都伴随着健康风险——健康损失的存在，更不用说社会事件本身就是健康危机事件了。千年伊始发生在美国的“9·11 事件”，不仅造成大量经济损失和人员伤亡，更令医学界头痛的是事件带来的人群心灵打击一时间难以抚慰，因为现代传媒技术的发展让更多的民众以“现场直播”的形式，亲眼看到了灾难的发生，而之前灾难的镜头只有在虚幻的电影中才可见到，这在人们心中留下的烙印之深可想而知。事件导致的人员伤亡与心灵创伤在本质上都是健康问题。全球化时代，现在世界上一个地区突然发生的卫生危机只需要几个小时就可成为另一个地区的突发公共卫生事件（WHO，2007）。2003 年春天，SARS 病毒在几个月的时间就肆虐了全球 30 个国家，造成 8422 人染病，916 人死亡（WHO，2003）。让各国政府和民众对健康产生极大担忧，特别是 SARS 病毒直接和猖狂地威胁到了医务人员的生命安全，很多医生、护士和工作人员发病或死亡，人们心目中健康守护者的“倒下”，令民众更加恐惧。这场疫情重撞了全球经济，也使得人们认识到“地球村”时代，人与人之间的联系是更加密切、相互影响更加深刻。再看 2009 年 3 月 18 日起源于墨西哥的甲型 H_1N_1 流感疫情，尽管有世界卫生组织和各国政府、全社会的竭力防控，WHO 已经史无前例地快速将流感大流行警戒级别提高至最高级六级。截至 2009 年 12 月 30 日，H_1N_1 的蔓延仍然造成了 208 个国家和地区数千万人感染，至少 12220 人死于大流行（WHO，2009）。毫不夸张地说，病毒在人际间的传播是以飞机的飞行速度展开的，而健康威胁信息的传播“得益”于互联网的存在。再如 2014～2016 年出现在西非的埃博拉病毒（ebola virus）疫情，这是 1976 年发现埃博拉病毒以来发生的最大且最复杂埃博拉病毒疫情。本次疫情出现的病例和死亡数字超过了所有其他疫情的总和。疫情还在国家之间蔓延，首先在几内亚发生，随后通过陆路边界传到塞拉利昂和利比里亚，导致近5000人死亡。虽然在美国、英国和意大利只有零星几个病例，但是由于埃博拉病毒是一种能引起人类和灵长类动物产生埃博拉出血热的烈性传染病病毒，有50%~90%的高死亡率，致死原因主要为中风、心肌梗塞、低血容量休克或多发性器官衰竭。疫情导致了全球范围的巨大恐慌，并造成了全球2014年约3万亿美元的经济损失，相当于全球GDP的5%（World Bank，2014）。

健康风险不仅来自事件本身，事件背后所需的心理支持更显重要。对于这些，医学界显得力不从心，需要全社会动员。与此同时，还有不断发生的食品安全问题等事件都令民众的生活长期处于健康不安全感之中。在社会事件和突发公共卫生事件的应对中，之前做得不够，现在仍需改进的是危机管理工作，包括健康信息的正确及时传播等。再如“SARS危机”的爆发、蔓延对人类造成的巨大损失，一方面来源于其本身所具有的不确定性，另一方面也来源于信息混乱、扭曲，以及政府责任的缺失。按照医学专业知识和手段，作为一种大规模流行的传染性疾病，最有效的防治手段当然是要准确地判断疾病的病原体，并有针对性地进行疫苗研制与应用。要知道，面对疾病，人类拥有的医学知识和技术手段永远有限，一时是找不到病原体或对付办法或无法立即研制出疫苗的本属正常，但传染病防治是有三种途径的：控制传染源（病菌的传染者，人或动物）、切断传播途径（水、空气或其他）、保护易感人群（容易感染的人群避免接触或预防、锻炼增强免疫力），只要某一方面做得好，都可以让疫情得到尽可能地控制。“SARS危机”爆发的初期，卫生部门和社会各界都把注意力集中到传染源上，首先争论的问题是病原体的判断：病毒、细菌还是寄生虫？当弄清楚是病毒之后又开始竭力寻找病毒宿主。而对于传播途径的研究和易感人群的保护措施却做得非常不够，一时间谣言四起，混乱传播的信息带来的心理恐慌成本和经济损失甚至超过了疾病本身，如盲目购物、吃药、停工、停学等。不可否认，健康风险已经渗透到我们的生产生活之中，它无处不在，随时可能发生。换言之，人类在全球化时代面临的健康风险是在不断增多的，健康的脆弱性是在增加的（魏众、朱玲，2008）。只有科学和有效地进行健康风险管理，才能满足民众的健康需求。

三、人口老龄化的挑战

社会经济的迅速发展，大幅度改善了人们的生活水平，快速促进了医疗卫生事业的进步，也使得人口的期望寿命不断延长。公元前，人们的寿命一般不超过20岁，在古代也最多能活到25岁，中世纪延长到30岁，进入20世纪80年代，人们的平均寿命已从40岁延长到62岁。世界卫生统计年鉴（WHO，2017）数据显示：2015年世界人口平均预期寿命为71.4岁，其中男性为69.1岁，女性为73.7岁；世界卫生组织欧洲区、西太平洋区和美洲区的12个发达国家中人口预期寿命已经超过82岁，另有29个较发达国家的人口预期寿命达到了80岁①；全球75.5亿总人口中已有60岁及以上人口占13%，达到9.8亿人。

世界人口平均预期寿命的大幅度增加带来了世界范围内的老龄化趋势。按照现代人口学理论，人口老龄化是指一个国家或地区总人口中因年轻人口数量减少、年长人口数量增加而导致的老年人口比例相应增长的动态过程。反映人口老龄化的统计指标大致划分为三大类：人口老龄化程度的指标、人口老龄化速度的指标和抚养比指标。联合国认为，如果一个国家或地区60岁以上老年人口达到总人口数的10%或者65岁以上老年人口占人口总数的7%以上，那么这个国家或地区就已经属于人口老龄化国家或地区。从老年类型国家的发展来看，根据《世界人口展望》（2017修订版）中数据，1950年已属老年类型的国家达15个，1960年为20个，1965年为30个，1981年达38个，1995年则增加到64个，2005年达到81个，2015年则达到104个，在55年时间里，增加了6倍。已超过一半的国家步入到老龄化社会。目前，全世界每年新增老龄人口约900万，80%以上来自来发展中国家。据预测，如用2016年的人口数据作为基线数据进行预测，到2050年和2100年时，60岁以上老龄人的数据量将分别增加到两倍和3倍，其中65%的老龄人口来自亚洲；而全球80岁以上的老龄人数将从2017年的1.37亿

① 全球仍有22个最不发达国家的人口预期寿命尚未达到60岁，这些国家全部位于撒哈拉以南的非洲。

增加到2050年的4.25亿和2100年的9.09亿，2050年和2100年分别为2016年的3倍和7倍。

2016年底，中国60岁及以上人口总数已达2.26亿，占总人口的比例达到16%（WHO，2017）。进一步验证了全国老龄工作委员会办公室发表的《中国人口老龄化发展趋势预测研究报告》（2006）中给出的沉重结论："21世纪的中国将是一个不可逆转的老龄社会"。该报告当时曾指出，21世纪中国人口老化趋势分成三个阶段：从2001～2020年的第一阶段，是中国社会快速老龄化阶段，期间平均每年增加596万老年人口，年均增长率3.28%，超过总人口年均0.66%的增长速度；第二阶段（2021～2050年）是加速老龄化阶段，平均每年增加620万老年人口，2050年老龄人口将超过4亿；第三阶段的2051～2100年是稳定的重度老龄化阶段。2051年中国老龄人口达到巅峰的4.37亿人，约为少儿人口的两倍，老龄人口将持续稳定在占总人口的31%左右。中国人口老龄化呈现以下五个特点（陈可冀，2002；邬沧萍、姜向群，1996；中国老龄科学研究中心，2015）：

一是老年人口基数大。60岁及以上老年人口是世界老年人口总量的1/5，是亚洲老年人口的1/2。联合国预测，21世纪上半叶中国将一直是世界老年人口最多的国家，占世界老年人口的20%；21世纪下半叶，中国也还是仅次于印度的第二老年人口大国。

二是老年人口增长速度快。发达国家老龄化进程长达几十年甚至100多年，如法国完成这一过程用了115年，瑞士用了85年，英国用了80年，美国用了60年。而中国只用了18年，从1981～1999年中国人口年龄结构就基本完成了从成年型向老年型的转变，而且老龄化的速度还在加快。2015年中国65岁及以上人口为1.44亿人，近十年65岁及以上人口逐年增加，意味着人口老龄化的高峰即将到来和创造价值的劳动力减少。养老问题的必要性浮出水面，其严重性比想象中还要突出。

三是高龄化趋势明显。近年来中国80岁以上高龄老人以年均约4.7%的速度增长，每年增加高龄老人超过百万人，明显快于60岁以上老年人口的增长速度。2015年80岁以上老年人口已经超过2400万。

四是地区老龄化程度差异较大。上海的人口年龄结构早在1979年就进入了老年型，而青海、宁夏等西部地区在 2010 年左右才进入，相差约 30 年。

五是人口老龄化与社会经济发展水平不相适应。欧美一些发达国家在进入老年型社会时，人均国内生产总值一般在5000～10000 美元，而中国经济发展水平与发达国家相比差距仍然较大，是“未富先老”的典型国家。

人口老龄化的到来和加速，导致了与年龄有关的慢性病不断增加，在发展中国家尤其如此。因此，世界卫生组织（WHO，2004）呼吁：在世界各地，看护人员、卫生系统乃至整个社会均需做好准备，应付老人持续增长的需求。对于中国而言，不管从时机还是从能力上，无论在经济层面还是在政治层面，不仅对于家庭还是对于国家，老龄化社会的到来都将确实给整个社会发展带来了很大的问题，解决之，不但要认清人口战略还要调整产业结构，不但挑战政策体系还要考验具体措施。当然，单纯从卫生角度看，如何让老年人健康地生活是摆在现在和今后卫生领域工作人员认真研究和实践的课题。

四、慢性病与生活方式疾病困扰

“慢性病”全名称为慢性非传染性疾病（non-communicable diseases，NCDs），是心脑血管疾病、肿瘤、糖尿病、慢性阻塞性肺疾患（chronic obstructive pulmonary diseases，COPD）、慢性牙病（龋齿、牙周病）、骨质疏松症、神经精神病、慢性肝肾疾病、慢性骨关节病、良性前列腺肥大和先天异常等疾病的总称。

2002 年，世界卫生报告首次全面系统地分析了全球疾病负担和主要危险因素。WHO 在报告中明确指出，NCD 不论是在发达国家或发展中国家（除最贫困的发展中国家）都是疾病的主要负担，并根据危险因素引起全球和地区疾病负担的大小确定前 10 个危险因素，其中，前 7 个如血压、烟草、乙醇、胆固醇、超重、水果蔬菜摄入不足、缺乏体力活动是对心血管病和其他 NCD 特异的。2003 年世界卫生报告根据新的数据进行疾病负担分析，仍然明确指出 NCD 是全球疾病的主要负担，NCD 及其危险因素是疾病防治的重点。2005 年 10 月，世界卫生组织再次就慢性病问题发表全球性报告《预防慢性病：一项至关重要的投资》，指出慢性病不仅是世界上最首要的死亡原因，且由慢性病造成的死亡已占所有死亡的60%，所有慢性病死亡的80%发生在低收入和中等收入国家，无论是男性还是女性，慢性病死亡率基本相同（WHO，2008）。在这些国家，慢性病的影响在稳步增大，受慢性病威胁的人数、家庭和社区在逐渐增多。这个日益增长的威胁妨碍了这些国家的经济发展，是造成这些国家贫困的一个主要原因，但是人们对此却缺乏足够的认识。该报告还显示，10种广泛存在的误解助长了对慢性病的忽视，认为慢性病是远期威胁，不会像传染病那样重要和严重的看法已被最有力的证据打消。2017年6月世界卫生组织网站公布了5条关于慢病的信息：每年有4000万人死于慢性病，占全球总死亡人数的70%。其中，每年有1500万人死于慢性时的年龄为30~69岁，这些“过早死”的人超过80%来自低收入和中等收入国家。主要有四种慢性病导致了“过早死”，比例超过80%；这四种慢性病及其导致的死亡人数分别是心脏病（1770万人）、癌症（880万人）、呼吸系统疾病（390万人）和糖尿病（160万人）；吸烟、缺乏运动、有害使用酒精以及不健康饮食，都会增加死于非传染性疾病的风险；筛查、早发现、姑息疗法和治疗是应对慢性病的关键措施。

2006年5月12日，中国国家卫生部疾病控制局与国家疾病预防控制中心（Center for Disease Control and Prevention，CDC）发表了《中国慢性病报告》，报告中称：1991~2000年中国慢性病死亡占总死亡的比例呈持续上升趋势，已经由1991年的73.8%上升到2000年的80.9%。换言之，自2000年起慢性病就已成为中国城乡居民死亡的主要原因，城市和农村慢性病死亡占总死亡人数的比例分别高达85.3%和79.5%。即使在贫困地区，慢性病的死亡也是不容忽视的，许多贫困县也已达到60%。这种情况仍在恶化中，如图4-1所示，2015年死因监测数据显示，全国慢性病死亡率已高达569.70/10万，占全部死亡率的87.7%（中国疾控中心慢病预防中心、国家卫计委统计信息中心，2015）。

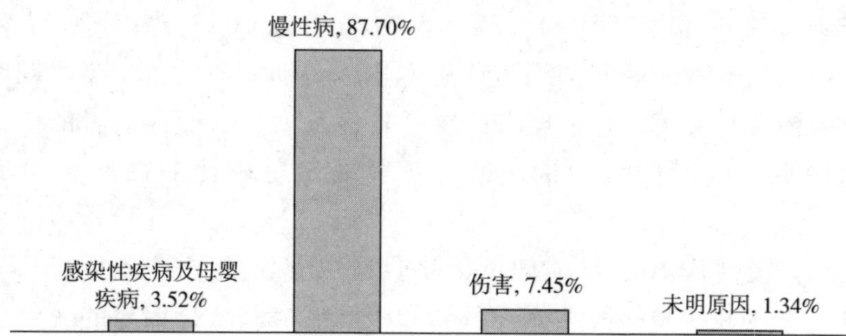

图 4－1 2015 年中国按病因分列的死亡率

数据来源：作者根据《2015 中国死因监测数据集》制作。

另据《中国居民营养与健康状况调查报告（2015）》，2012 年中国 18 岁及以上居民的高血压患病率已高达 25.2%，这意味着中国每 4 位成年人中就有 1 人患有高血压。从医学角度讲，高血压发展到后期，会引起严重并发症，患者往往死于脑血管病、冠心病或高血压性心脏病等疾病，所以高血压实际上已成为中国居民健康的头号杀手。高血压的危险因素虽包括了年龄、性别、遗传等无法通过干预调节予以控制的因素，但也包括吸烟、饮酒、膳食等可通过干预手段予以调节和控制的因素，这给健康促进和管理提供了大量的空间以维护人群健康。

慢性病的疾病负担主要表现在两个方面：

其一，慢性病严重影响中国劳动力人口的健康。根据 1993 ~ 2013 年全国五次卫生服务调查（国家卫生计生委统计信息中心，2015）数据显示：50 年来，中国居民两周患病率持续增加，但近 5 年的增长明显快于前 15 年。2008 年城市和农村两周患病率分别为 22.2% 和 17.7%；2013 年对应增长到 28.2% 和 20.2%，城市居民两周患病率高于农村，并且差异在增大。从 2013 年的调查来看，两周患病率中 77.2% 是慢性病在两周前持续到调查的时候；每百名 15 岁以上被调查者中慢性病患病人数和例数分别达到 24.5% 和 33.1%；每个年龄组的慢性病患病率都较 2008 年有所增长，特别是中、老年龄组增加明显，45 ~ 54 岁、55 ~ 64 岁和 65 岁及以上年龄组分别从 2008 年的 25.9%、41.9% 和 64.5% 增长到 2013 年的 29.5%、52.6% 和 78.4%，说明中老年人的健康状况是在恶化之中。前五位的慢性病（及其患病率）分别为高血压（142.5‰）、糖尿病

(35.1‰)、椎间盘疾病(14.8‰)、脑血管病(12.3‰)和胃肠炎(12.0‰),这五种慢性病两周就诊患者中,劳动人口约占一半。同时慢性病多为终身性疾病,并常伴有严重并发症及残疾,使存活者的生命质量大大降低。以糖尿病为例,患者肾衰竭发生率比非糖尿病患者高17倍。

其二,慢性病给个人、家庭及社会造成了沉重的经济负担。早在2006年,全国政协教科文卫体委员会和中国癌症基金会编写的《癌症的科学与实践》就指出,中国每年每死亡的5人中至少有1人死于癌症,而在0~64岁人口中,每死亡4人即有1人死于癌症。每年癌症病人的医疗费用高达近千亿元,占全国医疗卫生总费用的20%以上,远高于其他慢性病的医疗费用。虽然花费高昂,但中晚期癌症的治疗效果非常有限,其不良预后不仅患者家人和亲友带来巨大的经济负担和精神痛苦,也影响了社会的稳定。据科学推算,2003年中国仅缺血性脑卒中一项的直接住院负担即达107.53亿元,脑卒中的总费用负担为198.87亿元,占国家医疗总费用的3.79%,占国家卫生总费用的3.02%(王梅、刘克军等,2005)。罹患常见慢性病住一次院,一般要花掉城镇居民人均年收入的一半以上,花掉农村居民人均年收入的1.5倍。可见,慢性病给居民家庭和个人,尤其是给农村居民带来沉重的经济负担。慢性病与贫困的恶性循环,使人们陷入“因病致贫、因病返贫”的困境。问题的严重之处不仅在于慢性病本身带给民众的经济与生活上的困难,让人更揪心的是慢性病相关危险因素流行日益严重:膳食不合理、身体活动不足及吸烟是造成多种慢性病的三大行为危险因素,也就是说,生活方式不当最终导致了慢性病发病的高发,而这些危险因素靠单纯的医学手段根本无法奏效。

同时,工作与生活压力导致精神与心理的健康问题突显且日益严重。随着全球疾病谱和疾病负担的变化,精神疾病和精神卫生问题将成为或者已经成为21世纪人类所面临的主要健康问题之一。根据20世纪90年代的多次调查表明,中国疾病谱的变化和世界疾病谱变化的趋势一致。早在10年前的调查中就显示,中国的精神疾病负担占疾病总负担的第一位,并且随着时间的推移,这种趋势会更加突出(卫生部、民政部等,2003;费立鹏,2004;Fiona J Charlson 等,2016)。这就意味着不仅是精神专科医生，而且整个医学界将面临着医疗与保健的新问题。另外，还有众多不断增加的职业危害因素也在侵蚀着劳动者的健康，自杀率的提升、食品卫生和环境卫生恶化等因素，也在考验着卫生服务体系。

第二节　医疗消费与健康改善

一、卫生总费用及其构成

中国的卫生总费用增长速度惊人。按可比价计算，1978～2015 年，中国卫生总费用的年均增长率达到两位数，为 12.5%，大大超过了 GDP7.5%的年均增长率。卫生消费弹性系数为 1.67，即 GDP 每增长 1%，卫生总费用增加 1.67%（国家卫计委卫生发展研究中心，2017）。其实，1990 年以前，卫生总费用一直在低位运行，变化很小。但进入 20 世纪 90 年代以后，几乎是一年上一个台阶，1990 年卫生总费用为 747 亿元；2000 年已达 4587 亿元；2007 年突破万亿元，为 11574 万亿；2010 年已近 2 万亿元，达 19980 亿元；2015 年就跃过 4 万亿元大关，高达 40975 亿元了，大约每隔十年翻两番。作为一个发展中国家，卫生总费用以如此快的速度增长，显然过快了。

从卫生总费用的筹资来源看，虽然政府卫生投入的绝对数逐年增长，但远远未跟上民众的需求和卫生总费用的增长速度。如图 4－2 所示，从 1978～2016 年，政府预算卫生支出比例在 1986 年达到 38.69% 的高峰，但自此之后逐年下降。2000 年政府卫生支出占 GDP 的比例为历史最低点，仅为 15.47%，当年世界卫生报告公平性排名，中国被排在 191 个国家中的倒数第四位（WHO，2000）。因为卫生服务费用，特别是医疗消费具有刚性的特征，当政府在卫生投入上未起到关键作用之时，普通民众当然在卫生筹资中就被迫充当了“中坚”力量。2001 年，中国个人卫生筹资总额竟达到了卫生总费用的59.97%①。2003年，“SHRS病毒”危机的检验，暴露了中国卫生系统存在投入不足、应急缓慢等众多问题。也许是世界排名的“刺激”和“SARS病毒”的冲击，政府开始在卫生投入方面加大力度；2008年政府预算卫生支出占卫生总费用达到24.73%；2009年中国启动医改新政，但当时并没有明确政府责任，2000年政策预算卫生支出是历史最低点，为卫生总费用的15.47%，而个人卫生支出比例则于2001年上升至历史最高点，为59.97%；国务院发展研究中心于2005年发布《对中国医疗卫生体制改革的评价与建议》，认为“从总体上讲，中国医改是不成功的”，核心建议是需要“强化政府职能和责任”，之后政府进一步加大了财政卫生投入，2015年政府财政卫生支出比例已上升到30.45%。

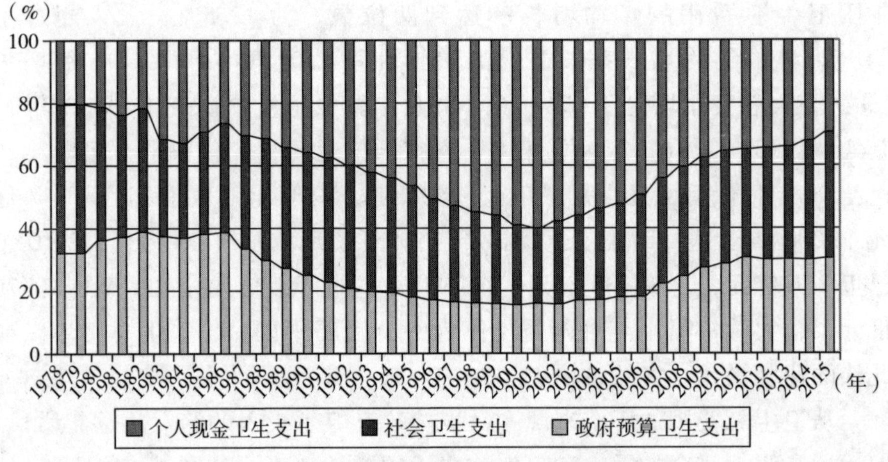

图4-2　1978~2015年中国卫生总费用筹资构成

资料来源：中国卫生总费用研究报告（2016）。

① 从实际情况来看，经济发展必然会带来卫生服务需求水平的上升、新技术使用与设备更新、药品的更新换代、就诊环境和条件的改善等，都会导致卫生总费用绝对数的大幅度增加，这里个人卫生筹资的比例增大，一方面是服务价格导致的费用绝对数增加，问题的关键个人难以承受巨大的疾病负担，因此“看病贵”，如果医疗保障覆盖程度高，虽然费用增加，民众本身并不感觉医疗费用有多高。

再来分析中国卫生费用分配总额的构成情况，以 2015 年为例，如图 4－3所示，至少可以看到两种现象，一方面卫生总费用过多地流向了医疗机构，用于疾病治疗的医药费用超过了卫生总费用的 80%，而公共卫生支出尚不足 10%。另一方面在中国的卫生机构中，一般只有县医院和卫生院可以定性为农村医疗机构，两者加起来不足 20%，其他的机构如社区卫生服务中心（站）等绝大多数都分布在大中城市之中。

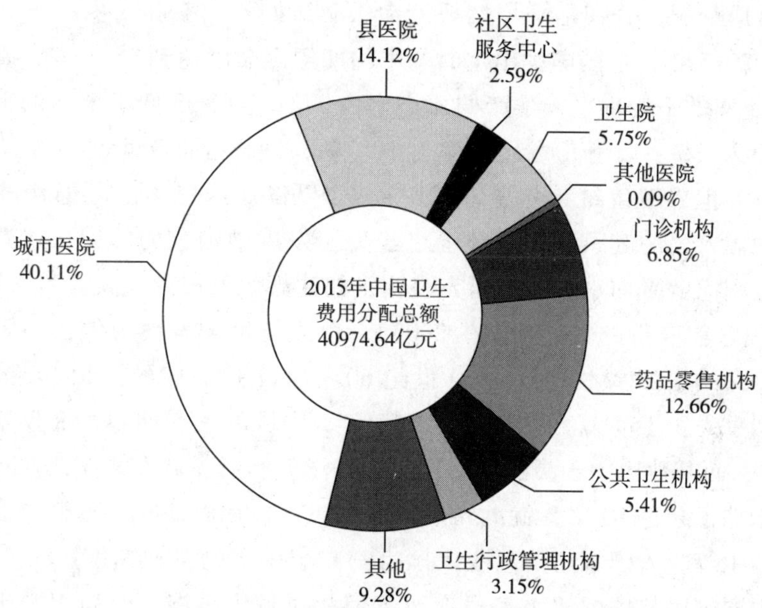

图 4－3　2015 年中国卫生总费用机构流向构成

资料来源：中国卫生总费用研究报告（2016）。

这些数据充分说明：第一，改革开放以来，政府在卫生领域的支持其实是力度不够的，逐步放弃了本应承担的保障公民健康的责任。第二，约 80% 的卫生资源配置在城市之中，卫生系统完全演变成了一个疾病模式的医疗系统，有 80% 的卫生资金消费在了医疗和药品上。普通老百姓只能靠看病且由自己解决健康问题。第三，扭转“重医轻防”、加强健康管理的工作虽任重道远但刻不容缓。

二、健康状况改善

（一）中国卫生总费用增长与居民健康状况改善情况

在中国卫生总费用飞速增长的同时，民众的健康状况改善总体上并非十分理想。国际上通常用三个指标来反映和比较一个国家或地区的民众的健康状况，分别是平均期望寿命、孕产妇死亡率和5岁以下儿童死亡率。2015年，中国国民出生时的平均期望寿命已达到76.1岁，高于世界71.4岁的平均水平；孕产妇死亡率为27/10万，远低于全球的平均值216/10万；5岁以下儿童死亡率为10.7‰，同样远低于世界的平均水平42.5‰（世界卫生统计年鉴，2017）。如果仅从这三项国际通用指标来看，中国人民的健康水平总体上已经处于发展中国家的前列，达到了中等收入国家的平均水平。但研究表明，如此辉煌的成就主要是在20世纪80年代以前取得的（王绍光，2003）。以人均期望寿命为例，中国人均期望寿命的增加基本上是在20世纪60～70年代完成的，80年代以后，增长似乎失去了动力。从1981～2015年，中国的人均期望寿命仅增加了8.4岁，而基数比中国高的亚太国家，如澳大利亚、日本、新西兰和新加坡都增加了超过10岁；就世界平均水平而言，在此期间，不管是低收入国家、中等收入国家还是高收入国家都高于中国的增长速度。80年代以来，中国国民整体健康水平虽有改善但相对较为缓慢，而且不断出现了新的严重的公共卫生问题（王绍光，2003）。一个较好的现象是近十年来中国政府更加意识到了公共卫生和预防工作的重要性，开始真正重视起来。

（二）美国卫生总费用增长与居民健康状况改善情况

中国和美国两国的经济实力不同，但在卫生领域却似乎遇到同样的问题，1960美国的卫生总费用占GDP的比例为5.2%，1980年比例增加到9.0%，2000年达到了13.6%，最新统计数据显示，2016年已经上升到17.2%的高位（OECD Health Data，2016），意味着美国已把超过1/6的国内生产总值用在卫生领域。美国卫生总费用占GDP的比例在全世界一直是最高的，但美国人的相关健康指标总体水平却并不理想，只处于全世界的中上游水平。例如，1960 年美国的人均期望寿命是 69.9 岁，高于同年日本的 67.8 岁，到了 2015 年，日本已经达到了 87.1 岁，美国却只有 81.2 岁，排在 OECD 成员的第 30 位（共 35 个国家）。婴儿死亡率的情况也同样类似，1960 年的美国婴儿死亡率为 26/10 万，低于日本的 30.7/10 万，到了 2015 年，日本已经降到了 2.1/10 万，美国的数据为 5.8/10 万，排在 OECD 成员的第 33 位。同样美国民众的健康状况改善也不如英国。显然对于中国和美国来说，从 20 世纪八九十年代以来，卫生总费用的高速度增长，都没有带来人群健康水平较为理想的改善。

美国卫生系统是一个“诊断和治疗”系统。中国的医疗卫生改革却一度迈上了这条“不归路”。人群中最不健康的 1% 和患慢性病的 19% 共占用了 70% 的医疗卫生费用；最健康的 70% 人口只用了 10% 的医疗费用（Harrison，2004）。因此，有学者认为，中国卫生系统曾经患上了“美国病”，“美国病”的特征有两个，一为效率低，二为公平性差。其中效率低是源于资源浪费和资源没有用于成效好的项目和干预措施上；公平性差则主要是由于资源的再分配不到位（葛延风、贡森，2007）。

（三）卫生投入与居民健康水平的关系分析

健康的影响因素众多，世界各国的健康水平并非完全与卫生服务的投入水平呈现出同步提升关系。因为对于普通民众而方，可以利用的卫生资源必然会受到本国特有卫生制度的约束。相同的卫生服务投入，相异的制度安排，卫生资源的使用效果往往不同。健康水平提高与其具体政策导向的卫生资源使用效率相关（陈之楚、吴静瀛，2007）。为此，本书采用聚类分析方法，对 OECD 的成员 2015 年的居民健康状况与广义卫生投入水平的关系进行比较分析。研究中采用人均期望寿命、婴儿死亡率、孕产妇死亡率这三组数据作为判断健康水平指标。卫生投入水平采用了四组数据作为评判指标，分别是每万人口医护人员数、卫生总费用占 GDP 比例、政府一般性卫生支出占政府总支出的比例和人均卫生总费用。先对这 33 个国家的卫生投入情况进行分析，以观察类似健康水平条件下的各国卫生投入效率。

如表 4－1 所示，美国被分在了卫生投入最高的 A 组。位于 B 组中的两个国家瑞士和挪威的健康水平指标大多高于美国，但卫生投入的总体水平却低于美国。仔细分析，挪威只是人均卫生总费用与美国接近，卫生总费用占 GDP 的比例为 10.5%，远小于美国的 17.2%。最值得注意的是挪威国民的健康水平指标全部高于美国，其中人均期望寿命为 84.2 岁，高出美国 3 岁；婴儿死亡率只有 2.3‰，美国为 5.8‰；孕产妇死亡率接近于零，美国为 14/10 万。同样，位于 C 组中的 15 个国家的卫生投入水平不及美国，也不及 B 组的两个国家，但其国民的健康水平一点并不比 A 组和 B 组的国家差，有些指标还高于这两组国家。

表 4－1　　35 个国家卫生投入水平的聚类结果

A 极高	B 高	C 较高	D 较低	E 低	平均投入水平
美国	瑞士 挪威	日本、澳大利亚、法国、加拿大、瑞典、爱尔兰、奥地利、德国、荷兰、比利时、英国、芬兰、丹麦、冰岛、新西兰	卢森堡	智利、捷克、波兰、墨西哥、斯洛伐克、爱沙尼亚、土耳其、匈牙利、拉脱维亚、以色列、希腊、西班牙、意大利、斯诺文尼亚、葡萄牙、韩国	每万人口医护人员数为 12 名；卫生总费用占 GDP 比例为 9%；政府一般性卫生支出占政府总支出的比例为 15%；人均卫生总费用为 4014 美元

资料来源：笔者根据 OECD，WHO，The World Bank 官网中数据分析得出，使用软件 SPSS21.0。

总体上，大部分国家国民的健康状况与总体卫生投入水平是相协调的，但并非卫生投入越多，健康效果就越好。换言之，卫生总费用增长与人群健康状况的改善之间并没有有必然的联系。卫生总费用中最重要的部分是医疗服务消费，医疗消费处于健康服务的下游产业，正如福克斯在书中写道的那样，“健康和医疗之间的联系并不像大部分讨论想要使我们相信的那样直接和紧密”（福克斯，2000），所以，对于政府来讲，应该将民众的卫生服务消费调整或引导到预防和健康保健上去，而不是只重视医疗卫生产业的发展，否则卫生投入的效果将不可能如愿。

第三节　民众期待与政治承诺

一、民众对医学服务的期待

众所周知，近二十多年来，医疗技术的进步速度令世人惊讶。众多科学技术的发明及其在医学领域的应用大大提高了临床医学的诊断和治疗水平。但大量社会事实和研究表明，诊疗技术突飞猛进并没有让民众，特别是患者对医护人员的工作满意度提高，反而，医患信任度下降、医患关系有恶化的趋势。客观地讲，当今世界越来越多的人受益于科学技术的进步，仅在卫生领域，新药发明、科学不断更新的先进医学设备被应用于临床诊疗过程，更多的疾病得到救治、更多的生命得到挽回或延长。科学技术造福了人类、促进了医学飞速发展，理应值得称赞。不幸的是，现代医学作为技术新贵，在技术主义扭曲的社会语境中却逐渐表现出了严重的人文贫血。必须承认，这是当今形势下医学人文主义和科学主义，医学人文主义和功利主义博弈的结果。全球化背景下盲目的科学崇拜致使技术至上的思潮影响至深，医学领域也在所难免，医学在“离人文化”泥潭里陷得太深了。诊疗技术精深一方面更便于帮助医者查明病因，对“病”下药或对“病”施以技术治疗；另一方面也容易“只见树木不见森林”，抓住了病但未必救得了命。由于很多医务人员忽视了患者因病而至的心理等需要，患者有时并非因病致痛而是被病吓死。特别是，医务人员往往无意或无法关注到另外一个事实：在医疗“顾客”中，最痛苦的有时不一定是患者本人，其亲属所表现出来的对亲人健康、家庭财务、未来生活等方面的不安和焦虑多数胜过了患者。而对患者亲属的安慰和解释仍未引起医方的普遍重视。例如，临床服务中会出现这样的情况，患者病情危重时需要送入重症监护病房（ICU），其亲属往往长时间都不能见到病人，如果亲属得不到必要的信息和心理疏导时患者的病情恶化甚至出现了意外，或者患者进行手术（特别是孕产妇）时一切“良好”但手术结束时却停止了呼吸，等等。此时，即使医方的行为完全符合诊疗常规，医疗纠纷却时有发生。医务人员非常辛苦地为患者治病，有时还正在竭尽全力抢救病人，却遭到患者不理解甚至闹事的情况并不少见。信息不完全和信息不对称使得医疗服务过程近乎黑箱，因此，专业技术进步带给医患惊喜的同时也由于技术壁垒而经常生出误会和迷惘。一旦服务管理水平跟不上，患者对医务人员的工作满意度低当然在情理之中了。总而言之，革新当前的卫生服务模式已势在必行。

二、卫生战略与兑现“承诺”

1977 年，第 30 届世界卫生大会通过了“2000 年人人享有卫生保健”的全球战略目标，并得到联合国大会的肯定和世界各国政府的响应。从 20 世纪 80 年代初开始，中国政府也在不同场合多次承诺，力争在 2000 年实现这一目标。1983 年，中国总理在接见世界卫生组织（World Health Organization，WHO）总干事马勒博士时说：“我们将努力来响应世界卫生组织提出的‘2000 年人人享有卫生保健’的战略号召，要努力在中国尽早实现这个目标”。1986 年第 39 届世界卫生大会上，时任卫生部部长崔月犁代表中国政府指出“WHO 提出的‘2000 年人人享有卫生保健’的战略是英明的，实施是有成效的，我们必须同心协力支持它，为它的实现做出应有的贡献。中国政府已经从各方面加强措施，促进这一目标在中国的实现”。1988 年 10 月，时任国务院总理李鹏在给“第四届亚洲农村医学暨初级卫生保健会议”的贺词中郑重声明：“‘2000 年人人享有卫生保健’是世界卫生组织提出的，中国政府已宣布支持世界卫生组织为之所做的一切努力，积极促进这一目标的实现”。1997 年，《中共中央、国务院关于卫生改革与发展的决定》也指出：“卫生工作的奋斗目标是……到 2000 年，初步建立起具有中国特色的包括卫生服务、医疗保障、卫生执法监督的卫生体系，基本实现人人享有初级卫生保健”。然而，中国卫生发展事实表明，不仅情况并非如此，且与初衷相差甚远：“看病难、看病贵”问题非常突出。1993 年，全国第一次卫生服务调查数据显示城市居民中 27.28% 完全靠自费医疗，农村自费医疗的比例高达 84.11%；到了 1998 年，全国第二次卫生服务调查时自费医疗现象变得更加严重，城市和农村分别达到了 44.13% 和 87.44%；2003 年，城市人口自费比例仍有小幅升高，为 44.8%，农村虽有所下降但仍高达 79.0%。这是源于 1985 年之后几轮医改的不利结果。显然相悖于“人人享有卫生保健”的战略目标。2000 年世界卫生报告对 WHO 所有会员国 1997 年卫生系统资金提供的公平性进行了评价，结果中国排名第 188 位，为倒数第四位。这一结果警醒中国政府，兑现“人人享有卫生保健”之战略目标的政治承诺迫切需要认真反思曾经走过的医改之路，特别是卫生服务与投入模式，接受现实的严酷挑战。自此，中国政府开始着力加强社会医疗保险制度建设，扩大医疗保险覆盖面。2008 年和 2013 年的卫生服务调查显示，没有参加基本医疗保险的居民降低了 12.9% 和 4.9%（2013 年第五次国家卫生服务调查分析报告，2015）。2013 年底，中国可谓在全国范围内基本实现了“全民医保”。

如前文所述，虽然医保制度基本建立，财政卫生投入持续增加，但都未能大大改善国民的健康状况，离健康素养的全面提升还有很长路要走。民众的健康意识才刚刚觉醒，健康风险仍在不断增加，社会过分依赖医疗消费，期待以此改善健康水平非但效果不理想且费用更加高昂，以疾病为中心的卫生资源配置与医学服务模式令民众身心疲惫也让政府兑现健康公平的政治承诺更加渺茫。种种挑战虽然并非中国独有，世界各国包括发达国家都在不同程度上存在着，但中国作为一个发展中国家，在发展过程中解决这些问题难度可能更大。作为人群健康服务的最重要提供者，卫生部门所能做的工作就是与社会各界一起顺应民众的服务期待和健康需求的变化，以人为本、以健康为中心，深入分析并运用健康管理这一先进的服务模式和投资手段，改变扭曲的医学服务模式，实现有效的健康投资，进而促进人群健康地生活着。

第五章

美国和英国健康管理服务模式研究

健康管理的重点在于调动个体、群体及整个社会的积极性，科学地进行健康投资，以达到两个核心目标：促进健康和降低成本。健康管理有利于促进健康毋庸置疑，但能否降低成本，尚存在争议①。在对待健康投资问题上，国家、地区之间因社会价值观和政府执政理念的不同，会出现健康服务制度和卫生资源配置模式选择上的巨大差异。例如，同样是发达的资本主义国家，英国实行以国家卫生服务体系（NHS）为特征的健康保障制度，而美国却选择了商业医疗保险作为医疗服务费用主要支付方式。本章和下一章，是在前文健康管理起源学说的基础上，结合卫生服务制度的背景分析，特选了美国、英国和中国，以研究健康管理的服务模式。

第一节　美国健康管理服务模式分析

美国传统的医疗付费方式是病人在医疗机构（可以是医院、医生诊所、护理院或康复医疗中心）接受医疗服务后，由医疗保险公司根据实际发生的医疗费用向医疗机构付费。由于它是事后的、基于实际提供的服务量计算费用的支付方式，因而对病人和医疗服务提供者双方均缺乏有效的约束机制，医疗服务消耗量得不到有效控制，造成医疗服务过度

① 降低成本不是专指降低医疗费用水平，而在于通过卫生工作重点前移至健康维护、疾病预防阶段来减少疾病发生，特别是减少出现重病来降低整个社会的医疗花费，换言之，把钱花在预防保健而非治疗上。单纯从经济学角度讲，预防能否降低成本还缺乏足够的证据，日本学者俞炳匡（2008）认为“预防几乎起不到消减成本的作用”。

提供和过度利用。美国卫生政策制定者和卫生经济学家公认，这种传统的付费方式导致了医疗费用居高不下、连年高涨。正是在这种情况下，健康维护组织（health maintenance organizations，HMOs）的保险形式才引起政府的注意和重视。在政策推动下，健康维护组织快速发展起来。中国学者黄建始（2006）认为，美国的健康管理源自无法遏制的医疗费用增长。因此，研究美国健康管理首先是分析健康维护组织服务模式，重点则是从其组织制度设计中找到费用控制的原理和方法。

一、健康维护组织的种类及其服务运作模式

健康维护组织已成为美国最常见的医疗保险形式之一。据估计，目前在美国大约有 1.25 亿人使用 HMO 或类似的医疗保险计划。根据笔者掌握的文献，美国的 HMOs 可以总结成六种被认可的类型，分别是雇员模式（staff model HMO）、集团模式（group model HMO）、网络模式（network model HMO）、独立开业协会（Independent Practice Association，IPA）、直接签约模式（direct contract HMO）和混合模式（mixed model HMO）。如表 5 - 1 所示，通过对 HMO 六种服务类型运作方式的分析，我们可以看出，美国的健康维护组织并非一个具体的机构，而是集健康保险功能和卫生服务功能为一体的一种组织形式。

健康维护组织虽然属于商业健康保险范畴，但其在运作和目的上与传统的医疗保险制度存在一些差别。表 5 - 2 给出了两者的比较，传统健康保险中的保险服务和医疗服务是处于分离状况的，而 HMO 不仅经营保险业务，还有自己稳定的卫生资源（主要是医疗服务资源），如自己招聘医生或与其他医疗卫生机构建立长期合作关系。HMO 在卫生服务的提供内容上，着重于基础医疗，辅以预防保健服务的提供，维持参保成员的身体健康，减少疾病发生，降低医疗服务利用，进而达到增加保险人利润的目的。有些 HMO 实现了卫生服务特别是医疗服务的提供方与出资方（即保险人）的合二为一（如雇员模式），有些达到了保险公司和卫生服务机构的紧密结合（如网络模式等），这使得保险组织直接介入卫生服务全过程。由于医疗费用的发生是不确定的，HMO 承担了全

表 5 - 1　健康维护组织的类型、运作方式及其优劣

类型名称	运作方式	制度设计之优劣
雇员模式	雇员模式的 HMO 是可控制程度最高的管理式保健组织。 (1) 医生是健康维护组织的雇员；(2) 医生只为 HMO 会员提供医疗保健服务；(3) 会员需要医疗保健服务时只能利用 HMO 医生提供的服务（HMO 医生向服务网络之外的医生寻求帮助的情况除外）；(4) 这种 HMO 是一个封闭的组织，意味着只有雇用医生才允许参加，医疗保健服务由一间或多间诊所集中提供；(5) 一些职员模式 HMO 组织的规模相当之大，它们拥有很多诊所，可以横跨一个大的地理区域；(6) 当某个 HMO 会员选择了一名基础保健医生（primary care physician）后，这名医生就成了这位会员的保健管理者（健康管理师），负责对其健康进行全面照顾；(7) 基本保健医生扮演了 HMO 卫生资源使用的守门人角色，在健康照顾的每一阶段为会员选择最适宜且符合成本效果水准的保健服务，目的在于将高成本资源如专科医生和住院服务的利用降到最低，只要可能就会用最小成本的资源来取代之；(8) 基本保健医生通常拿固定工资，也可能有一些建立在对工作表现的评价基础上的绩效工资；(9) 一些患者保护群体认为这种服务模式会导致需求者不能获得理想的保健服务；(10) 这种执业模式下，医生的行为由医务主任密切监视，对于有疑问医生由同行组成的委员会予以审查，此过程称为同侪审查	优点： (1) 健康保险与卫生服务体系融合，最大程度消除了供方的诱导需求行为，同时作为供方的保险公司与卫生服务生产者有提供预防服务的动机；(2) 卫生服务产品上、下游生产（预防保健、治疗与康复服务）一体化的实现，节约了需求者的产品搜索成本；(3) 医疗服务产品在体系内分级，每一级消费均有严格监控，守门人制度的设立最大程度遏制了卫生服务的趋高性消费；(4) 卫生服务供、保方合一，省却了理赔环节，医患之间长期且连续的服务有利于良好医患信任机制的建立。 不足： (1) 卫生服务需方的选择权受到限制；(2) 医生的执业自由权利和执业积极性受到限制；(3) 卫生服务供方有供给不足（包括数量和质量）的质疑并受到广泛批评

续表

类型名称	运作方式	制度设计之优劣
集团模式	健康受益中介（通常是私人公司）和某个大的多科医疗团体签约。 （1）医生是医疗集团的合作伙伴而不是雇员；（2）有些集团模式医生可以继续为非 HMO 会员提供保健服务；（3）会员需要医疗保健服务时只能利用 HMO 医生提供的服务（HMO 医生向服务网络之外的医生寻求帮助的情况除外）；（4）这种 HMO 是一个封闭的组织，因为医生只有成为医疗集团的成员才允许为 HMO 会员提供保健服务；（5）医生执业地点位于集团办公室之外，医疗集团负责维护办公设施、医疗信息处理，以及职员的支持性（后勤）服务；（6）医疗集团是典型的多专业团体；（7）某一集团中的执业医生是一个有凝聚力的团体，这使得全程的成本控制战略，合理有效。HMO 和医疗集团管理中可以方便地监测集团中医师的执业方式和资源利用情况； （8）基本保健医生习惯上是作为资源利用的守门人；（9）HMO 与某个医疗集团签约，通常按人头包干制偿付医疗费用或者，团体成员的医生收入采取计量制，医生们既有分享盈余的机会，也有自掏腰包垫付亏损可能。有一些签约团体按服务项目支付费用。医生与几个医疗集团签约的现象比较常见	优点： （1）健康保险与卫生服务体系紧密结合，供方诱导需求的动机仍然存在，但行为受到严密监控；（2）医疗服务产品在体系内分级，每一级消费均有严格监控，守门人制度的设立对卫生服务的高需求有所抑制；（3）卫生服务供、需、保三方合作，多数情况下为需方提供的是长期且连续的服务，有益于节约需求者的产品搜索成本，也有利于医患信任机制的建立；（4）医生的执业自由权利得到一定程度保障。 不足： （1）卫生服务供方关于非医疗服务如预防保健服务提供的动力相对于雇员模式有所弱化；（2）卫生服务需方的选择权受到限制；（3）医生执业自由受到一定程度的约束，执业积极性弱于自由职业者；（4）因人头包干制等费用偿付制度的实施，卫生服务供方供给不足的可能和质疑存在

续表

类型名称	运作方式	制度设计之优劣
网络模式	网络模式就是 HMO 与几个医疗集团合作从而形成一个扩大的集团模式。 （1）HMO 与一个以上的医疗集团签约，保证它的注册会员获得全面的医疗服务，医生附属于其中某一个医疗集团；（2）医生可以是也可以不是 HMO 的唯一合作关系；（3）会员需要医疗保健服务时只能利用 HMO 医生提供的服务（HMO 医生向服务网络之外的医生寻求帮助的情况除外）；（4）网络模式 HMO 可能是一个开放或封闭的组织，HMO 允许任何符合他们标准的医疗集团加入到该网络之中，条件是他们接受 HMO 的费用报销比例并使用 HMO 的管理程序；（5）只要医生自己能够顾得过来，他们可以为几家不同的医疗集团供职；（6）HMO 可以将医疗集团联合起来，或者帮助医生组成医疗集团加入 HMO 网络之中，HMO 也可以与极少数大的、多专业的医疗集团签约，或者与相当数量的较小的基本卫生保健集团签约。后者被称为基本卫生保健网络	优点： （1）健康保险与卫生服务体系形成合作关系，供方诱导需求的动机仍然存在，但行为受到监控；（2）卫生服务供、需、保三方合作，多数情况下为需方提供的是长期且连续的服务，有益于节约需求者的产品搜索成本，也有利于医患信任机制的建立；（3）需方对医生和医疗服务产品的选择机会更多；（4）医生的执业自由权利基本上可以得到保障。 不足： （1）卫生服务供方关于非医疗服务如预防保健服务提供的动力相对于雇员模式弱化很多；（2）医疗服务体系内产品分级与守门人作用相对变弱，需要支付的基本费和总费用较高；（3）因人头包干制等费用偿付制度的实施，卫生服务供方供给不足的可能和质疑存在

续表

类型名称	运作方式	制度设计之优劣
独立开业协会	IPA是一种有组织的提供卫生保健的团体，通过和个体医生或者小诊所签约，为特殊的群体制订健康计划并提供保健服务①。 （1）IPA中服务提供者既是IPA的成员，又保持了其独立的执业性质，提供的服务与健康计划指南保持一致；（2）医生通常保留了给HMO会员以外的患者提供服务，甚至医生还可以与不止一个HMO签约；（3）HMO会员需要医疗保健服务时只能利用IPA医生提供的服务（IPA医生向服务网络之外的医生寻求帮助的情况除外）；（4）IPA是一个开放的组织，它向所有的社区医生开放，只要他们具备某种执业标准、接受HMO的费用偿付比例和能利用HMO的管理程序；（5）医生保持各自独立的执业特点，自我管理、自负盈亏	优点： （1）需方关于医疗服务产品的选择机会更多； （2）医生执业自主空间更大。 不足： （1）卫生服务供方关于非医疗服务如预防保健服务提供的动力相对更弱；（2）医疗服务体系内产品分级与守门人作用相对变弱

① IPA也是HMO的变种模式之一，在20世纪的90年代，IPA的成长速度最快。它为注册成员提供治疗所支付的报酬，建立在一个事先商定的服务费用表或按人头付费的基础上。IPA计划选择医疗服务提供者基于不同的原因，包括诊所位置、诊所风格、医疗质量和遵守所制定的医疗准则（practice guideline）的意愿程度等。许多加入IPA的医生也会和一个或多个管理式医疗计划签约，同时他们还从事自己的私人诊疗业务，治疗非HMO病人，并按服务项目形式收取费用。

续表

类型名称	运作方式	制度设计之优劣
直接签约模式	直接签约模式与 HMO 和 IPA 有类似之处，不同的地方是 HMO 管理者与每一位成为会员的医生直接签订一份协议，而不是与医生团体或协会签约。 （1）HMO 直接与每一位个体医生建立契约关系，为某特定群体的病人提供保健服务；（2）医生可以保留也可以不保留给非 HMO 病人看病的权利；（3）HMO 会员需要医疗保健服务时只能利用 HMO 医生提供的服务（HMO 医生向服务网络之外的医生寻求帮助的情况除外）；（4）直接签约模式 HMO 是一个开放式或封闭式的组织；（5）医生执业过程需要的各种设备，可以来自个人办公地点，也可以利用团体内其他成员的设备	优点： （1）需方关于医疗服务产品的选择机会更多； （2）医生基本上是自主执业。 不足： （1）卫生服务供方提供的关于非医疗服务如预防保健服务提供的动力相对更弱；（2）医疗服务体系内产品分级与守门人作用甚微
混合模式	这种类型的 HMO 代表了以上五种 HMO 模式的组合体。 随着健康维护组织的发展，他们越来越多地混合着各种类型的特征，它们之间的界限也逐渐模糊。HMO 的管理者可能会将多种模式混合，以创造更大的医生合作团伙，并为他们获得更灵活的制度安排。他们可能会跨越传统责任保险和传统健康维护组织，创建不属于以上任何分类的健康计划。而且 HMO 的管理人员还在提出更多的 HMO 类型，HMO 的种类将变得更加模糊。混合模式的 HMO 中，管理人员签订合同的对象可能：（1）既是一个医生团体，又是一个独立开业协会；（2）几个集团作为一个网络模式，以及几个独立开业医生，作为一个直接签约模式。职员模式与其他模式混合的情况比较少见	优点： （1）健康维护与费用支付的制度安排更加灵活，针对不同人群、不同疾病、不同类型卫生服务需要的个性化健康计划更多；（2）医生执业与需方选择更加方便自由。 不足： （1）制度复杂多变，不利于消费者认知和选择，产品需求的搜索成本上升；（2）管理成本增加，医疗服务体系内守门人作用难以体现

资料来源：作者整理。

部的费用风险，促使其强化服务管理、控制医疗成本。显然，保险公司的利润源和经营动力不只是通过市场拓展来增加保费收入，而将工作重心转移到加强预防保健工作，以期促使大病、重病发病率降低，从而减少医疗费用的支付。从健康与卫生的发展趋势来看，HMO 的制度安排明显具有合理性和前瞻性。

表 5-2　传统医疗保险与健康维护组织的差别

比较项	传统医疗保险	健康维护组织
服务网点	对医疗服务提供者的选择没有限制或限制很少	要求使用经过选择的医疗服务提供者
保费支付	多数按服务项目支付给医疗服务提供者	多数按事先确定的保费支付给医疗服务提供者
保供关系	保方与医疗服务供方功能分离	资金供给系统与医疗服务（甚至包括预防保健服务）提供系统相结合
风险分担	保险人承担全部风险	HMO 与医疗服务提供者共担风险
费用控制	几乎没有什么经济上的奖励机制来控制费用	建立经济上的奖励机制来鼓励医疗服务提供者和 HMO 参加者控制费用
服务质量	保方没有兴趣或难以衡量医疗服务的质量与适宜性	HMO 积极制定用以衡量与监督医疗服务质量与适宜性的方法

资料来源：徐为山、酒喜明：《美国健康维护组织及其借鉴》，载于《保险职业学院学报》2002 年第 3 期，第 51～53 页，有改动。

正因如此，HMOs 对费用偿付方式和医疗服务利用的管理程度大，尤其是预防保健工作带给消费者健康水平的提高，逐渐引领了美国医疗卫生改革的方向，包括之后产生的优先服务提供者组织（PPO）、服务点计划（point - of - service plan，POS）和管理补偿计划等一起，形成了医疗保健的融资和提供合为一体的契约安排——管理式医疗计划①。

① 在最严格意义上说，管理式医疗指把参加者同意遵守已制定的控制医疗使用和成本准则的一组医疗提供者的健康计划。参见亨德森著：《健康经济学》，人民邮电出版社 2008 年版。

总体来看，健康维护组织在健康的生产以及处理健康保险中“医方、保险方、需求方”三角利益关系上，从制度设计的角度，主要表现出三个方面的制度优势：第一，HMO 通过卫生服务供方的内部化制度安排，消除了医方采取过度医疗行为的冲动。第二，HMO 通过付费方式的变革，如实施医生工资制、按人头付费制和按病种付费等，促使医方提供成本效益较好的预防保健服务和适宜的医疗服务，解决了传统医疗保险中卫生服务生产与健康状况改善的激励不相容问题，降低了保险公司的财务风险。第三，卫生服务供给体系中守门人制度的设立符合卫生服务产品的特点，在相当程度上减少了被保险人的败德行为（moral hazard）。

HMO 的六种模式中，相比较而言，雇员模式在上述三个优势中最为明显，其对管理的要求也更高。

二、案例：美国凯撒永久医疗集团的健康管理服务

凯撒永久（Kaiser Permanente，KP）是目前美国，也是全世界最大、历史最悠久的健康维护组织，总部设于加利福尼亚州的奥克兰市。本书把凯撒集团作为典型研究案例，以说明美国健康维护组织的运营状况和服务模式。

（一）KP 发展简史

1933 年，1000 名工人被派往加利福尼亚州的莫哈为沙漠，修建从科罗拉多河至洛杉矶的高架渠。外科医生加菲尔德（Sidney Garfield）为此开办了一家拥有 12 张病床的医院收治受伤工人，这就是 KP 的最初起源。一开始，他采用按服务付费的方式，工人的工伤医疗服务费用由工伤健康保险承担，而非工伤医疗服务则由工人直接买单。然而，由于职业工伤保险公司对 Garfield 的医疗诊治水平持怀疑态度，且工人没钱支付非工伤医疗服务，医院在运营之初一度处于破产的边缘。此时，一个建议使得问题迎刃而解。一个保险代理商向 Garfield 提议，他可以向这 1000 名工人免费提供工伤医疗服务，前提是保险公司直接向医院预付 17.5% 的工伤保险费（Nunes，2002）。Garfield 采纳了这个建议，另外还承诺，只要工人每天向医院额外支付 5 美分，医院就会为其免费提供工伤外的所

有医疗照护作为等价交换。结果，95%的工人立即响应了他的提法，从而医院能够每天筹集到500美元保证了其正常运营，并偿还了债务。Garfield为医疗服务的商业经营创造了一个颇具可行性的方案，医疗保健预付制就此诞生。

受Garfield管理理念启发，1938年被誉为“美国造船业之父”的实业家亨利·凯撒（Henry Kaiser）邀请Garfield为他在华盛顿州的1万名工人制定一个类似的健康管理计划。当时，Kaiser承建了美国历史上最大的水利工程——大古力水坝工程（the grand coulee dam）。在施工过程中，他遇到了一个很大的难题：员工经常生病，不仅耽误工期，而且医疗费用大得惊人。Garfield接受了Kaiser的邀请，他来到大坝工地后，将所有工人分为三个健康类型：疾病者、带病者、健康者。为此他制定了一个详细的私人医生健康保障计划，并组织了一个专门的私人医生团队来执行他的计划。同时，每月按人头向雇主收取定额费用，用于支付员工的疾病预防、疾病诊疗、病后康复的一体化服务。由于医生是按人头收取定额费用，这就大大地调动了医生注重员工职业安全和日常保健的积极性。值得一提的是，与Garfield第一个项目的不同之处在于，修建大古力水坝工程的工人还携带了家属，这迫使凯撒企业将其健康保障计划扩展至员工的家庭成员，直接促使了职业医疗保障至家庭医疗保障的飞跃。该模式几经完善，即成为现今的管理型医疗（managed care）。

最后这个计划获得了巨大成功，Garfield医生为Kaiser节省了大量的医疗保健成本，极大提高了其员工的整体健康，取得了Kaiser的信任和赞赏，就此也成就了与Kaiser家族的长期商业伙伴关系。

第二次世界大战期间，成千上万毫无经验又体弱多病的工人涌入加利福尼亚州里士满的凯撒造船厂，以满足美国对大型轮船、航空母舰等军用设备的需求。如何迅速而有效的为这3万名员工建立健康保障制度。Kaiser坚信Garfield医生能够解决这个难题。加菲尔德医生在获得富兰克林·罗斯福总统的特别入伍豁免后，带着他革新性的医疗保健交付系统来到了旧金山海湾地区。加菲尔德和同事雷·凯（Ray Kay）立即着手招募医生，同时将团队名字更改为“Permanente”（永久性的），Henry Kaiser则在加州的许多地方筹建医院和诊所。一个为造船厂员工制定的永久性的健康计划就此诞生，其会员数在顶峰时期达9万人，但“二战”过后又急剧跌至1.1万人。为了弥补造船工人大量流失造成的损失，1945年10月1日，Garfield及其同事将永久性健康计划正式向社会公众开放。十年间，南加利福尼亚州注册加入的会员超过了30万人。

“二战”后，美国工会伸出的橄榄枝使得KP迎来了一个会员数激增的时期。相对私人医生的按项目收费模式，美国工会更认可KP收费与医疗提供方式的合理性。他们希望能够与Garfield合作，通过按人头付费方式为他们的会员提供医疗服务。由于国家的价格与工资管制，工会放弃了提薪谈判，转而就由雇主为员工的医疗保险费用买单进行交涉，这也促进了以雇主为导向的医疗保险费用支付模式的产生与发展。于是，Garfield“管理型医疗”及“合伙开业”的管理理念得以大规模地真正付诸实践。

1952年，为了扩大永久健康计划在自己组织机构之外的影响力，其充分利用凯撒工业和Henry Kaiser在全美的声望，将名字改为“Kaiser Permanente”。1958年，KP将服务范围扩张至夏威夷。1976年，KP会员数达300万。1977年，6个KP服务区域被联邦政府正式认定为HMO组织。2016年，KP在全美已拥有1070万会员，遍布于加利福尼亚、科罗拉多、乔治亚、马里兰、俄亥俄、俄勒冈、弗吉尼亚和华盛顿等9个州和哥伦比亚特区，有38家医院和635个医生办公室，员工数超过了19万名（包括2万名医生和近5.3万名护士），年度运营收入约为646亿美元，净收入31亿美元（KP，2016）。

（二）KP体系概况

1. KP的运行机制

尽管KP的医疗体系是完全一体化的，实际上是由凯撒健康计划基金会（Kaiser Foundation Health Plans）、凯撒医院基金会（Kaiser Foundation Hospitals）和永久医疗集团（Permanente Medical Groups）三个不同的实体构成，具体运作如下：

第一部分，健康计划基金会为非营利性的健康保险机构，与一般的保险公司不同，它拥有自己的医院基金会。其负责管理受保和财政等业务，与个人和团体签订合同，为他们提供预付型的综合医疗保健服务。此外，它还与医院基金会和永久医疗集团签订独家合同，为凯撒医院配备基本设施，为营利性的永久医疗集团提供免税的运营环境。

第二部分，医院基金会也是非营利性的组织，拥有并管理凯撒医疗中心和门诊部等，同时也为医疗集团提供基本医疗设施。它在加利福尼亚州、俄勒冈州和夏威夷州拥有并运营一批社区医院；在若干个州拥有门诊设施；在其他一些州提供或安排住院治疗服务；主持开展慈善、教育和研究活动等。

第三部分，永久医疗集团为营利性的相对独立的机构，采用医师合伙执业的模式，为加入健康计划的会员提供医疗服务。医疗集团可以自己决定医院的具体运作，如招募多少医师，专科与普通医师维持什么比例等。它通过与 KP 健康基金会定期谈判获得拨款，底线是必须提供不低于相关标准的医疗服务。

2. KP 的医疗服务提供方式

KP 只向会员提供医疗服务，医疗服务直接由受聘于 38 个医疗中心的永久医疗集团医生承担，同时也会通过加入 KP 网络的社区私人医生提供。此外，KP 体系外的执业医师也可能成为服务提供者。医疗服务的模式不仅取决于会员选择的服务种类，也取决于不同地区 KP 的市场策略，如大西洋中部区的模式一般分为以下三种：

（1）集团模式 HMO（group model HMO）。在该健康计划中，医疗服务完全由永久医疗集团的医师提供，会员只能从医疗中心选择一名家庭医师，该医生全权负责为其安排和协调初级保健、专科及住院等服务。当会员需要住院时，家庭医生一般会将其安排至 KP 的初级保健医院，必要时再转诊至其他医院。

（2）HMO 健康计划（HMO health plan）。除了拥有在医疗中心选择医生的权利，该计划中的会员还可以从加入 KP 网的私人门诊的近万名医生中选择任何一个医生，同时享有更宽泛的住院选择权。

（3）PPO 网络（PPO network）。对于 KP 覆盖范围之外的员工，雇主可以选择 KP 区域外 PPO 模式（Kaiser Permanente Out-of-Area Preferred Provider Orgnization）为其提供医疗保障。在该模式下，会员的医疗服务由 PPO 网络内的执业医生负责，同时也需要承担更高的年自付额和共付比例。

3. 会员的选择权

会员在任何时候都有权更换自己的初级保健医师。会员可以在 KP 的公共网站上浏览医生名册，还可以使用时时搜索引擎，通过键入某个县、市、州的名字或邮政编码来找寻符合要求的医生。此外，他们也可根据科室、医疗中心或服务计划等类别进行搜索，同时还直接通过 KP 会员服务部获取更多的医生信息。KP 鼓励会员在加入健康计划时即选定自己的初级保健医师，若会员没有做出选择，KP 将会根据会员的住址邮编号码为其就近配备医生。

（三）KP 低价、优质竞争策略的实现

在美国，医疗卫生行业的竞争非常激烈。作为美国最大的非营利性健康计划，KP 之所以能够在加州甚至全美蓬勃发展，是因为它能够以远低于私人诊所及其他竞争对手的价格为会员提供高质量的医疗服务。KP 以其对健康教育、初级保健和住院治疗等服务的严密的一体化整合而著称，通过加强团队合作、广泛使用电子病历等措施，它为 870 万会员提供了高质量、成本效益好的医疗服务。

策略之一：预付制的应用。

KP 旗下的健康计划基金会、医院基金会和永久医疗集团是三个相互协作、相互制约的组织。KP 健康基金会控制着财政大权，采用总额付费的方式，按预先估计的会员数向医院基金会预先支付费用，受聘于各 KP 医院的医生则领取固定的薪酬。KP 医生不得在其 KP 网络之外提供营利性的医疗服务，同理，医院基金会和保险公司也不得和非 KP 医生签订合约。其财政来源并非取决于医院的实际支出和医生的工作量，而是根据预测的人头数而定。医院的支出若在预算线以下，就可以获得利润；若在预算线以上，就会亏本。因此医院要想赢利，就必须降低服务成本，减少每个服务环节的不必要支出。虽然 KP 医生每月领取固定的薪酬，但他们明白如果能节省费用成本，那么他们的年终奖金将会更丰厚。此外，若医生达到或超过 KP 所设定的某些标准（如医疗质量、患者满意度、纯收入目标等），可以获得额外的奖励。这项制度将医院和医生的积极性充分调动起来，在减少不必要的住院天数、推动健康促进等方面有效地发挥了的作用。

策略之二：管理的垂直一体化。

与私人门诊不同，KP 有自己垂直一体化的体系来保证高质量的服

务，它充分整合门诊和住院服务，并将预防保健、疾病诊断和治疗服务融合为一体。KP 十分注重疾病的前期预防，如为会员提供血压控制，免疫、乳腺 X 光、结肠镜、子宫抹片检查，以及针对生活方式的健康教育（如吸烟、饮酒、运动、饮食）等服务。获得各种预防性检查与服务的患者的比例大小也是医生年终分红的重要标准之一。此外，KP 很早就意识到了控烟项目的重要性。因为 KP 需要为大多数会员几年甚至几十年的健康买单，控烟的长远效益不言而喻，它能有效减少因吸烟引起的心脏病、中风和肺癌等各种疾病引起的后续费用。

策略之三：紧密的团队合作。

在 KP 创办的初期，由于条件有限不得不借助私营医院的资源，但医疗质量参差不齐，医生也没有归属感。建立了自己的医院和诊所之后，KP 医生有了更多的自主权以及更强烈的使命感。

KP 仔细协调了初级保健医师、专科医师、医院、药房、化验室，以及其他人员和机构各自承担的工作。有效的团队合作提高了医疗质量，为医疗计划成员提供了更方便的医疗服务，并且增进了所有提供医疗服务人员之间的交流。KP 在预防保健及后续的照护服务上充分发挥护理人员的作用，接受过专门训练的护士能够高效地协助医生开展相关检查、治疗服务，并提早为患者安排好出院去向（Light & Dixon，2004）。同时 KP 为医院门诊部雇佣了相当多的专科护理师，其在降低病人住院的不合理性、减少医疗费用等方面发挥着重要作用，并提供了良好的个案管理方式（康春梅、李妮真，2008）。KP 还通过医师助理为病人提供健康教育与咨询服务，向患者发放关于自我照护的小册子，并提供 24 小时有关 200 个健康问题的电话录音服务。另外，药房的团队合作也至关重要。在某种疾病的具体用药上，药剂师会帮助医生明智地选择价格最低廉的药品。此外，在购买药品时，他们会圈定最佳选择并尽力争取低成本交易，低价投标的药商将获得大买卖合同是其谈判筹码。

策略之四：对住院服务的严格控制。

在任何医疗体系中，住院服务往往是医疗成本中高投入的环节。KP 通过严格控制患者入院率和缩减住院天数有效地节省了运营成本。首先，这得益于 KP 的预付制模式，医师没有提供不必要的住院服务的动机。相反，为了节省成本，全科医生和专科医生间会通过密切配合缩短患者住院天数。其次，KP 能够提供快捷的门诊服务，化验、放射和药房服务等往往可以在门诊部当场完成，避免了不必要的住院治疗。最后，KP 会采取一些特别的措施严格控制患者住院率和病床日，如为家庭病床患者配备医生助理，充分利用护理院、康复中心等花费更少但能提供合理的后续服务的机构。

策略之五：手术的集中化。

将高难手术集中化也能够大大降低费用。在南加利福尼亚，开心手术仅限于在 12 家 KP 医院中的 1 ~2 家实施；对于实施频率高的手术（如肺移植和心脏移植手术），患者往往会被送至某个具有丰富经验的手术中心；除此之外，它有自己特定的地区专科医疗院所（譬如神经外科医院），因此附近所有需要神经外科治疗的病人，将被其他 KP 医院转诊到这个医院。如果说 KP 医院的手术疗效在全美名列前茅，并不只是说外科医生的技术水平更高超，而在于 KP 管理层面的灵活性。高难手术在某家医院的集中化，使得外科手术团队具有更丰富的临床经验，大大降低手术风险性，在术前评估和术后照顾上能够更好地将每一步的医疗照护最优化。

策略之六：先进信息技术的应用。

早在 1948 年，计算机刚问世不久时，KP 就已经意识到了它对病历管理的重要性，并一直致力于通过信息技术革新提高医疗质量和降低服务成本。2003 年，KP 的健康资讯网站 Health Connect™在佐治亚州成功运行。现在，Health Connect™系统已面向 870 万会员开放，成为全美最大的民用电子健康档案系统，并以 2010 年所有的医院实现无纸化管理为目标（KP，2004）。截至 2016 年数据，KP 体系内已有 635 所医生办公室和 38 家医院通过该平台，对医疗保险服务和会员健康信息等进行日常管理。此外，在 Health Connect™的基础上，KP 官方网站上所启动的“我的健康管理师”（my health manager）项目获得了巨大成功，已有 600 万会员使用“我的健康管理师”，每年通过该系统发送电子邮件达 2400 万封，使得医患之间的“无缝沟通”成为可能，患者足不出户便可获得其医师、护士和相关人员的详细答复。

HealthConnect™不仅仅是一个电子健康档案系统，它使得 KP 医护人员不管在何时何地，都能通过网络获得患者之前的预约记录、处方单、化验结果等信息，能够对患者需求做出快速准确的反应。同时，患者也可以通过网络直接浏览自己的诊断结果，还可以通过网上处方购买所需药物，预约医生等等。先进的信息技术为KP带来的益处可见一斑，不仅为医患双方节省了大量的成本和时间，促进了医患沟通，也使得医疗服务品质更有保障。

此外，KP还有许多独特的管理模式，比如，设立Culturally Competent Care（CCC）机构，支持义工及翻译小组的发展，在提供医疗服务时充分考虑了不同人群在语言、文化、价值观、行为举止等方面所带来的影响（Chong，2002）；通过社区开展各种疾管理项目（如糖尿病、骨折、肥胖）；启动了全美最大的系列非学术医学研究课题（KP，2005）；将绿色农贸市场引入社区，倡导患者及居民形成健康的饮食生活习惯（KP，2006），等等。KP的管理模式，尤其是健康促进和慢性病管理效果获得了多方赞誉。2003年，其心血管疾病管理项目被美国国家质量保证委员会列为全美前五佳慢性病管理项目；同年，世界卫生组织将KP的慢性病管理项目认定为全球最佳模式。与其说是某种管理举措使得KP在健康管理领域独树一帜，不如说正是这些环环相扣的管理模式产生的深远效应使得其他医疗机构组织难以效仿。

值得一提的是，低价竞争的策略也正是KP的局限性所在，为了控制成本，计划规定投保者就诊的医生或医疗机构必须由保险公司指定，并严格限制医疗服务范围，因此很容易发生医疗延误而引起纠纷。如1998年，加州妇女泽瓦特·耶达莲死于乳腺癌，她的儿子认为其母之死完全是由于KP不适当地拒绝为她进行骨髓移植手术所致，随后开始了对KP的法律诉讼，此案最终于2004年庭外和解。

（四）KP的发展与运营分析

1. KP扩张的成功与失败

“二战”时期，Garfield成功地为Henry Kaiser在俄勒冈及加利福尼亚州的数万名造船厂员工及其家人提供了医疗服务。“二战”结束之后造船业随之萧条，为该医疗计划服务的一千多位医务人员自然应回归到按服务付费的医疗体系。然而，Garfield等人不甘于放弃，他们通过该计划看到了预付制及人群健康管理模式所拥有的巨大潜能。在Henry Kaiser的支持下，该管理理念先后在北加利福尼亚、俄勒冈、南加利福尼亚和夏威夷成功付诸实践，这四个地区也就此成为了早期 KP 的核心所在（Greenlick，1997）。

KP 在巩固了西海岸市场后，开始将目光投向中部和东部地区。如果说 KP 早期的扩张带有机会主义的色彩，那么其后来向东南方向的延伸可以说颇具目的性。为了能在全美范围内实现优势竞争，并在国家医疗改革中扮演更重要的角色，KP 选择了向仍未涉足的南部地区扩张。1980 年，KP 组建了大西洋中部区（Mid – Atlantic region），涵盖哥伦比亚特区、马里兰和弗吉尼亚州；1985 年，将网络延伸至乔治亚州；1980 年和 1985 年分别成功扩张至华盛顿地区和佐治亚州亚特兰大市；1988 年，KP 健康计划基金会在亚特兰大收购 Maxicare Georgia 的资产，成为该市第二大 HMO 组织，在其最初运营的两年都处于亏损状态，但 1992 年即扭亏为盈，跃升成为亚特兰大最大的 HMO 组织（Gitterman，Weiner and Domino，2003）。

然而，KP 拓展市场之路也并非一帆风顺。20 世纪 80 年代它在北卡罗来纳州、堪萨斯市和芝加哥市的扩张最终以失败告终（Robinson，2004）。1998 年，KP 出售了其在德克萨斯州的 HMO 组织；2000 年退出了北卡罗来纳州的夏洛特和罗利 · 达拉姆地区的市场；同年关闭了东北地区不盈利的机构。

2. KP 运营的有利因素

早在 1945 年，Garfield 为其项目运营定义了六项准则，即按人头付费制、合伙开业模式、医疗设施一体化、预防保健理念、会员对健康计划的双向选择权以及医生对患者的职责等（Smillie，1991）。这些先进的管理理念为 KP 的发展注入了源源不断的活力，并为其创造了独特的工作文化氛围。其中，预付费、联合开业模式（prepaid group practice，PGP）可以说是其核心价值所在。虽然与按项目付费医疗体系竞争并非其产生的初衷，但很多人将该模式视为抑制医疗费用激增及提高医疗服务质量的一种有效途径，也为 KP 树立了良好的社会形象。

此外，KP 在 20 世纪 70 年代迎来了一个政治契机。由于 PGP 组织（如 KP、西雅图的普吉湾团体保健合作计划和纽约健康保险计划等）卓有成效地抑制了医疗费用的增长，国会于 1973 年颁布了健康维护组织法案（Health Maintenance Organization Act）。该法案定义了 HMO 组织的概念，为非营利性 HMO 组织提供创业基金和贷款，并规定拥有 25 名以上雇员的企业除了为雇员投保传统的补充医疗保险计划之外，还有义务向员工提供加入 HMO 保险计划的选择。该政策极大促进了 HMO 组织的发展，并在 70 年代末至 80 年代初引发了全美范围内的医疗改革。

除了政策上的有力导向，KP 的成功离不开当地具有影响力组织的支持。如在西海岸地区和科罗拉多州，KP 得到了美国劳工联盟及工会组织（AFL－CIO）的大力支持，他们非常认同 KP 的全面健康管理和预防保健模式，并要求雇主将 KP 纳入其为员工提供的医疗保险选择项。当劳工联盟及工会组织在为国家健康保险法案游说时，仍将 KP 视为工会唯一认可的私人健康保险计划。1945 年，在北卡 KP 健康计划向公众开放后的前 6 个月，涌入了大量的工会成员，其会员数以平均每月 2000 人的速度递增。此外，1950 年国际码头工人和仓库工人联合会（International Longshoremen's and Ware－housemen's Union，ILWU）加入了 KP 健康计划，对 KP 迅速占领沿海市场发挥了不可估量的作用（Hendricks，1991）。

3. 对北卡 KP 运营失败的分析

1945 年至 80 年代初期，KP 经历了一个黄金发展时期。除了上述有力的外部因素，还因为这个时期医疗保险行业刚刚起步，能与之抗衡的医疗组织甚少，使得 KP 能够轻而易举地在西海岸地区实现大规模的扩张。到了 80 年代，市场竞争日趋激烈，直接照搬原来的垂直管理模式开拓另一个全新的市场已经不可行，北卡市场的失败就是一个典型的例子。

哥特曼（Gitterman）等人通过分析 KP 在北卡罗来纳州的扩张及发展情况，认为 KP 开拓北卡市场的失败并非源于 PGP 模式的内部缺陷，而是由一系列复杂因素导致的（Gitterman，Weiner & Domino，2003）。

原因之一，市场经济的性质决定了 KP 在北卡市场的失败。

PGP 组织需要在人口密度大的地区运营，因为只有吸纳足够多的会员，才能实现风险共担，也才能在经济上支持一个多专科医疗团队，实现垂直管理模式下的有效转诊。然而，北卡的几个运营地区都没有满足这个要求，其中主要市场——科研三角区（Research Triangle）是所有的 KP 市场中人口密度最小的地区。为了保证不同地区的会员能够快速获得医疗服务，北卡 KP 医疗集团不得不运营许多小诊所，由此产生的高费用极大削弱了 KP 低成本竞争策略的优势。

原因之二，KP 体系内部存在利益冲突。

KP 与其他具有多重结构的组织一样，总部不得不在新地区的自主管理权和机构的整体目标利益间权衡。某些决定会使得整个 KP 受益，却不惜以牺牲新市场的创业需求为前提。例如，KP 总部要求北卡 KP 连本带利偿还其在开拓新市场阶段累计的债务，且其利息率高于市场贷款率；20 世纪 90 年代初期，管理型医疗组织间的竞争日益激烈，KP 总部为了实施价格战，要求北卡及其他地区的 KP 提供低于同行竞争者 15% ~20% 的保险单，直接破坏了其收支平衡；等等。总部与分部之间的诸多利益冲突影响着各地区 KP 的开拓新市场热情。

原因之三，北卡 KP 保险经营模式存在弊端。

KP 要成功营销医疗保险，需要做到两点：首先，要说服雇主提供 KP 保险模式供员工选择；其次，雇主愿意通过政策导向使得员工更青睐 KP 的低价保险。然而，当 KP 开拓北卡市场时，当地还没有出现正规的雇主集团或保险购买组织。也就是说，雇主、雇员和医疗保险机构间缺乏有效的信息交流，将零星分散于各个小公司的员工吸纳为 KP 会员，其管理成本将很高。此外，许多雇主（尤其是小公司）更倾向选择小规模的医疗保险公司，因为它们往往更灵活，雇主也可以随时更换保险商。而 KP 在北卡市场只单一地推出了一种投保模式，这很难在众多竞争者中胜出。

（五）外界的肯定与质疑

21 世纪初，KP 的运行成果开始受到英国卫生部及其国家卫生服务制度（National Health Service，NHS）体系的瞩目。这起因于 2002 年，英国的《英国医学杂志》（British Medical Journal，BMJ）刊登了一篇由费舍姆（Feachem）等人撰写的有关 KP 和 NHS 比较的文章。在此之前，各界公认美国商业模式下产生的医疗费用比英国 NHS 体系更高，NHS 是一个更为廉价和更高效的全民健康服务制度。这篇文章通过细致比较这两个体系，最终得出结论：KP 和 NHS 的人均医疗费相当，差距在 10% 以内，但 KP 在某些方面的服务尤其是专家服务的可及性，以及住院等待时间上明显优于 NHS（Feachem，Sekhri & White，2002）。该文章当即引起一片哗然。2003 年，汉姆（Ham）等人在费舍姆的基础上对两个体系的病床利用率做了进一步研究，结果显示，在涉及住院服务的前 11 种疾病中，

NHS 体系内的急症病床日是 KP 的 3.5 倍，KP 通过一体化管理、低成本策略和信息技术创新，有效缩减了病床日（Ham，2003）。一系列研究引起了英国的关注，开始组团到 KP 取经，并开始采纳它的某些政策，最终使得 KP 的病床管理系列模式在英国的 8 个地区试行。然而，淘伯特 - 史密斯（Talbot-Smith）等人在随后的研究中，对费舍姆等人的研究方法和结论提出质疑。他们认为，两者的服务人群缺乏可比性，KP 的服务对象往往是更年轻、更健康的工作人士，且该研究中其数据支持没有说服力，因此不能得出 NHS 比 KP 高价低效的结论（Talbot-Smith，Gnani & Pollock，2004）。

当然，KP 并非十全十美，也屡受非议。如在某些地区的 KP 医院，约诊看病很难；孕妇怀孕期间难以得到同一位医生的固定服务，可能产检的医生与接生的医生不是同一人；通常情况下，不能自主选择专科医生，一旦遇到不负责的初级保健医生则难以保证服务质量；KP 的医院与保险公司间存在密切的利益关系，为节约运营成本，可能会出现损害患者权益的情况，等等。

三、健康维护组织的费用控制策略

医疗服务是个人患病时以健康生产的投入要素出现的，其需求是由健康引起的需求。因此，从健康生产的整个过程来分析，控制医疗费用的主要途径：其一，减少诱导需求。手段是切断医务人员利用信息优势的寻租行为；其二，遏制趋高性生产或消费、避免败德行为（moral hazard）。方法有公开信息、共付财务负担、设立代理人或守门人制度，并保证匹配的产品质量等；其三，降低下游产品利用机会或频率，主要措施为改变健康投资方式、提高健康投资效率，如引导健康消费、减少利用昂贵的医疗服务等。

健康维护组织费用控制策略主要表现在费用支付方式和服务消费管理两个方面①。

---

① 匡莉：《管理医疗：美国医疗保险运行方式的主流》，载于《国外医学·医院管理分册》2000 年第 2 期。

（一）费用支付方式

根据医疗服务价格能够制定但医疗费用难以控制的特点，健康维护组织的制度设计，一开始就从产品的组合特性入手。HMOs 最先改革了传统保险公司按服务项目与医院结算医疗费用的方式，具体办法如下：

1. 病人自付方法

病人在接受医疗服务时需要自己支付的费用，以增加患者的费用意识，减少败德行为。将医疗费用支付分为三个部分，第一部分为基本付费（deductible）。健康保险公司在支付病人医疗费用之前，病人被要求首先支付保险合同约定的固定费用部分，即中国学术界所称的“起付线”。第二部分为共付费（coinsurance）。病人与保险公司按照一定的比例共同分摊发生的医疗费用。多数情况下病人支付医疗费用的比例为 10%～20%，而保险公司负担剩余的 80%～90%。病人还要支付保险合同范围之外的一切费用，即医疗费用的第三部分。HMO_5 通过调节共付费的比例和事先拟定的支付范围，健康维护组织最大程度上控制了病人的趋高性消费行为。

2. 病种付费法

这是一种预付费方式（prospective payment system，PPS），具体操作过程：保险公司根据较为科学的病种费用测算研究，通过与医疗服务供方进行谈判并确定相关病种的费用偿付标准（多以出院病人为单位），在被保险人消费医疗服务后，保险公司只以事前约定的标准与医院进行费用结算，而不以病人的实际治疗费用为据。显然，这种情况下的医疗费用风险转嫁到了医院，医院只有把实际发生的费用控制在偿付标准之下。按病种付费的代表是疾病诊断相关分类法（diagnoses related groups，DRGs），DRGs 的设计原理是根据住院病人所患疾病的 4 个主要特征，即病因、部位、病理及临床表现（包括症状体征、分期、分型、性别、年龄、急慢性发病时间等）将所有疾病分为若干组别，每个组别还设置了较为严格的住院天数范围和费用支付标准。也有按科别制定分科出院病人的医疗费用标准，这是较为粗略的按病种付费法。另外，也有为特定病种建立的医疗费用标准，大多是比较容易计算费用的病种，如正常分娩、剖宫产等，还有一些病例费用特别高昂的手术，如移植手术等。

3. 按住院天数付费

保险方以科学测算为依据，制定每天平均医疗费用偿付标准，按病人的实际住院天数与医疗机构进行费用结算。通常情况，内、外、产、新生儿、康复科或 ICU 等科室的日均费用标准都有所不同。

4. 人头包干制

保险公司和医疗机构之间通过谈判签订合约，由医疗机构为特定人群提供特定时间段的全部医疗服务，保险方不管病人是否看病或看病的费用有多高，都只按人头支付固定的费用给医疗服务供方。显然，此时的医疗费用风险不在保险方而在医方。如果针对所有的医疗服务，就有可能出现服务供给不足的现象，于是健康维护组织在建立服务网络时，一般只针对基本医疗卫生服务实施人头包干制。当然，由于病种繁多、病情复杂，很多医疗费用的发生按照人头付费法结算也是行不通的。健康维护组织在有些情况下仍然保留了直接付费（straight）法，只是保险公司会通过与医疗机构协商，争取到相应的折扣，以降低偿付的医疗费用。

（二）服务消费管理

消费管理主要是减少消费者对医疗服务特别是高端医疗服务产品的利用，旨在降低不必要和不应该的医疗消费量。消费管理的前提是确保卫生服务产品质量。卫生服务产品质量保证与卫生服务费用控制类似于鱼和熊掌，多数时候不能兼得，相比较而言，前者的管理难度远超过后者。健康维护组织主要是通过医生的执业资格证书和医疗机构是否通过相关质量管理认证来达到质量管理的目的。服务人员的资格一般具有等级性，尽力做到初、中、高级卫生服务产品的质量、价格与健康需要匹配。

根据卫生服务消费的过程可分消费前、消费中、消费后三个管理环节。

第一，消费前管理。措施主要有四种：其一，危险因素评估。这是疾病管理区别于一般疾病治疗所提供的主要服务产品之一。即根据研究证据及成熟的健康危险因素评价量表，对会员的健康状况包括其在日常工作生活中可能存在的致病因素给予科学且全面的评价，运用个性化的定期体检、健康教育、行为干预等手段，力求预防和减少疾病的发生。其二，就医管理。为了减少病人的就诊次数，健康维护组织在为会员提供各种简便易行的疾病预防服务项目的同时，还专门开设了免费的 24 小时热线电话，由工作经验特别丰富的护士为咨询者解答各种疾病相关的疑问并提供健康指导。其三，转诊管理。健康维护组织对于看病地点和转诊服务都有较为严格的限制。在非特殊情况下（如急诊等），病人只能到定点医疗机构找医生看病，如果确实需要转诊，经过主管医生的同意，病人将被转诊到指定的医院或专科医生处继续接受治疗。在这里，医疗费用的控制由首诊医生进行把关，从而起到“守门人”作用。其四，医疗服务管理制度化。健康维护组织建立了详细的临床服务指标体系，对于病人提出的住院申请或手术请求，医生在决定是否给予同意时大都有据可依，这些指标体系甚至细化到具体疾病的具体住院天数等。可见，健康维护组织对于医疗服务的审批制度是规范化的而非随意的，从而保证了医疗费用控制在一定程度上的科学性和可行性。

第二，消费中管理。主要针对住院病人以及重大病例进行管理，这是基于医疗服务的过程管理。方法有两种：一是对住院过程实施连续性管理。从医疗消费的过程中进行费用控制是最直接有效的措施，但难度非常之大，管理成本也往往很高。很多医院只得利用人力成本相对较低的护士专职从事医疗服务消费管理，重点是评价病人每天住院的合理性，帮助医生及时发现不恰当的住院安排及其原因，这可以在一定程度上减少不合理的住院天数。二是大病例管理。因为艾滋病、器官移植、严重外伤等一些重大疾病的治疗费用特别昂贵，所以大病例管理成为健康维护组织控制医疗费用的重要手段。管理部门不仅对于大病例住院的医疗服务消费全程进行评价和监测，还会委派专业护理人员为病人从康复、家庭护理和健康教育等方面提供特别的技术指导。这些综合性的技术支持服务大大减少了重大病例诊疗过程的不合理消费。

第三，消费后管理。服务产品具有生产与消费同时性、易逝性特点，对于医疗服务而言，病情始终处于变化之中有时甚至在短时间变化就较大，致使事中监督成本可能太高而事后监督的可行性又较低。健康维护组织的消费后管理措施主要有两个：一是个案评价，二是消费倾向分析。前者是通过抽查部分病例，评价就诊或住院的合理性，审核收费是否正确，一旦发现错误，医疗保险公司就会定期严格检查这家医院。美国医疗服务财务管理局（HealthCare Finance Administration，HCFA）特别设立了由多个专业医生组成的同行评议组织（Peer Review Organizations，

PROs)。此组织的主要职责是根据临床服务指标体系标准严格评价病人的入院许可（如是否为7天内重复入院）、诊疗措施、手术方式的选择（包括手术指征的具备情况）、院内转诊等是否合理，同时调查医疗费用和住院日超标的病例。PROs的工作不仅可以帮助GRGs的顺利实施，还有助于医疗保险公司根据其审查结果，对于医疗过程发生的不合理医疗消费拒绝偿付。至于消费倾向分析，是指在大量数据搜集和统计分析的基础上，观察整个医疗消费过程是否存在过度或不足、是否存在特殊的消费倾向，例如，某医生开出的检查单异常多，某一家医院出现了MR使用次数过多的情况等，医保公司组织人员认真研究产生这些医疗消费现象的原因，把调查结果反馈给相应的医院或医生，促其改进工作。消费后管理大大减少了不合理医疗消费的再次发生。

（三）总体评价

HMO保险计划通过与保险公司专门签约的特定医疗机构提供医疗服务，并制订一系列的规则来控制开支。医疗机构为了保证获得更多患者，也愿意以折扣价与保险公司签约。这种模式使得HMO可以将医疗保险费用控制在较低的水平，因此受到中低收入人群的欢迎。然而它得以收取低廉保费的条件是给投保者的医疗设下条条框框。为了控制成本，HMO计划规定投保者就诊的医生或医疗机构必须由保险公司指定，并严格限制医疗服务范围，因此经常发生医疗延误而引起的争议，并引起法律诉讼。

第二节　英国健康管理服务模式分析

英国是一个老牌资本主义国家。19世纪初，在率先完成工业革命之后，成为世界上第一个工业化国家，也是较为成熟的市场经济体制国家。然而，在卫生领域，英国却有别于其他发达国家，实行的是类似于计划经济的卫生资源配置和服务模式——国家卫生服务制度（National Health Services，NHS），英国国家卫生服务制度的重要特征之一是政府特别重视社区健康服务（community health services，CHS）在卫生系统中的地位及对维护居民健康的重要作用。英国是国际卫生界公认的现代社区健康服务的发源地。

从建立之初至今，英国 NHS 一直秉承三个核心原则：第一，NHS 根据每个人的需要提供适宜的健康保健服务；第二，NHS 适时免费提供健康保健服务；第三，NHS 的服务提供是基于临床需要而不是消费者的购买能力。因此，自 1948 年起，以国家筹资为主、全民享受免费卫生保健服务长期成为英国健康服务体系的基本特征。英国健康服务与保障制度选择的起因、服务模式及其绩效如何呢？笔者在下面的论述中重点从英国 NHS 制度的产生、变迁过程的角度分析英国健康服务模式的特点与发展状况。

一、英国国家健康服务制度的产生、历次改革及其原因分析

英国是最早实行两党制的国家，工党以费边社会主义理论为纲领，以改良主义的方式来调和民众与统治集团的矛盾，鼓吹阶级合作，提倡大企业自由经营，强调“社会福利”；而保守党则崇尚市场竞争，主张企业自由经营，强调市场调节，不提倡国家干预，旨在保护垄断资本的利益。由于英国主要是由工党和保守党交替执政，两党的不同宗旨和施政方略就对医疗卫生政策有重大影响。NHS 的实施方案正是由工党执政时期制订的。

NHS 制度的产生有其深刻的政治背景和理论基础。第二次世界大战期间，主张实行统一的全民卫生服务的意见在战争的影响下得到进一步发展，并逐渐为多数人所接受，这为英实现全民医疗保障制度模式的转轨，即从医疗保险向国家卫生服务制度的过渡奠定了坚实的思想基础和社会舆论基础。

第二次世界大战结束之后，社会主义阵营和资本主义阵营对立，为了缓和阶级矛盾和稳固政权，资本主义国家纷纷建立了福利型的国家保障制度。加上“二战”期间美国的罗斯福总统采用凯恩斯经济理论实行“新政”，在经济上获得巨大成功，使得凯恩斯经济理论风行一时，而且凯恩斯学派正是认为政府就必须介入卫生服务市场，主要依靠官方的财政机构，制定资助卫生保健的整体预算，调控卫生服务和卫生资源的分配，确保人人享有卫生保健服务。

英国 NHS 建立以来，竞相受到世界很多国家的推崇和模仿①。

① 目前以英国的 NHS 为基本卫生制度的国家绝大多数是一些福利国家，如瑞典（全民卫生保健，National Health，1962）、加拿大（公共卫生保健，Public Health System，1977）、西班牙（National Health Service，1978），还有的是一些原英殖民地国家，如南非（公共卫生制度，Public Health System，1966），澳大利亚（医疗照顾制度，Medicare，1973）、新西兰（National Health Service，1964）等。

建立之初的NHS，健康服务的供方主要由医院、全科医学服务、社区卫生服务三个方面组成，在管理形式上分三条线管理。国家卫生机构占绝对主导地位，大型专科医院、综合医院均为国立机构，全科诊所、健康中心、社区医院等社区卫生服务机构亦由国家投资兴建、维护和添置设备。虽然中央一级归属于卫生部管理，但由于分管机构互不联系，资源按三条线分配，卫生服务分开进行，对于卫生服务体系之间的合作非常不利。由于国家对NHS的投入有限，并且是限额的，这使得地方部门和机构严格控制卫生资源的使用，导致医疗设施缺乏，卫生服务供给不足，居民的卫生保健得不到满足，抗议NHS服务质量太差的行动年年都有发生。为此，卫生部门不得不通过耗资较少的社区卫生服务和加强预防保健等措施，减少居民的发病率，缓解供求矛盾。有理由认为，重视社区卫生服务和实施健康管理是英国政府在卫生保健的窘境中逼出来的。NHS建立这60年来，英国共进行了三次NHS管理体制的全面改革[①]（见图5-1）。

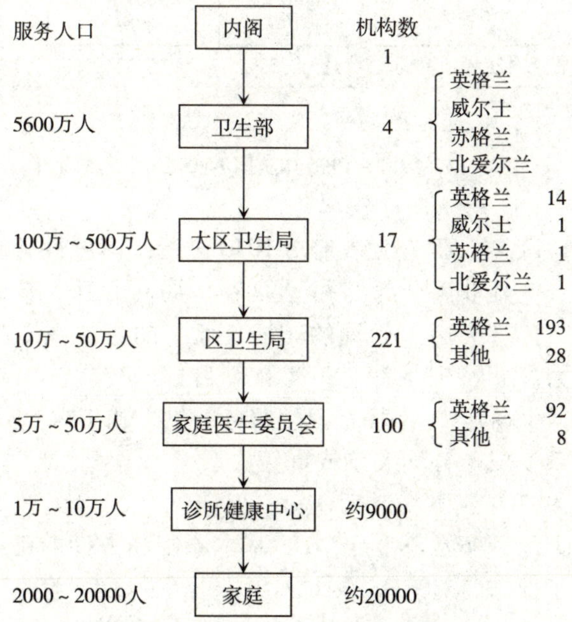

图5-1　1974年英国卫生区划与NHS管理结构

① 卢祖洵、金生国：《国外社区卫生服务》，人民卫生出版社2001年版，第8~12页。

第一次，1974 年，政府将 NHS 从原来的三条线改为由卫生部到各级卫生局的一条线管理，卫生服务以社区为中心，医院、全科服务、社区卫生保健三者相结合。资源分配由“条条”改为按“块块”即以区为单位分配，使卫生资源真正落实到社区（见图 5－2）。

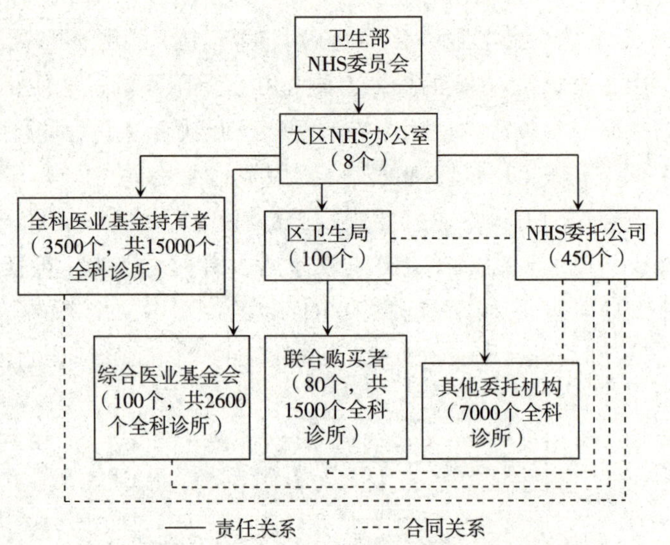

图 5－2　1991～1996 年英国 NHS 的组织结构

第二次，1991 年，保守党政府对 NHS 进行了实质性的改革，主要表现在两个方面：一是取消全部 17 个大区卫生局，由卫生部 NHS 委员会下设 8 个办公室，代替大区卫生局的职能。此举的目的在于精简机构，增强中央的控制力度，特别是针对卫生预算目标的控制。二是引入市场竞争机制，形成 NHS 的内部市场，卫生服务的供方和买方分离，如图5－3，之前的行政关系变成了合同关系或责任关系。

第三次，1997 年工党执政后认为，保守党对 NHS 的改革使得卫生服务的商业意识太浓，非常不利于 NHS 基本原则和方针的延续。因此，工党政府除保留了保守党对 NHS 供方和买方分享的改革策略外，停止了其大多数的改革举措。工党政府的工作重点放在重建卫生服务供需双方及供方之间的合作伙伴关系，特别是加强社区卫生服务的广泛协调合作上。如图 5－4 所示，在此政策促进下，1997 年以来，英国卫生系统尤其是社区卫生经营管理组织之间出现了融合的局面。

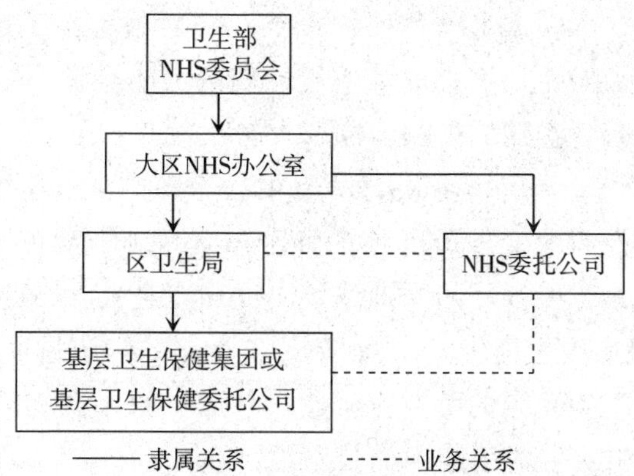

图5－3　1997年以来英国NHS的组织结构

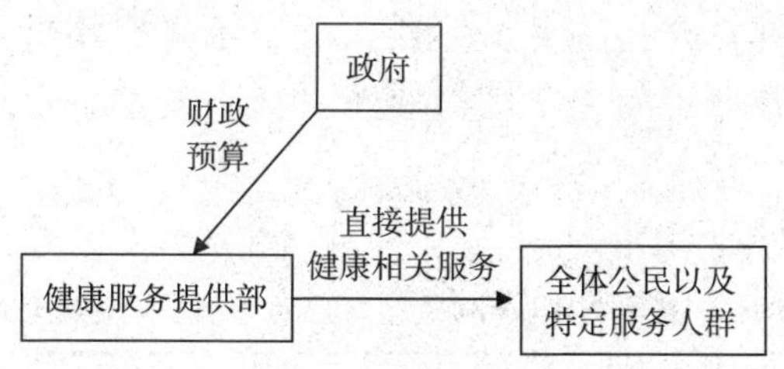

图5－4　英国健康服务体系的总体特征

为适应居民健康需求的变化，政府为NHS制定的改革方向是以为居民提供快捷、方便、以病人为中心的卫生服务为目标，改善服务质量、消除主要病因和不公平现象。政府还制定了NHS改革和发展六项原则：原则一，使NHS成为真正的国家健康服务，病人在全国任何地方都能获得公平、高质量的健康服务；原则二，健康服务既要有国家标准，更要强调地方的责任，因为地方更了解病人的需要；原则三，NHS内部亦要强调伙伴关系，打破部门壁垒，以病人为中心；原则四，克服官僚主义，努力提高健康服务的效率；原则五，努力提高健康服务的质量；原则六，重塑NHS的公众形象。为了实现NHS改革的目标，政府提出了七项重点工作内容：（1）缩短门诊和住院预约候诊时间；（2）使病人了解自己的健康状况和所接受的健康保健服务，并积极加入到健康保健活动中来，参与卫生措施及改善健康服务质量的决策；（3）建立更多的便捷健康中心，使社区健康服务更方便于群众；（4）装修全科医疗诊所；（5）改善医院食品及清洁卫生环境等；（6）加强癌症、心血管病等慢性病的预防与治疗工作；（7）加强精神健康服务、药物滥用的控制、控烟、健康教育、儿童保健等。

最早作为 NHS 运行和发展指导方针的三个原则历经了半个多世纪多次政党更替，仍然没有改变。2000 年 7 月份，英国政府发布了一套完整的现代化卫生改革方案，一些新的原则性条文被补充进去。与此同时，WHO 发布了《2000 年世界卫生报告》，主题是"卫生系统：改进业绩"，首次提出了评估一个国家卫生系统的绩效应从增进健康、对人群期望的反应性（responsiveness）① 和卫生费用分担的公平性（fairness）三方面看该国工作的努力程度。对比两者，可以判断 NHS 改革正好顺应了 WHO 关于改进卫生系统绩效的呼吁。如表 5－3 所示，2000 年 NHS 的改革涉及了卫生系统绩效考核的全部三个指标，虽然这次改革不是直接针对于健康产生的结果性指标，但其通过完善本国健康服务体系功能，最终目的还是为了增进国民健康。

表 5－3　　2000 年英国 NHS 原则改革与卫生系统反应性维度的对应关系

序号	新增 NHS 原则性条文	具体内容	绩效指标
1	提供可及、综合和全面服务	NHS 的服务范围将覆盖全部的基础和社区卫生保健、中间照护②和医院服务。NHS 同时也提供信息服务和关于针对个人的健康促进、疾病预防、自我保健、康复和保健跟踪等支持性服务	反应性（2）（5）

① 反应性指标来源于 1999 年 WHO 专家小组对卫生系统反应性的研究成果，专家们从患者满意度以及卫生服务质量的文献综述中得出反应性的两大部分内容：对人的尊重（respect for persons）和以顾客为中心（client orientation）。2000 年世界卫生组织报告中正式列出了反应性的七个维度，对人的尊重包括三个维度：尊严（dignity）、保密性（confidentiality）和自主性（autonomy）；以顾客为中心包括四个维度：及时关注（prompt attention）、基础设施的质量（quality of basic amenities）、社会支持（social support network）和选择性（choice of providers）。详见 WHO，"Health System：Improving Performance."

② 中间照护，即 intermediate care，是卫生保健领域出现不久的概念，目前尚无学界统一认可的定义。运用最多的解释是伦敦皇家医学院给出的：中间照护是指那些尚不需要综合性医院提供但又超出传统基础保健团队能够提供的健康服务。详见 Melis RJF，Olde Rikkert MGM，Parker SG，van Eijken MIJ. "What is intermediate care? An international consensus on what constitutes intermediate care is needed."

续表

序号	新增 NHS 原则性条文	具体内容	绩效指标
2	围绕患者、家庭成员及其亲属的需要确定服务内容	NHS 必须根据不同团体和个人的需要做出相应的对策,NHS 针对病人的治疗方案将是个性化的和充分考虑患者的尊严	反应性(3)(1)
3	针对不同人群的需要也将做出反应	健康服务将继续实行国家投资并向每一位公民提供可获得的服务	公平性
4	不断努力提高服务质量,并力求减少错误	卫生机构和专业人员将对当前使用的健康保健方案进行修改或废除,新的做法将会改善病人就诊程序。所有这些保健服务的提供将比之前更加安全且可以加强工作人员的职业素养训练,从而更有效地减少失误	反应性(5)
5	支持并珍视其职员	NHS 将继续对其所属的每位员工或团体进行支持、选拔、奖赏和投资,激励他们接受教育、培训并提供事业进步和个人发展的机会	增进健康
6	卫生保健公共资金将完全用于 NHS 病人	NHS 基金来自于公共开支,主要是税收。这是保证卫生服务资金筹集的公平和有效的手段	公平性
7	结合其他各种措施一起确保病人获得无缝的服务	健康和社会保健制度必须全方位满足病人的需要。NHS 将在保健问题上与所有病人关联方建立服务伙伴关系并共同合作:即病人、照顾他们的人士、家庭成员和 NHS 职员;与卫生和社会保健部门;与相关公共部门、志愿者组织及私营单位等提供 NHS 的服务机构	反应性(3)(4)(6)

续表

序号	新增 NHS 原则性条文	具体内容	绩效指标
8	有助于促进人们更加健康地工作，以减少卫生不平等	NHS 将侧重于预防工作，同时重视健康状况不佳时的处理。因为意识到良好的健康有赖于社会、环境和经济因素，诸如贫困、住房、教育和营养等，NHS 将不会只是关注病患是否发生，而与其他公共服务部门共同努力进行干预	增进健康、反应性(6)
9	在尊重个别病人隐私权的同时，提供获取有关服务、治疗、性能信息的开放性通道	病人的隐私会在整个卫生保健过程中得到尊重。NHS 公开有关健康和卫生保健服务的信息，同时继续利用这些信息为所有人改善服务质量并提供关于未来健康福利的新知识。科学的发展如基因，为今后疾病预防和治疗提供了重要的可能。作为国家服务，NHS 最有可能让新技术得到应用，满足于所有公民的基础性需要以获得最佳的社会效益	反应性(2)(7)

资料来源：笔者根据 NHS 官网站上的资料整理而成。

二、英国现行国家健康服务制度的特点

总结起来，英国的卫生服务制度主要有四个特点。

一是资金筹集模式。资金主要来源于国家财政预算，个人不承担或少量承担服务费用。

二是资源配置模式。具有较强的计划性，市场机制基本不起或起微小作用。政府实行卫生规划，使医生在全国各地区均匀分布；并由地方政府负责规划医院和分配预算经费。换言之，英国的卫生资源严格按正三角方式配置，所有非营利性医院都归国有，且公立卫生机构的人员成为政府雇员，高端健康服务产品，如综合型大医院的服务，以及低端健康服务，如基本健康保健服务或社区卫生服务的质和量上会受到政府政策的强势干预。

三是服务供需模式。政府通过公立卫生机构，或购买私人卫生机构

的服务，向全体国民免费提供服务。对应于卫生资源配置的正三角方式，需求者在利用卫生服务时，必须先经过基础保健医生如家庭医生或社区医生的同意并开具转诊证明（急诊除外），才能获得向综合医院或专科医院转诊的权利。即高中低端产品的需求转换中存在“守门人”的把关机制。

四是健康管理模式。政府掌握健康管理战略的制高点，如确定健康投资重点、方便技术更新与服务模式转变、利于健康信息平台搭建与提供等。

英国的健康服务体系中只存在政府和卫生服务提供者，国民在需要卫生服务时，直接利用卫生机构提供的服务即可。可以看出，这是一种政府预付制的卫生服务制度，消费者在健康服务产品的质和量的选择是高度依赖于其代理者，即各级医生特别是家庭医生。管理者制度设计的初衷显然是期望得到管理成本控制上的优势，一是消费者省去了后付报销的手续，二是整个服务体系中由于不存在“第三方支付”而节省了大量的交易成本。在理论上，对于健康成本的控制也具有绝对优势，因为政府可以利用计划方式配置卫生资源，优先提供预防、保健、康复等服务，有意识地提前防范疾病包括伤残风险。然而，由于计划体制本身的制度缺陷，NHS 的服务效率问题受到多方质疑且问题日益凸显。尤其是在医疗服务部门，刚性的工资收入导致医务人员不愿多做手术，家庭医生也常常以预约已满而拒绝接受更多的患者，或者动不动就将患者转送至上一级医院或专科医院，专科医院和地区综合医院因此产生了严重的排队现象。据调查，英国门诊医生平均每天诊治患者 30 人左右，而日本为 55 人（宋边伸、储振华，1991）。这就导致了不但在英国的门诊看病要排长队，住院治疗也排长队，特别是普通外科和慢性病患者，有的要等待几个月才能住进医院，等待一年或几年者也绝非罕见。

第六章

中国健康管理服务模式研究

不可否认，中医文献中蕴藏着丰富的健康管理思想火花，现代意义上的健康管理理论与实践对于中国来说仍然是个“舶来品”。根据观察，目前在中国提供或参与提供健康管理服务的众多机构中，医疗机构，尤其是大型医院是主体单位，其次是专业体检机构、健康管理相关企业，还有社区健康服务机构、疗养院、度假村等。下面采取案例分析的形式对各种服务供给主体的特点、优势和服务模式进行分析。

第一节　医疗机构开展健康管理服务的动因及方式解析

中国现有三级医院近千家，特别是一些大学的附属医院、省、地市直属医院，其医疗技术水平与国外相比毫不逊色，那么为什么这些医院不是“术业有专攻”，敢打医疗服务品牌，反而另起炉灶、非常积极地参与到健康管理服务市场的竞争呢？通过案例分析，也许能了解到医疗机构开展健康管理服务的起因及其服务特色。

一、案例：惠侨模式——起源于特需医疗的医院健康管理服务模式

1. NF 医院惠侨科简介

NF 医院为某重点医科大学附属医院。该院惠侨科（楼），创办于 1979 年。创立之初旨在专门为港澳台同胞、海外侨胞和国际友人提供疾

病诊疗、健康检查和康复服务，故科室取名“惠桥科”，且因拥有独立的宾馆式病房、病区及相关配套设施，所在病区又被称为“惠侨楼”。最先设床位20张，三年后床位即扩大到100张，且拥有了独立的住院大楼，至2015年时服务区域扩展为3座病房大楼，床位配置约400张，并设有独立的门诊部。现已能够提供优质的医、食、住、行、健身、商务、娱乐等一系列健康相关服务，具体而言，该科室的业务拓展涉及预约专家门诊或住院诊治服务（全程导诊)、健康查体并为顾客建立健康档案、提供私人健康顾问服务、出院病人跟踪指导服务等，还提供商业保险理赔指导、餐饮服务、商务服务、交通服务、办理护照等外事服务。当然，其核心产品是提供高端诊疗护理服务、健康体检服务和宾馆式病房服务。从技术服务来看，惠侨楼汇集了该医院雄厚的技术力量，设置专业科室50多个，拥有专家教授300余名，许多诊疗技术已达到国内甚至国际先进水平，如拥有华南地区首家PET中心，等等。创办近四十年，该科收治了81个国家和地区的8万多名医疗顾客。文献检索显示，到目前为止，NF医院惠侨科仍然可以称得上是全国开办最早、规模最大、收治病人最多的集医疗、保健、康复、科研为一体的现代化宾馆式综合提供特需医疗的服务机构①。

2. 科室服务与管理模式分析

纵观中国医疗卫生体制改革的历程，笔者发现惠侨科的产生具有特殊的历史及政治背景，且在特定的管理模式下发展起来的。

20世纪70年代末，伴随中国改革开放的步伐，往返于境内外的港澳台同胞和各国友人逐渐增多，然而受制于国内尚处于计划经济体制下的医疗保障、服务和管理模式的约束，这些境外人士的医疗服务需求往往难以满足。时任全国人大委员长的叶剑英元帅根据出入广东地区的境外人士较多的现象，提议创办涉外医疗部门。考虑到部队医院的特殊管理体制和医疗条件，选取了原某军医大学附属NF医院设立了惠

① 需要指出的是北京协和医院也早在1951年成立了外宾医疗科，后来发展成为国际医疗部，相较于NF惠侨科两者起初承担的任务有所不同，前者以承担国家任务为主，即为访华首脑及驻华使领馆人员的医疗保健，以商业任务为辅如为少量商业机构、来华旅游顾客提供医疗服务；而后者则是为绝大多数商业目的来华的商人及政客为主。现如今，两者在顾客的来源上几乎无甚区别。

侨科。该科室在门诊、住院、经济核算、后勤保障都有相对的独立性，具有“小型医院”的特点；其服务内容、服务价格、服务设施等的制定和配备几乎不受当时卫生政策的限制，具有很大的自主性。可见，惠侨科就是当时医疗卫生领域的“特区”，与经济特区的设置思路及其类似，不仅服务内容特殊，经营管理模式、政策支持也特殊。受益于这些与典型的计划经济体制完全不同的公立医院管理模式，惠侨科在经营方式上逐步发展成七个方面的特色，即领导高效化、设备精尖化、病房现代化、服务多样化、医疗专科化、管理电脑化、环境园林化（吴晓恒，1985）。

3. 惠侨效应与特需医疗服务的发展

到了20世纪80年代，中国的经济与体制改革是处于“摸着石头过河”的探索阶段，实行的是有计划的商品经济，其实质是计划与市场的双轨模式，是迈向市场经济的过渡时期。1992年，准确地说应该是1994年，中国才正式确定社会主义市场经济的发展方向。在医疗卫生领域，公立医院的服务价格和资源配置几乎全是计划经济体制，僵化的医疗卫生体制与市场经济改革的大环境很不适应。NF医院惠侨科的设置、服务模式与管理方式给全国医疗卫生改革特别是对公立医院的经营管理提供了很好的借鉴价值。笔者称之为“惠侨效应”。

1992年，国务院下发《关于深化卫生改革的几点意见》，卫生部按“建设靠国家、吃饭靠自己”的精神，要求医院“以工助医、以副补主”；与此同时，改革开放带来了经济快速发展，人民物质生活水平不断提高，对医疗卫生的消费需求日益增加。卫生政策支持和健康需求驱动产生的两股力量，致使全国各地的医院，特别大医院都纷纷效仿“惠侨模式”开展了不同程度的特需医疗服务①，服务项目和形式多种多样，诸如点名手术、特殊护理、特殊病房等。同一时期，医疗保障制度也在如火如荼地在进行改革，农村的合作医疗几乎全面瓦解，城市的公费医疗和劳保医疗逐步向城镇职工医疗保险过渡。暂且不论缺乏

① 特需医疗服务的价格政策相对比较灵活，按《广东省医疗收费管理办法》（1994年8月1日实施）第十五条规定，特需医疗服务收费标准和经营利益分配办法只需提交报表给卫生、物价、财政部门备案并核准即可，从笔者调查来看，大多医院执行的是按现行价格上浮20%～30%。

医疗保险政策调控下的特需医疗服务开展是否公平合理，但特需医疗灵活的经营方式和多样的服务产品提供的确在相当程度满足了一部分消费者不同层次的医疗需求，特别是促进了医院管理和服务模式的创新或改进。

1997 年，东南亚金融风暴的发生，使得以华侨和外宾为主要顾客来源的惠侨科在业务上受到巨大冲击。涉外病房床位的使用率从历年的 95% 以上，短期内便降至 50%；其中，东南亚国家和地区的病人从 60% 降至 18%。在此严峻生存形势之下，NF 医院迅速推出了三项改革措施以挽救惠侨科：第一，引入客户关系管理（CRM）理念和方法，在全国率先推行会员制式的“惠侨卡”，其服务对象不再局限侨胞和外宾，面向所有消费群体，在之前特需医疗服务的基础上，真正以健康需求为导向，推出系列创新服务产品，如为顾客建立健康档案并免费管理、提供各类健康体检套餐、设立私人健康顾问等，力争占领高层次健康保健需求的市场。第二，每月派出医疗队，在广州至九龙的列车上，在广州海关、在罗湖口岸，免费为海外华侨和港澳同胞进行医疗咨询，进一步扩大惠桥楼的影响。第三，在全军乃至在全国的医疗单位最早打破大锅饭，建立了全员岗位责任制及考评制度，调动工作人员的积极性和创造性。改革带来的结果是，惠侨科不仅在业务量上很快得到恢复，而且大大促进了科室的内涵管理，为后续的改革和发展提供了启示和思路。

4. 健康体检与医院健康管理服务的发展

2002 年，面对日益壮大的健康需求市场和不断提高的服务需求水平，也为了更好地服务于“惠侨卡”会员，NF 医院设立了专门的体检中心，旨在提供更加专业的健康体检服务。在当时，体检中心不仅按照价格、性别、年龄、职业设置了相应的个性化体检套餐服务，还购置了两辆大型豪华的健康体检车，车内配有各种简便的体检设备，该车名曰“健康直通车”，针对企事业单位的实际需求，将健康体检车直接开到企事业单位。健康直通车的上门服务方式极大地方便和满足了企事业单位职工体检需求，在为需方节约成本的同时，也为体检中心赢得了良好的声誉和顾客资源，其重要的意义还在于是国内较早开展团体健康体检的实践尝试。似乎是“SARS 危机”的发生，唤醒了国民的健康意识，之后的体检市场特别火爆。巨大的体检需求催生了中国健康产业论坛的诞生。2003年年底，“健康管理与健康保险”高层论坛的召开，健康管理理念首次在中国正式引入。NF医院体检中心立即按照健康管理理念，逐步实现体检模式向健康管理模式的转变。

2007年5月，经过几年的运作和准备之后，NF医院通过整合体检中心、惠侨科贵宾中心及相关辅助科室资源，在国内率先成立健康管理学专科——健康管理中心。中心下设门诊体检部、团体体检部、惠侨楼贵宾服务中心、外出体检与社区服务部、票务中心等部门。提供的服务产品不仅包括健康体检，还有健康风险评估、健康跟踪、健康提醒、健康干预、建立健康档案、健康保健、健康咨询、健康教育等服务。

5. NF医院惠侨模式健康管理的路径选择与服务特点

通过以上描述和分析，如表6－1所示，可以将NF医院的惠侨模式健康管理发展总结为三个阶段，起步阶段是在计划经济的政策背景下，从提供特需医疗服务、单纯的体检服务开始；接下来，面对金融危机的冲击，积极推出会员制、多样化健康体检服务，以吸引高端医疗顾客带动了业务量迅速增加，此为成长阶段；进入21世纪，特别是“SARS危机”之后，一方面迎来国家经济快速发展，另一方面国民健康意识空前高涨。先进的个性化健康管理服务理念的更新，大大促进了健康管理服务的规模化发展。经营方式和技术手段更具有竞争力，这预示着健康管理更加壮大，向着成熟发期迈进。

起步阶段是由于改革开放初期，是应侨胞或外宾等境外人士的保健需要而生，提供的服务产品多为医疗服务；成长阶段则是在经济危机时期，加上医疗保险制度的转轨，即公费、劳保医疗保险向城镇职工医疗保险制度过渡，提供的服务产品从主要为特需医疗，增加了体检服务，这恰恰应对了一部分先富起来之人健康需求的客观需要；发展壮大阶段正逢国民收入水平的不断提高，产生了强大的健康需求，国外先进的健康服务理念和技术手段又被引进至国内，健康服务供给能力增强，在供需双方力量的驱动之下，健康管理服务业得到了前所未有的发展机遇。

表 6-1　　NF 医院惠侨模式健康管理发展阶段及其特征

发展阶段	成长动因	生存制度环境	资金支持	顾客来源	产品种类
起步	政策主导	计划经济、特殊需要	财政	侨胞和外宾	医疗服务为主
成长	危机触发	经济转轨、医保转轨	市场+政策	高收入人群	医疗服务+体检服务
发展	需求驱动	市场经济、全面医改	市场+政策	所有人群	健康管理服务

注：此处“计划经济”是指改革开放之初，社会经济层面虽然向商品经济转型，但卫生领域仍是计划类型。

资料来源：作者总结整理。

二、案例：干部模式——起源于干部病房的医院老年健康管理服务模式

1. GDS 人民医院干部病区简介

GDS 人民医院干部病房开设于 1963 年，是为广东省干部提供保健和治疗的重要基地之一。1979 年起，根据干部群体的特殊保健需要成立了老年医学研究所（见图 6-1），是国内最早成立的老年医学研究所之一，主要从事老年病防治和抗衰老机制的研究。1993 年起，干部病房、老年医学研究所及医院属下的合群门诊合并，称为东病区或老年医学研究所，即一个机构，两块牌子（为方便和体现特色，下文简称为“老研所”），机构内部统一领导，分工有所区别。至 2016 年，老研所开设病床达到 300 多张，可以提供门诊、体检及家庭病房等服务，其实也成为一间规模不小的“院中院”了①。

① 需要特别指出，GDS 人民医院实际上有两个部门同时提供健康管理服务，一是为国家干部待遇需要的老研所；二是为高收入人群健康需求并为医院获得超额利润的“协和特需病区”。后者成立于 1996 年，其经营管理和服务模式类似于目前的 NF 医院惠侨科，故本书将不对其另行介绍。

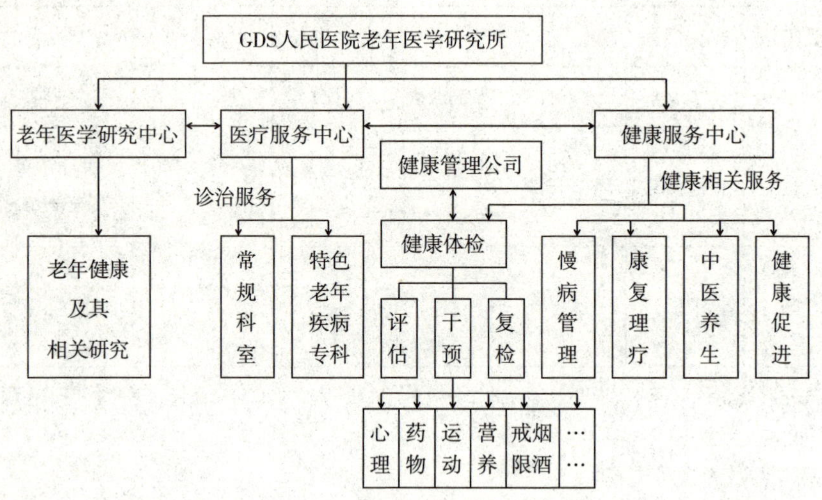

图 6－1　GDS 人民医院老年健康管理服务模式

2. 科室服务与管理模式分析

老研所不仅本身设置了门诊部和住院部，最主要其专业分工也非常之细。从服务产品提供上，除了提供内、外、妇、儿、中医、康复等各个常规专业医疗服务外，还针对老年人的生理和疾病特点，提供骨质疏松、慢性咳嗽哮喘、关节疼痛、前列腺增生、记忆障碍、失眠等专科治疗服务，以及老年病护理、心身疾病与心理疾病（简称“双心”）治疗等特色服务，而且还专门设置了营养指导门诊、干部体检中心等部门。在科研上，下设老年医学研究实验中心，配有流式细胞仪、超低温冰箱、低温高速离心机等大型实验设备，引进及复制了衰老动物和细胞衰老模型，为衰老、延缓衰老及抗衰老研究提供理论基础并为抗衰老药物筛选提供方法学平台。经过多年发展，老研所逐步形成了以衰老与抗衰老研究、多器官病变与多器官衰竭研究以及老年流行病学研究为重点的学科特色及科教研体系。换言之，老研所可以针对每一位患者，由内科医师、心理医师、营养师、中医师及理疗师同时介入，再加上干部体检中心提供的健康体检与健康评估服务。使得来到老研所的顾客获得的是具有老年医学特色的整体医学模式指导下的全方位医学服务，据调查，这种针对老年人的整体医学服务模式的开展在国内处于领先地位。

不仅如此，在信息技术的支撑和信息化建设的推动下，GDS 人民医院老年研究所与第三方健康管理公司合作，将老年保健中的信息技术支持服务如健康数据库建设、数据收集、分析评估等外包，实现了老年医学服务的升级——向老年健康管理服务的过渡。如图 6－1 所示，GDS 人民医院老年研究所提供的老年健康管理服务由老年健康研究、老年疾病诊治，以及老年健康保健服务三部分组成，这三个服务环节形成了相互促进的健康服务链。相比较单纯地提供老年健康体检服务或医疗服务，显然这种整合的老年健康管理服务模式更加符合现代医学模式，更具有效果和优势。

3. 老年干部健康保健服务模式及其制度起因

根据笔者掌握的文献资料判断，中国现有老年健康保健模式大多起源于干部病房的设置①。20 世纪七八十年代，几乎与特需医疗服务的开展同步，全国各大医院，特别是中央、省、市直属医院纷纷开辟了专科或专区，为各级干部提供医疗保健服务。类似于 GDS 人民医院的老研所，起初主要是提供医疗服务，之后根据干部群体，特别是老年干部的保健需要，大多数干部病房在技术人员的配备与老年医学的发展上都较一般科室具有优势和特色。也就是说，在中国，干部保健是一种特殊的健康需求，正是这种需求带动了健康管理尤其是老年健康管理服务的发展。干部健康保健服务系统相对比较健全是与特殊的政策支持分不开的。如 GDS 人民医院的老年医学研究所其实是医院中的一块“特区”，为广东省卫生厅的直属单位，享有政府的专项财政拨款。改革开放以后，特别是 20 世纪 90 年代以后，政府对医院逐渐实行了“断奶”政策，但大多数医院都对干部病房的建设倾注了巨大的热情，原因就在于能够获得大量的财政支持资金，这在事实上保证且促进了干部健康保健服务水平的提升。

4. 干部模式健康管理的路径选择与服务特点

通过 GDS 人民医院老年医学研究所的成立及发展情况分析，对比表 6－1 和表 6－2，可以看出，以干部保健为主要特征的医院老年健康管理模式与惠侨模式健康管理既有共同点也有不同之处。

共同点有三方面：一是大致上都分为三个发展时期，即起步阶段、

① 不仅有干部病房，还有专门为干部保健的医院，如某些军队医院、疗养院等，其实在中国针对干部的健康保健服务可以追溯至建国甚至更前的时期。

成长阶段和发展壮大阶段。二是生存的制度环境类似，对应于三个发展阶段，都经历了计划经济、经济转轨和市场经济的外部发展环境。三是伴随科学技术水平的提高，特别是健康观念和医学诊疗手段的更新，从单纯的提供医疗服务产品发展到能够提供全方位的健康管理服务产品。

表6－2　　GDS人民医院干部模式健康管理发展阶段及其特征

发展阶段	成长动因	生存制度环境	资金支持	顾客来源	产品种类
起步	政策主导	计划经济、特殊需要	财政	干部	医疗服务为主
成长	政策主导	经济转轨、医保转轨	财政	干部	医疗服务 +体检服务
发展	政策主导	市场经济、全面医改	财政	干部	健康管理服务

注：此处“计划经济”是指改革开放之初，社会经济层面虽然向商品经济转型，但卫生领域仍是计划类型。“干部”身份是原来计划经济体制下，人事管理的制度，这一概念现已逐渐弱化，但其隐性作用依然存在。在不同时期、不同区域，干部身份所包含的公民群体相差甚远，新中国成立后的相当长时期，中国社会体系中除农民、工人外的第三种身份几乎都是干部，包括行政人员、军人、知识分子等。目前来看，干部身份多指行政官员和军官。因此，表中三个时期的干部对象实际上是有所差异的，对于GDS人民医院老研所的顾客来源，已经局限于全省厅一级的在职或退休官员和部分处级领导了。

资料来源：作者总结整理。

不同点也有三方面：一是两者成长动因不同，惠侨模式的发展起初是由于政策主导，后来由于医疗服务市场的形成和变化，演变成了市场主导的需求驱动型；而干部模式则一直是为了保证干部身份人员的健康保健需要，在政策主导下发展壮大起来。二是两者的资金支持方式不同，两者起初阶段都是受到了强大的财政支持建立起来，但后来惠侨模式是靠市场竞争获得利润，加上公立医院的免税政策取得了发展竞争和资金优势；干部模式则始终依靠财政专项拨款发展和进步。三是两者的顾客来源来同，惠侨模式在开始阶段几乎全是侨胞和外宾，以后慢慢也接纳本国的高收入人群，随着经济发展，现在从理论上所有的公民都在其服务范围之内，但前提是付出更高的成本。换言之，惠侨模式的顾客筛选是从身份识别型演变为收入区分型。干部模式从建立至现在都把赋予特权的干部作为最主要的服务对象。

三、案例之三："治未病"模式——起源于中医理论的医院健康管理服务模式

1. GDS 中医院"治未病"中心及其服务模式

GDS 中医院"治未病"中心成立于 2007 年 3 月 29 日，是全国首家"治未病中心"。按照中医理论，"治未病"包含"未病先防""已病防变""瘥后防复"三个阶段（朱美香、张仲景，2007），从现代预防医学的角度来看，就是防止疾病的发生与发展。因此，如表 6－3 所示，"治未病"中心设置了"体质辨识中心""健康调养咨询门诊""传统疗法中心"三个服务部门。服务流程及产品设计以中医的"体质"作为切入点，首先提供中西医结合形式的健康体检和健康评估服务；接下来针对个体的健康危险因素和不同的体质特征，制定出个性化的体质调养方案如膳食、起居或睡眠指导等；最后给予中医特有的传统方法治疗诸如针灸调理、火罐调理等①。

表 6－3　GDS 中医院"治未病"中心的组成及其服务项目

服务板块	服务项目
体质辨识中心	中医体质辨识、西医健康检查、心理状况评估
健康调养咨询门诊	健康状态评估、健康影响因素分析、平衡膳食指导、运动养生指导、起居指导、情志调摄、睡眠保健指导、膏方指导、穴位或经络自我保健法、天灸疗法等

① 因为中医体质学说是以中医理论为主导，研究人类各种体质与体质类型的生理病理特点，并以此分析疾病的研究状况、病变性质及发展趋向，从而指导疾病的预防。从体质入手，可以从宏观上把握人体的健康状况，这是中医保健养生的强项，但体质辨识带有一定的主观性。而西医注重微观、标准，对疾病的排查有利。所以治未病中心设置三大服务板块旨在中西医结合，优势互补，以更好地发挥现代医学和传统医学各自的优势。

续表

服务板块	服务项目
传统疗法中心	针灸调理、推拿调理、熏蒸调理、砭石调理、平衡火罐调理、沐足调理、音乐疗法等

注：每个服务项目都有具体的服务内容。

资料来源：作者根据该中医院网站资料整理。

2. “治未病”健康保健服务模式产生的原因分析

中医“治未病”理想的产生已有两千多前，但“治未病”中心的建立与“治未病”健康服务业的产生只是近几年的事。当今，与社会经济快速发展相伴的现象，是生活和工作方式不当所致亚健康以及慢性病人群也与日俱增。可惜的是，代表现代医学科技最高水平的西医治疗模式对这种现象几乎无能为力。因为西医学的强项是临床的疾病治疗，大量的亚临床非器质性病变西医工具是失效的。于是，中医养生保健服务应运派上了用场。需要引起卫生界反思的是，养生保健服务业的红火并非首先出现在具有理论和实践优势的中医院，而是社会上各种非专业服务诸如中医沐足、推拿、亚健康理疗等遍地开花。也许是囿于公立性质的中医院在体制和机制上发展困境，在经营模式上早已“西化”的中医院长期以来和西医院竞争的服务市场也是“治已病”；直到西方主流的健康管理理论和实践进入中国并在很多家西医医院中得到大力发展之时，中医院才发现自己的特长是整体医学观和养生保健技术并未发生其应有的作用。该是改变中医院服务和发展模式的时候了。2007 年继 GDS 中医院成立“治未病”中心之后，全国又有很多中医院加入到提供“治未病”服务的队伍之中。

3. “治未病”模式健康管理服务的特点

中医“治未病”思想强调预防的重要性和服务方式的个性化，一脉相承于中国人的养生保健文化，且符合现代健康管理特征。不同于惠侨模式的特需医疗服务和干部模式的老年健康保健服务，中医从“治已病”向“治未病”服务模式转换，并非因政策推动，而主要源于居民的健康需求变化和整个社会健康服务业的发展。“治未病”中心实施经验的推广将有利于建立中医特色健康管理服务模式。

4. 医院健康管理服务模式的特征总结

在对 NF 医院惠侨科、GDS 人民医院老年医学研究所和 GDS 中医院“治未病”中心三个典型医疗单元开展健康管理服务的现状分析，虽为个案研究，但从全国范围来看，却具有普遍性，代表了中国医院健康管理的起源与发展的三种方向和服务模式：惠侨模式、干部模式和“治未病”模式。不难看出，如表 6－4 所示，医院健康管理的共同特征可总结为以下几点。

第一，主体提供单位是公立综合性大医院。目前，公立医院在医疗服务市场竞争中具有绝对垄断地位，但并非所有的公立医院都能够提供健康管理服务，只有大医院，特别是综合性大医院，因具备人才、技术、设备、资金、品牌、政策支持等方面的优势。具体表现三个方面：一是高端医疗服务产品如专家服务；二是高端的检查服务产品如先进设备等，才有可能建立起健康管理的服务平台；三是国有大医院不仅享有与一般公立一样的非营利身份的免税政策，还拥有向政府获取专项资金支持的谈判优势。

第二，开展动机是获取垄断的超额利润。20 世纪八九十年代，在政府基本上切断了对公立医院的财政补助之后，也同时放宽了对医院的管制，在激烈的市场竞争中，又面临着健康需求水平的迅速提高，国有医院，尤其综合型大医院就有了足够的动力和可能把自身非常明显的产品竞争优势变成了垄断利润。

第三，服务对象是“特需”健康顾客。目前，医院健康管理的主要顾客来源于两个群体，一是高收入人群；二是高地位人群。前者主要指企事业单位的高级管理人员，后者主要是具有一定地位的行政官员。现场访谈获得的初步数据是这两部分顾客的数量占接受医院健康管理服务量的 60%，有的医院达到 90% 以上。可以说，医院健康管理服务尚处于“精英”阶层，远未达到大众化水平。

第四，市场竞争策略是采取会员式服务高端服务产品。由于健康的特殊效用，使得高端健康服务产品，尤其是具有即时性的高端医疗服务产品成为永恒的稀缺资源。生产这一稀缺产品的核心要素是高级医疗人员。因此，获得医疗专家的专业服务是健康需求者的渴望和可能条件下

表 6－4　目前医院健康管理服务模式的特征与优势

模式（代表机构）	医院性质	竞争优势和开展动机	重点人群和竞争策略	服务流程与产品
惠侨模式（NF 医院）	公立西医为主的综合医院	公立医院的垄断优势（人才、技术、设备、资金、品牌、政策等）；获得超额的垄断利润	（1）健康人群：个性化套餐体检服务或会员式服务 （2）患病人群：绿色通道式专家诊疗服务	（1）采集健康信息并建立健康档案（西医体检、健康调查问卷、建立健康电子档案） （2）健康系统评估（健康状况描述或疾病风险概率计算、行为和生活方式等预防性建议） （3）健康干预（疾病治疗或方法建议、定期健康检查计划、个人行为自律指导、膳食保健、非处方用药方法或运动指导等） （4）健康跟踪与服务反馈（健康咨询与交流平台建立，根据服务对象健康或疾病状况，及时调整健康处方或干预措施）
干部模式（GDS 人民医院）	同上	同上	干部身份：垄断竞争	同上
“治未病”模式（GDS 中医院）	公立中医为主的综合医院	同上	“未病”群体*：个性化中医特色养生及保健服务	（1）健康信息档案建立（中医体质辨别、西医体检、健康调查问卷、建立健康电子档案） （2）中医特色健康评估（体质特征与健康风险、生理指标与疾病诊断、心理状况测评与心理保健等） （3）中医特色健康指导与干预 （4）健康跟踪与服务反馈（院外咨询与沟通）

注：* 目前服务的“未病”群体主要包括处于下面六种状态的人：一是身体健康、无异常指征，需保持最佳状态者；二是体质偏颇、有疾病易患倾向者；三是自觉症状明显，但理化指标无异常者；四是理化检查指标处于临界值；但尚未达到疾病诊断标准者，即疾病的易患人群；五是慢性疾病稳定期，需延缓发展、预防并发症者；六是病已痊愈，但需预防复发者，或大病初愈、大手术后身体虚弱，需进一步调养康复者。

资料来源：作者总结整理。

的首选。然而对于大多数患者来说，通过各种渠道获得一张专家诊疗号已成为一件可望而不可即的事情。在这种情况下，大医院推出会员式服务，在“特需”政策下利用“绿色”就医通道高价出售高端医疗服务产品，具有强大的需求市场自在理中。当各家医院都在竞争高端医疗服务市场时，延伸医疗服务产品至上游的预防保健服务和下游的康复服务等，专家诊疗服务捆绑健康体检服务或健康体检服务附加专家诊疗服务便成为医家获得高利的重要途径和竞争的创新策略。

第五，“一站式”服务是健康管理服务流程设计的主要理念和方法。医疗机构服务流程的不合理一直是社会各界不满的重要原因，但医院在健康管理服务流程的设计却非常注重“以人为本”和“以顾客为中心”理念的体现。能够提供健康管理服务的绝大多数医院都设立了专门的体检中心，且一般全程都有导医服务。健康信息收集、健康体检、建立健康档案、健康风险评估、拟定健康处方、提供健康干预和跟踪服务等，每个环节的设计都有一定程度基于顾客角度的成本考量。

当然，三种模式下的医院健康管理也有几点不同之处：其一，服务地点不同。惠侨模式和干部模式主要盛行于西医大医院中，“治未病”模式则因多为中医服务，目前无一例外全部只能在中医大医院找到的服务方式。其二，服务的重点人群不同。惠侨模式从最初的以身份区分服务对象即侨胞和外宾，扩展到了以需求水平区分服务对象，理论上面对所有需求人群；而干部模式则仍然主要服务干部队伍，特别是高干身份；“治未病”模式服务的人群是中医界定的“未病”之人，理论上也是面对所有需求人群。其三，服务内容有所不同。前两种模式主要提供西方意义上的健康管理服务项目为主，中医保健为辅；“治未病”模式的服务项目大多带有中医药特色，只是少数医院增加了一些西医服务内容如健康体检项目等。

第二节　社区健康服务及其提供健康管理服务的现状分析

社区健康服务作为现代社会的一种健康服务模式，在中国从 1996 年起步历经十几年的发展，现阶段已得到社会各界人士较为一致的认同。一般认为，社区健康服务的对象应当是社区中的全体居民，包括健康出现问题的人和身心健康之人、已就诊的患者和未就诊的患者，其重点服务对象是妇女、儿童、老年人、慢性病患者、残疾人和精神病患者等需要特殊保健的人群。

纵观国内外社区健康服务发展现状，基于服务产品生产的角度，笔者将社区健康服务的主要特点总结为以下五个方面：

一是产品特征是以提供健康服务产品为主。社区健康服务的服务理念是从以病人和疾病为中心，向以人和健康为中心转变，这种转变确定了社区健康服务的主要任务是为社区和家庭提供健康服务产品，动员每个人主动预防疾病和残疾，促进健康。

二是产品内容为综合而非单一的服务模式。健康概念下赋予的社区健康服务产品内容必然是综合的、多方位的，且服务提供方也是多部门共同提供。换言之，社区健康服务产品是医疗服务、保健服务、康复服务等系列组合产品的集合体。仍拿儿童健康服务为例，既包括母亲的孕前、孕期和产后保健，还包括期间的胎儿健康监测、新生儿访视、营养指导，甚至父母育儿指导等服务内容，这种综合的服务模式相对健康需求来说，具有“全方位”和“立体性”特点，对于医疗机构而言，服务的可及性和可行性都较差。

三是需方特点以群体而非个体服务为主。医疗服务的需方绝大多数是单一的服务个体，但社区健康服务的职责定位是服务于社区及其中的所有人群。如协助改善社区的卫生环境、居住条件、消除不安全因素，帮助居民建立健康的生活方式，观察社区居民如儿童的疾病流行特征或营养状况等，显然服务产品的消费对象重点是社区的全体居民。

四是供方特点以全科医生为核心的服务团队。由于全科医学专业的特点，全科医生不仅能提供良好的医学服务，还因其具有心理学、社会学、管理学、经济学等知识背景和服务优势，使得社区健康服务工作人员组织特点是以全科医生为核心骨干力量的服务团队。也正因如此，以社区为基础的综合健康服务才得以实现。

五是生产方式以家庭为单位的连续性服务。家庭是社区组成的最基本单元，一个家庭内的每个成员之间有密切血缘或经济关系，以行为与生活方式、居住环境、健康习惯等方面具有相似性。因此，在健康危险因素上往往存在共同之处。例如父母的观念和饮食习惯，甚至祖辈的风俗观念等，都会影响到婴儿母乳喂养的执行和母乳的质量，提供儿童保健服务产品时就要充分考虑整个家庭成员文化背景、行为特征，有针对性地进行健康教育或指导。同时，社区健康服务强调并提供个人和家庭健康档案服务，在现代信息管理技术的帮助下，使得服务方式上具备了连续性的特点，连续性主要表现在“从生到死”的全程健康服务，如人生的各个阶段、疾病的各个时期、健康因素的各个种类、健康责任的各个方位都可以获得相应的服务。连续性服务为产品供需双方节约交易成本成为可能。

简单来说，社区健康服务机构的全科医学服务方式直指人群健康，服务内容综合且连续，非常符合健康管理的服务理念。然而，在中国即使是城市的社区卫生机构中健康管理的现状也不容乐观，主要表现在技术含量高的体检项目开展比例不高、健康档案开展水平较低且多为纸质版本、社区健康信息管理人才和网络功能均不完善（孙晓杰、孟庆跃等，2009）。但是也有很多社区健康服务机构，特别是成立时间较早、基础较好的中心开始探索社区健康管理服务模式，有些中心已取得了较好的效果。本研究调查了两个案例，借以说明社区健康服务开展健康管理的情况。

一、案例：YK 园社区健康服务中心老年健康管理服务模式

1. YK 园社区健康服务中心简介

YK 园社区健康服务中心（下文简称“YK 园”）位于深圳市宝安区 XX 街道桃源居社区内。该社区是深圳市最大的商品房开发综合性社区之一，社区占地 1.16 平方公里，建筑面积 180 万平方米，规划居住 5 万余人，现居住近 4 万人。YK 园是当地社区开发商与 XX 街道医院（相当于二级医院）共同投资建设的一所规模较大的社区健康服务中心，于 2006 年 4 月正式启用。社康中心业务用房所在地是一幢单独的社区服务综合楼，其内有老年托管病房、残疾康复治疗区和营养餐厅，还有社区老年协会办公室，老年大学教室且配有桃源人家编辑部、阅览室、棋牌室、摄影展览室、书法展览室、手工作坊等。仅属于社区健康服务中心的业务用房面积就达 1800 平方米，远远超出一般社康中心 600 平方米的建设

要求，中心配备工作人员18人，由全科医师、中医师、老年病专家、儿科专家、心理保健医师、康复理疗及护理等相关专业技术人员及公共卫生管理人员组成。可为社区居民提供健康促进、卫生防病、妇幼保健、老年保健、慢病防治、疾病诊治、计划生育服务等方面的服务。

2. YK园社区老年健康管理服务模式及条件分析

社区健康服务中心的基本功能是完成与社区相适应预防、保健、康复、医疗、健康教育和计划生育指导等服务任务。除此之外，基于所在社区人群的年龄和收入特征，以及老年保健的现实需求，YK园还重点启动了社区老年健康管理服务业务。如图6－2所示，YK园社区老年健康管理服务包括医学服务和生活服务两部分内容，服务对象包括了个体服务和群体服务，服务内容已经涵盖了医疗服务、养生保健、社区文体公益活动、生活照料等多方面。旨在实现老有所医、老有所学、老有所乐、老有所为、老有所养的生存目标。这非常符合生理、心理、社会适应良好的三维健康理念。形成了以社区健康服务中心为依托，社区卫生部门、服务机构、社会团体联合，具备老年医学服务和健康生活服务为一体的综合健康管理服务模式。

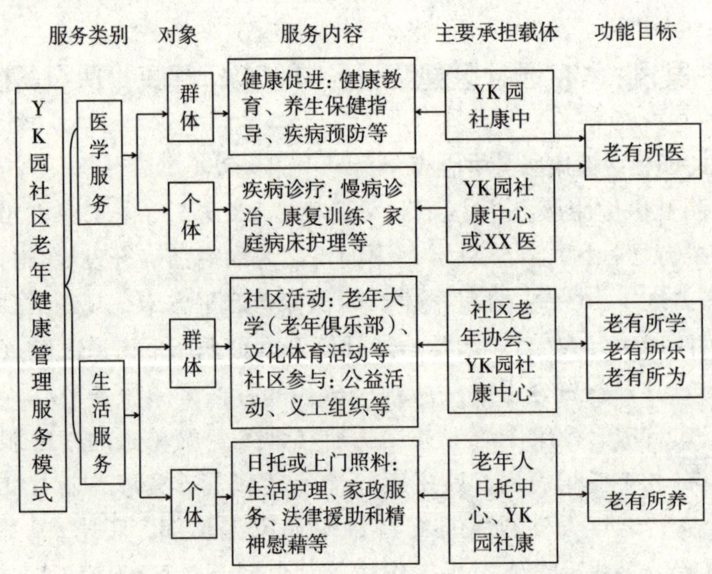

图6－2　深圳宝安YK园社区老年健康管理服务模式

该模式的形成条件，笔者认为主要有以下几点：

一是动力来源于社区开发商打造“健康社区”目标的经营理念。伴随经济发展和社会进步，消费者在安居地点的选择上，非常看重社区的综合配套设施和文化生活氛围。桃源居社区开发商正在顺应这一趋势，把建立“卫生社区”的目标升级为“健康社区”，力求改善社区居民的生活质量，真正实现所谓的“健康长寿”。于是卫生机构、社区管理与服务部门、社会团体共同组成了社区老年健康管理服务团队。这对于居民社区认同感和归属感的加强，进而促进开发商房地产的保值升值大有裨益。

二是实力来源于“三方”的共同合作。YK 园社区老年健康管理服务模式，区别于一般卫生机构开展健康管理服务的特点，在于其把健康作为居民生活的一部分，不再是采取卫生部门孤军奋战的模式，既保障了各方自身优势的发挥，又能够促进每一部门密切合作，这种运行模式符合健康影响因素多元化的理论和大卫生观念，最主要的是有社区开发商作经济后盾，社区健康服务中心的用房和配套设施上更加有保障。

三是基础来源于深圳市社区健康服务的成熟发展。深圳市社区健康服务起步于 1996 年，发源地正是宝安区，这是全国最早开展社区健康服务的地区之一。深圳的社区健康服务运行体系独具特色，表现为三个方面：其一，建制只有中心。所有社区健康服务机构都以“中心”的标准建设，因此只有社区健康服务中心而没有社区健康服务站。其二，产权归属医院。所有的社区健康服务中心都隶属某一家医院，也就是说，每一间社区健康服务中心只有业务部门，其管理成本如财务、后期等，均由举办医院承担。其三，双向转诊实质。与其他地区不一样，深圳市社区健康服务中心的产权性质使得中心与医院之间较为容易形成双向转诊机制，这既保障了疾病诊治质量，又为消费者节省了医疗成本。深圳市社区健康服务体系独特且成熟的运行机制，给社康中心发展提供了技术和管理支持。特别是 XX 人民医院，拥有国家二级甲等医院、爱婴医院、深圳市第一家数字化医院等资格和称号，YK 园社康中心不仅拥有强大的专家团队作为技术保障，还借助于先进的数字化信息管理平台，为社区老年健康管理提供了技术支持。

3. 社区老年健康管理服务模式的特点

长期以来，在中国传统社会中，家庭，特别是子女在老年人的经济供养、生活照料和精神慰藉等方面都扮演着最重要的角色。但受社会变迁的影响，家庭照顾能力已经受到严重削弱，老年人需要获得的社会支持服务量处于增势。从这个意义上分析，社区健康服务已经成为老年人生活需求的常规内容。

由此可见，社区老年健康管理服务至少具有两个特点：

第一，实现社区养老服务的有效形式和重要内容。一方面，相较于传统家庭养老和福利制度下的机构养老来说，社区养老服务具有专业、便利和成本低廉的独特优势（施学莲，2004）。另一方面，由于老年人的生理、心理和生活需求特点，使得老年人的健康与生活问题多为长期协同发展，这决定了针对普通老年人的健康服务方式不能等同于其他人群。社区健康管理相较于医院健康管理来说，也至少具有便利和成本低廉两个优点。因此，社区老年健康管理服务的提供强化了社区养老的功能，也将成为社区养老不可或缺的重要内容。

第二，实现医学服务模式转变的重要途径。从 1977 年恩格尔（George L. Engel）根据当时人类的疾病谱以及健康观念的变化，提出生物－心理－社会医学模式（bio－psycho－social medical model）以来，已过去三十多年。医学界，包括社会各界都在呼吁：医学要从生物医学模式转变为现代医学模式，医学必须建立在人与其生存环境的和谐适应基础上，改善人的生存状态，而不仅仅是简单的治病、防病和促进健康。但医学技术进步迅速，医学研究和实践导致专业化和分工越来越细，事实离现代医学模式既定的理想愿景不是靠近而是渐行渐远。社区健康服务的发展，尤其是健康管理理念在社区中的推广，网络和信息管理技术平台下融合了医学和人文服务的社区健康管理，才是在真正意义实践着医学服务模式的转变。

二、案例：HL 街社区健康服务中心中西医结合健康管理服务模式

1. HL 街社区健康服务中心简介

HL 街位于广州市荔湾区的东南面，辖内有闻名的上下九商业步行街。辖区面积为 0.72 平方公里，社区总人口 6 万多人，60 岁以上人数

1.1万，育龄妇女人数1.3万，7岁以下儿童1700多人。区域内有学校2所，幼儿园7所。HL街社区健康服务中心（以下简称“HL”）因HL街而得名，它负责为街道内的居民提供卫生服务。中心前身为成立于1998年的HL社区健康服务站，当时工作人员7人，其中医生3人，护士1人，防保人员3人，业务用房约45平方米。2004年，HL社区健康服务站与荔湾区中西医结合医院（一级甲等医院）重组，挂牌HL街社区健康服务中心，是荔湾区第一个场地达标的社区健康服务中心。2016年底，中心工作人员超过100人，包括40多名执业医师和20多名护士，业务用房约3200平方米。是广州市首批社会基本医疗保险门诊、住院、家庭病床定点单位。也成为荔湾区一间以中医药为特色、中西医结合的融预防、保健、医疗、康复、健康教育及计划生育指导“六位一体”的社区健康服务中心。

2. HL社区健康管理服务模式分析

HL开展健康管理服务是在社区健康服务六大功能基础上，充分权衡并利用了中心的内外部条件包括人才、技术、政策、地理位置等发展起来。如图6-3所示，本书将HL服务模式概述为：六大功能板块、三点服务特色、一项技术支撑。六大板块即社区健康服务的基本功能，但中医药特色服务、家庭病床服务和医疗救助服务却是HL社区健康管理服务中相异于其他社区卫生机构甚至医疗机构的地方。

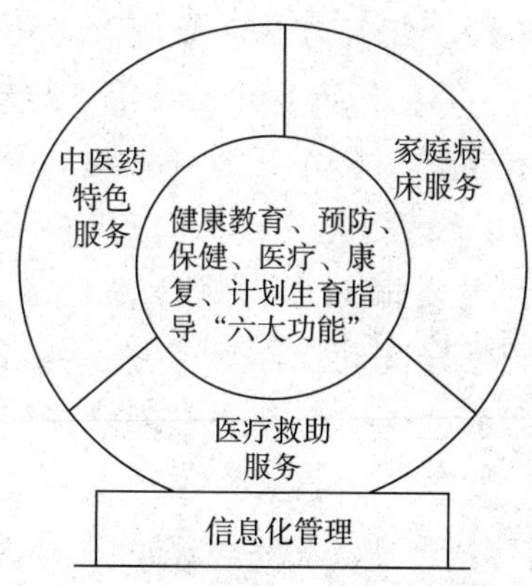

图6-3　HL社区中西医结合健康管理服务模式

资料来源：作者整理制作。

（1）中医药特色服务。HL 将中医药极其适宜技术融入社区健康服务的六大功能之中，使得提供的中医药服务产品具有简（简单）、便（便捷）、验（灵验）、廉（廉价）的特点。HL 街社区健康服务中心较早地启动了中医“治未病”工程，通过对辖区居民的体质辨识，应用中医五运六气理论和季节、人群体质分析的特点，制订相关调理方案，以及相关健康养生处方，为居民在起居方式、衣着、饮食、体育锻炼等方面给予保健指导。针对社区居民中老年人口比例和慢性病患病率均较高的情况，HL 中心以常见病、多发病预防为和治疗重点，运用中西医结合方法对高血压、糖尿病等疾病的主要危险因素进行干预，指导居民预防、保健、治疗和康复。工作人员坚持每天提供上门服务，走进社区居民家中为有需要的病人针灸、按摩、拔火罐、刮痧、中药离子导入、中药保留灌肠、艾灸、天灸、针四逢、穴位注射等超过 16 种中医药适宜技术服务（蒋林芳、汪洪滨，2009）。

（2）家庭病床服务。从文献中看，中国家庭病床的开展始于 20 世纪 50 年代，六七十年代达到历史最高水平①，但随着改革开放后医疗市场化的趋势，卫生资源配置逐渐呈现“倒三角”的状态，基层卫生服务机构因为缺乏足够的资金支持和市场竞争力几乎濒临破产，家庭病床服务自然就萎缩了。近年，虽然政府和卫生行政部门力推家庭病床服务，但居民的就医习惯、大医院的逐利行为和功能定位、高度紧张的医患关系等都使得家庭病床的开展只能停留在呼吁之中。HL 于 2004 年专门组建了家庭病床科，配备电脑、专用出诊用巡诊护理箱、急救药械等必要诊疗设备，24 小时开通通讯工具等。同时制订了专门的家庭病床服务手册作为工作指南，规范了工作制度、服务项目、工作流程和收费标准等。家庭病床的设置和服务分为三步：第一步，评估建床需要和建床类型。全科医生主要根据患者病情确定是否建床，如果需要建床，则依据患者病症严重程度确定建床类型。第二步，制订服务计划。在患者病情的基础上，通过评估患者的心理状况，了解其饮食偏好、家居环境、陪护情况等，制定具体的治疗、护理、会诊和查床计划。第三步，制订急诊与转诊服务预案。家庭病床面临最大的挑战是医疗安全，

① 因为当时城乡卫生院（站）建设处于历史最佳水平，家庭病床服务绝大多数由它们提供。

HL根据家庭病床在社区中的位置，特别是患者的病情况发展与家庭条件，经过详细评估和策划，精心为患者制订了紧急情况的抢救、转诊服务预案，如患者或其陪护家属的呼救通道，中心医护人员的安排与救治措施。家庭病床科对所有管理的家床病人按区位、病情和家居条件进行了分类、分级和排序，每一位病人都会得到相应且安全适宜的照料。

（3）医疗救助服务。在社区层面上实施医疗救助服务，罕见有报道。HL早在2002年就开设了慈爱医疗服务网点，隶属中心统一管理，专为辖区内困难群众提供免费或按低于成本收费的医疗救助服务。至2008年年底，已救助群众超过11万多人次。这在帮助困难群众的同时，也为社区健康服务赢得居民的认可起到了有力的推动作用。

从技术层面分析，信息化管理服务是HL实施社区健康管理服务的最重要的特征和技术支撑。HL社区健康服务信息管理有两套系统，一套是广州市卫生局2003～2004年开发并使用的社区健康服务信息管理软件，能基于宽带接入社区健康服务信息网络，不仅能对社区健康服务六大服务功能进行管理，还能与医疗保险、公共卫生信息平台，如疫情直报、计划免疫网络联通。这套系统实现了三项管理功能，一是社区居民健康档案及慢性病档案的系统管理；二是中心能够及时分析门诊服务、慢性病诊治、家庭病床及住院治疗等医疗信息和费用信息；三是能直报给医疗保险机构关于医疗费用信息、上报给公共卫生管理部门关于传染病、计划免疫信息。另一套信息管理系统是2007年引进的罡正社区健康服务管理软件。该软件是针对中国社区健康服务机构专门研发的一套完整的临床信息系统及管理信息系统，弥补了第一套系统资料查阅困难，资料利用率较低的不足。能将社区居民健康管理、社区服务机构日常事务管理和社区健康服务行政管理等三大功能融为一体，不仅整合了全科医学、IT技术及卫生管理科学的基本原理，实现了社区健康服务的电脑化、无纸化和标准化，突出了以人为中心、家庭为单位、社区为范畴，全程、连续、综合、安全的服务模式，还能与医院系统、信息平台等无缝整合。尤其是新增了网上查询模块，可让居民在线获取自己的健康档案资料和就诊资料，其双向转诊信息平台的研发，符合社区健康服务双向转诊业务规范，通过提供双向转诊业务数据标准接口，可及时实现社康中心与上级医院或其他专科医院之间患者的转诊治疗，发挥出“社区首诊制”的最大优势。因病情需要进一步诊治的患者通过社区全科医生“一指键盘”，可将患者基本信息及临床诊治信息通过双向转诊信息平台直接传送到上级医院医生诊疗处，经医院医生诊断为慢性病或其他需要康复治疗的患者信息亦可通过转诊平台直接转回所属社康进行后期治疗。观澜医院双向转诊服务台工作人员可在该信息平台及时获取社康与医院之间的转诊信息，对患者进行分诊及病情跟踪服务，医院业务领导者通过该平台获得转诊统计数据，了解双向转诊业务开展情况，依据转诊量对医院下属社康中心的医疗资源做出合理调配。当然，受益最大的莫过于就诊居民，居民在社康中心被告知需要转诊治疗后，可直接前往医院，通过医院双向转诊服务台的指引，享受转诊绿色通道服务，实现预约挂号，及时就诊，大大方便了转诊患者以及转诊效率。

3. HL 社区中西医结合健康管理服务模式的实现条件

HL 街社区健康服务中心在广州市特别是荔湾区强大的卫生服务竞争市场中不仅能够生存而且逐渐形成了具有 HL 特色的社区中西医健康管理服务模式，笔者实地考察分析后认为以下几个条件起到了重要的作用。

（1）政府推动。广州市是全国起动社区健康服务较早的城市之一，早在2003 年广州市财政给予社区健康服务机构按每服务人口 10 元的补助标准。之后，在国家大力发展中医药服务的政策推动下，特别是受到广东省、广州市建设中医药强省、强市的系列措施促进，荔湾区制定了建设中医药强区的“工作意见”“工作方案”“基本标准”等若干配套政策文件[①]。不仅如此，强大的财政支持最为重要。例如 HL 街社区健康服务中心，在基本建设和设备购置上享受到区财政的专项拨款外，超过 3000 平方米的七层办公楼还全部由政府承建并免费使用。这些政策和措施从整体上推进并保障了荔湾区中医药服务机构的快速发展，尤其促进了中

① 如名院、名专科、名医的“三名”建设工程，中医药特色社区健康服务示范中心建设，中药文化宣传教育基地建设等等。详见曹秀华：《荔湾区建设中医药强区季刊》（内部资料），2008 年第 1 ~2 期。另外，HL 负责管理的荔湾区内社区医疗救助服务各个网点也是由荔湾区政府、区民政局的支持和相关志愿人士的协助下成立的广州慈爱医院的分支机构。

医药适宜技术在社区健康服务中心（站）的推广使用。

（2）环境支持。自明清以来，广州的西关，即今天荔湾的旧称，既是原来的广州市中心城区，也是中医人才荟萃之地。早在 1932 年，西关注册的中医师就达 454 人（蒋林芳、汪洪滨，2009）。民间谚语“养生保健到荔湾，延年益寿在西关”的至今广为流传足以证明本地区居民对中医药的喜爱和信任程度。当地很多居民家中常备凉茶及中药材，自行使用或由医生指导进行中医药保健、食疗药膳。天气炎热时喝凉茶，感冒流行时喝具有清热、去湿等功效的五花茶，食疗馆、健身馆生意红火、每天早晚社区花园里随处可见的集体练太极拳等现象，也说明了重视中医养生保健已成为居民的日常生活习惯。荔湾当地的中医文化氛围和居民生活惯，保证了中医药服务有足够的需求和利用水平。

（3）管理到位。以上两点是 HL 得以良好发展的外部条件，HL 还从管理和产品质量上建立了安全有效的运行机制。管理到位主要表现于两点：一是职业化的管理队伍。HL 社区健康服务中心从主任到大部分行政管理人员，都专职从事管理工作，同时积极参加各类专业化管理培训。在社区健康服务层面，全国专职身份的数量不多。专心于管理工作且有若干专业管理人员一起合作，完善的管理制度，使得 HL 的管理水平明显高于一般的社区健康服务机构。二是有效的用人机制。HL 从中心成立之日起就实行了全员聘用制，新增人员全部公开招聘、竞争上岗，同时分流了无学历、低职称卫技人员。相对于一般的社区健康服务机构来说，打破传统人事制度中刚性的用人机制，非常有利于管理制度的执行并激发员工的工作热情。

（4）产品保障。HL 通过两个方面的努力保证了中心提供的服务产品质量。其一，技术培训。至 2016 年底，HL 中心已有 20% 以上的医生具备高级职称资格，中级职称以上人员占 3/4。所有卫技人员中绝大多数都拿到了全科医生资格证或接受了系统的全科医学培训，超过 60% 的医生参加了市级以上系统中医适宜技术培训。同时，中心先后中数十人次先后被选派到广东省人民医院、广东省中医院、中山大学第二附属医院、广州医学院第一和第二附属医院、广州医学院荔湾医院、广州市第一人民医院、广州市儿童医院等机构进修学习。还有一部分医护人员到香港、英国等地参加了全科医学和社区护理技能的学习。其二，技术支援。中心与上述七家大型医疗机构中大部分都签订了技术服务合同，一方面定期邀请这些医院的专家到HL给医护人员讲课或现场进行技术指导，另一方面与通过合作单位建立双向转诊关系。HL这几项措施在最大程度上确保了提供的健康服务产品之质量。

三、社区健康管理服务模式的特征总结

以上关于深圳宝安YK园社区老年健康管理服务和广州荔湾HL街社区中西医结合健康管理服务的两例个案分析，与医院健康管理的案例分析一样，从全国范围来看，仍然具有较好的代表性，基本上综合地反映中国社区健康服务中心两种主要的运营和服务模式。

中国社区健康服务从启动阶段就坚持了政府领导和公有制为主导，因此，目前国内绝大多数社区健康服务机构都是公立性质。但是运行方式却不尽相同，主要为两种，一种是由各级医院，特别综合医院举办；另一种是隶属于区县级卫生行政部门管理，但各社区健康服务中心大多独立运营。如表6－5所示，两种举办方式的社区健康服务机构实施健康管理服务的模式表现出下面几点相同及相异之处。

1. 服务对象原则上为全体居民，但有重点人群

发展社区健康服务的宗旨在于为全体居民提供基本的卫生保健服务，但政策强调以需求为导向。由于经济发展水平、社区类型的不同，各地关于健康管理服务的需求水平和需求群体也不相同。因此，社区健康服务机构提供健康管理的对象原则上是全体居民，但实际工作需要有所侧重，如老年人群、各年龄层妇女、儿童、慢性病人、残疾人等。YK园就把重点对象放在了老年群体，HL街则包括老年人和慢性病患者。

2. 都需要财政、技术与良好的环境支持，但支持力度和方式各有不同

各地公立性质的社区健康服务机构都享受的当地政府在财政和政策上的大力支持，只是有些地方当政者的执政意愿或经济实力差异，支持力度大有不同。例如，深圳市从1999年就开始按服务建档数每份每年10元给予财政补助，2006年增加到按每服务人口每年20元的补助标准，2010年以后将大幅度增加，2016年大多数区都达到了70元；而西部有些

表6－5　两种主要社区健康管理服务模式特征比较

名称 单位性质	产权 归属	服务 模式	服务 对象	财力 支持	技术 支持	环境 支持	竞争 优势	服务流程	服务内容
YK园社区健康服务中心公立	隶属举办医院	老年健康管理	全体居民，有重点服务人群（老年人等）	政府财政与政策、社区（开发商）	（1）与上级医院双向转诊关系；（2）信息技术平台	社区保健娱乐氛围	（1）经济与地理可及、综合、连续；（2）医保之杠杆	（1）建档、社区诊断与评估；（2）确定重点管理人群与健康计划；（3）干预、随访、上门服务等	六大功能内容；对老年人实施老年医学服务、生活支持服务等
HL街社区健康服务中心公立	区级卫生局管理但独立运营	中西医结合健康管理	全民居民，有重点服务人群（慢性病、老年人等）	政府财政与政策、社会团体（医疗救助）	（1）与协作医院有培训、双向转诊合同关系；（2）信息技术平台	深厚的中医药养生文化氛围	同上	同上	六大功能内容中融入了中西医结合预防、保健、康复、养生指导服务等

资料来源：作者总结整理。

地区在2005年左右只能按每服务人口每年2～3元发放补助经费或象征性地给予一点启动经费，虽然后来增加较快但相对于发达地区的标准仍然较低。有些机构通过各种形式获得了资金或设备上的帮助，如YK园免费获得了社区开发商在业务用房与设备上的“赞助”，HL通过社会慈善组织给予的专项资金用于医疗救助提升了机构的美誉度。在技术支持方面，社区健康服务机构大多在建立与综合型大医院的良好合作关系后，特别是健康信息化管理平台的建立，健康管理服务才变得可能和快速发展。环境给予的支持，各个社区也不尽相同，YK园受益于“健康社区”的建设目标激发了全体居民的健身和保健意识，HL街则恰好生存发展于深厚久远的中医药养生文化氛围之中。

3. 服务流程大致相同，但服务内容有所区别

各地社区健康服务在宏观卫生政策的带动下，服务流程趋于标准化和规范化，建档、社区诊断、评估与健康计划制订、健康危险因素干预、配套服务等健康管理流程逐渐雷同。只是应服务对象需要和现有技术手段的约束，服务内容上存在一些差异。YK园重点引进了居家养老健康管理服务模式，并主要发展了老年医学服务，以及老年健康与生活的相关支持服务；HL街中西医结合的健康管理服务产品既可能又可行，恰当且适宜。

4. 经济性

政策性是社区有别于医院开展健康管理服务的两大优势。经济性表现于两点：一是服务价格相对低廉。这源于机构的功能定位和产品的等级区分，相比较而言，社区级别的机构提供的健康服务产品必然为低端的或基本的①。二是产品交易成本相对较低。地理上的可及性带来交易上的便利和信息相对充分，减少了交通费用等购买成本和获取产品质量信息的搜寻成本。政策性相对于大多实物产品或服务产品而言，经济性足以成为强大的竞争优势，但健康服务消费者行为中的“趋高性”特点，使得相当多的居民不一定情愿购买低端的健康管理服务产品，通过健康保险的经济杠杆作用，特别通过制定医疗保险费用报销比例，在一定程度上约束了健康需求者的趋高的“非理性”消费动机。

① 在这里低端的与基本的，不能理解为质量低或劣的，而是适宜的。

第三节 健康管理的商务模式

一、商业模式健康管理机构类型

本研究中界定的健康管理的商务模式是指除了医院、社区卫生机构等传统的卫生服务机构之外的服务机构（如专业健康管理公司）所提供的健康管理服务方式。健康管理公司是市场化运作的营利性机构，其与医疗服务机构，特别是与公立医院之间，仅仅是合作关系。中国目前主流的卫生服务机构都是公立非营利性质，其中，主要将个体作为服务对象的是各级医院，重点服务于人群的有各级疾病控制机构，如疾病控制中心（CDC）、慢病院（站）、妇幼保健院、皮肤病防治院（所）、结核病防治院（所或站）、职业病防治院（所或站）等，以及大量的社区健康服务机构（中心或站）。因此，本研究中所指的健康管理商务模式，实指健康管理提供方的私立营利性质①。目前，国内商务模式的健康管理公司，按其主营业务分类，主要有三种：体检服务模式、网络服务模式、综合服务模式②。如表 6 - 6 所示，三种模式的代表机构分别是 CM 健康体检管理集团股份有限公司、深圳市 GK 健康管理服务有限公司和 AK - GB 集团，以下分别简称为 CM、GK 和 AK - GB。像 CM 一样的公司，一般都有若干个属于自己公司的体检中心，采取集团化连锁式独立运营，主要靠专业化的体检服务获得利润，其市场竞争策略是为注册会员（包括个体或团体）提供个性化体检套餐和标准化的体检服务。对于 GK 一类的第三方健康管理公司，则没有属于自己的实体体检中心和医院，通过与若干家大型综合型医院签订合作协议，靠提供网络服务平台，形成合作联盟，其吸引客户的方法是提出既能为顾客提供个体化体检服务，

① 实际上也有公立营利性医院和私立非营利性医院，因为数量极少，这里存而不谈。

② 这里只考虑了直接提供健康管理服务的机构，还有其他健康管理相关服务的机构如健康评估软件开发、健康体检设备经销或咨询服务、专业健康管理研究等间接提供健康服务的公司，此处不作论述。

又可以在体检结果基础上根据会员的级别，为需要的客户提供就医“绿色”通道服务，即帮助预约相应疾病治疗的临床医学专家。AK－GB 目前的运营方式和市场战略已经变成了以上两种服务的综合，该公司既拥有 GK 那样的合作联盟，又类似于 CM 公司建立了属于本公司的各分支体检中心，在服务价值链上预约专家的临床服务也是重要的市场营销手段。其实，AK－GB 就是相当于 CM 和 GK 的“整合”公司，因此，接下来以 AK－GB 集团为案例深入分析当前商务模式健康管理公司发展成长的历程和模式特点。

表 6－6　　中国健康管理起步阶段的商务模式比较

服务模式（代表机构）	公司总部（创立时间）	主营业务	经营方式	客户来源	竞争策略	优势分析	劣势分析
体检服务模式（CM 体检）	北京（2002 年）	直接提供专业化体检服务	独立运营连锁式	高中低端个体或团体	个性化体检套餐（会员制）	管理化程度高	市场拓展与业务内容受限于网络分布
网络服务模式（GK）	深圳（2005 年）	第三方健康服务网络平台	合作联盟	同上	个性化体检套餐与就医“绿色”通道（会员制）	运营成本较低、网络分布广	高度依赖合作医院、管理化程度低
综合服务模式（AK－GB）	北京（2004 年）	网络服务＋直接体检服务	合作联盟＋分公司	同上	同上	自有机构与合作医院互补	面临管理化程度低与运营成本高的双重挑战

注：（1）CM 体检指 CM 健康体检管理集团股份有限公司；GK 指深圳市 GK 健康管理服务有限公司；AK－GB 指 AK－GB 集团。（2）AK－GB 集团是由 AK 网健康科技（北京）有限公司和上海 GB 医疗控股集团有限公司于 2007 年合并而成，其中 AK 公司成立于 2004 年，GB 公司成立于 2000 年。

资料来源：作者总结整理。

二、案例：AK－GB 集团健康管理的商务模式

1. AK－GB 集团简介

AK－GB 集团是由 AK 网健康科技（北京）有限公司和上海 GB 医疗

控股集团有限公司于2007年合并而成。AK网于2004年2月由哈佛大学生物医学硕士张黎刚先生、哈佛大学医学院研究生院院长汤马斯罗伯特教授、上海创业投资有限公司和WI Harper Group（美国中经合集团）共同创建。GB健康体检中心于2000年9月创建，是上海国际医学交流中心主办的中国首家专业体检中心。截至2008年底，AK－GB集团得到上海创业投资有限公司、美国中经合集团、美林证券、ePlanet、华登国际、清科集团、上海生物芯片有限公司七大机构总共5000万美元的战略投资。2013年4月，AK集团获得高盛集团及新加坡政府投资公司的联合战略投资，规模接近1亿美元。2014年4月，AK集团成功在美国纳斯达克上市。

目前，AK－GB分别在华北（北京）、华东（上海、南京、苏州、杭州）、华南（广州、深圳、佛山、惠州）、西南（成都、重庆）、华中（武汉）等省市设立了区域总部，在北京、上海、广州、深圳、南京、成都6个城市设有健康体检与涉外医疗中心。AK集团公司的重点客户现已包括了百余家著名企业、保险公司、医疗机构、政府机关和一百多万会员。AK－GB的核心服务产品是“360°健康管理服务”，即运用先进完善的医疗保健服务与信息技术手段，为追求健康生活的员工、个人与家庭提供科学、系统及人性化的全方位的健康管理服务。产品包括三个大类：体检服务、医疗服务和私人医生服务，产品延伸至从遗传、生活习惯、饮食、生活环境、职业行为等方面的健康评估，身体状况预测跟踪，疾病早期预警，健康保险服务等。

AK－GB健康管理服务的流程分为四步，如图6－4所示。

第一步，采用网络注册会员、收集个人健康信息并进行管理。在这里，顾客在购买体检服务之前，可以非常方便地通过网络问题的回答取得初步健康判断来定制个体化体检方案。

第二步，为顾客提供健康与疾病评估服务。当体检结果传送到AK数据处理中心之后，加上顾客自填的个人与健康相关信息，系统会自动分析并显示顾客的健康状况并评估疾病风险。

第三步，制定健康计划。这一步是在健康评估的基础上，筛选出影响个人健康的主要危险因素，进而拟选有针对性的干预手段和方法，包括疾病诊治的时间、地点、专家选择等相关建议。

第四步，为健康干预及效果评估。通过手机短信、电话、互联网等跟踪个人健康计划执行情况，对于有需要的顾客直接或间接提供疾病诊治服务并跟踪服务过程。实时评估顾客健康改善的效果，提出进一步健康管理的建议。

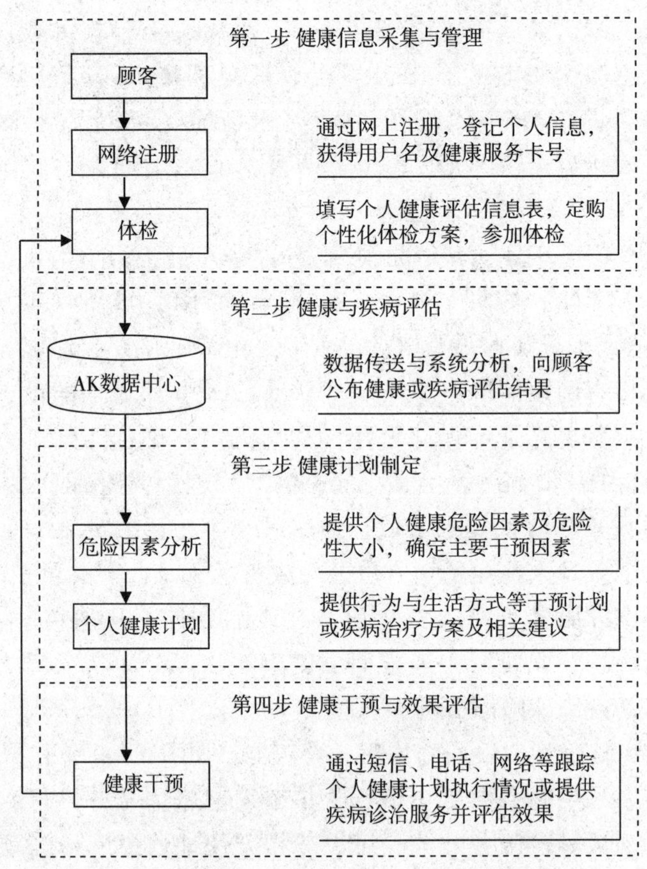

图 6－4 AK－GB 集团个人健康管理服务流程

资料来源：作者根据 AK－GB 网站资料改编而成。

2. AK - GB 健康管理商务模式分析——基于健康服务产品的特征分析

多数的中国人都是“急救式”购买医疗服务，即期求“看病、吃药、动手术”能够挽回健康的损失。作为医院，平时的工作重点都放在了疾病治疗上，少量的体检服务多是面向病人，作为疾病诊断的一个环节。

面向普通健康人体检服务长时间被医院忽视，即使提供也是医检相混，从医学的角度看有导致交叉感染的可能，站在服务营销的角度健康人在医院中的体检成了不愉快的服务体验。AK－GB 健康管理第三方服务的提供，很有可能成为健康服务模式转变的重要标志之一。这一服务模式有以下三个特征。

特征之一：以健康需求为舆论导向。健康损害的可逆性差导到的健康消费特别是医疗消费的趋高性特点，使得守门人机制缺失中国医疗服务市场出现了严重的资源配置“倒三角”现象，高端医疗服务资源的稀缺性表现得异常明显。2003 年“SARS 危机”，在唤醒民众健康意识的同时，也在呼唤更加完善的医学服务模式——以健康为中心。笔者分析，健康领域的创业者们正是抓住这一机遇，大力发展起健康与健康服务产业。AK 公司就是其中的重要一员，它提出的企业使命就是为顾客提供良好的健康服务，促进顾客健康生活。

特征之二：以医疗中介服务为利润切入点。应稀缺医疗服务产品的巨大需求市场和不健全的医疗保障制度，特别是趋利导向和落后的医疗服务模式助推了中国社会转型期的人际信任危机——医患关系日益紧张。一时间医疗纠纷频发、号贩子和“医托”到处出没。2004 年 2 月，起步阶段的 AK 公司以就医“绿色”通道服务为切入点，通过与全国几百家三级医院签约建立了一个强大的合作联盟，搭建起病人与医疗机构之间的服务桥梁，扮演起了正规的医疗服务中介角色。此时，大型医疗机构其实处于“人满为‘患’”的状态，为什么这种中介服务仍然有市场呢？原因还在于趋高的医疗服务需求上，大型医疗机构提供的产品中有近 4/5 为低端的服务，即常见病和多发病的诊治服务，受制医疗服务价格管理政策，其产品的附加值是非常低的，导致医院的利润额极其有限。有相当多的医院把提高医院“生产总值”的战术转移到了特需服务上的。但长期习惯并禀持于医学技术至上主义，以及公立垄断的地位，使得医院在提高整体服务水平，尤其是非医学服务上，心有余而力不足。大型医院针对于高端客户越来越激烈的争夺留给了 AK 之类的第三方服务性企业以一定的生存空间。医疗消费者通过注册成为 AK 会员后，看病便不需要连夜排队，也无需托人找关系或购买“黑市”高价就诊号，贵宾式的医学服务让消费者在相当程度上感觉到物有所值。

特征之三：以 IT 服务平台营造健康服务“三方共赢”。AK 公司针对互联网普及的现状，把零散的质量较高医疗服务资源整合在了一个网络空间内，使得虚拟的互联网成了供需双方实际享有的健康与医疗信息交互平台。站在顾客的角度，综合且丰富的网络资源，既可以方便快捷地搜寻到健康和就诊信息，又可以预约挂号、手术或住院，还能随时查看个人健康档案及相关健康风险评估资料等。对于医院而言，能够利用 AK 网的管理信息系统（management information system，MIS）工具，一来作为自己有效的宣传渠道，将拥有的医疗服务团队、技术优势和文化特色呈现于消费者；二来相对于单个的医疗预约者，AK 会员式管理的就医预约有失约率低的倾向，利于统筹利用医疗资源、提高管理效率。AK – GB 建立的 IT 服务平台成为了消费者可及的健康管家，医院和医务人员可行的工作助手。不难看出，IT 服务平台的搭建，在最大程度上帮助了健康服务供需双方信息不对称真空的弥补，同时，也使企业充分利用了互联网两个最大的优点：一是可以进行个性化服务，二是逐渐实现了规模化经营。最主要的是企业因此获得了丰厚的利润回报和快速发展。

3. AK - GB 健康管理商务模式的扩张路径选择

AK – GB 集团的发展，如图 6 – 5 和表 6 – 6 所示，AK – GB 集团的成立及其扩张过程，其实就是体检模式与网络模式的整合、成长的过程。

主营健康网络服务（平台）
2004年2月 AK网健康（北京）科技公司成立
“硬着陆” →
2006年10月 收购北京庇利积臣医疗中心
☆2007年8月AK–GB集团成立
2009年12月AK–GB健康管理研究中心成立
2013年12月 进入高端深度体检领域 ☆成立AK集团拥“四大品牌”
2015年 加快全国二三线城市的市场布局
2016年3月 AK集团全面转型为医疗综合体

2000~2007年　2008~2014年　2015~2017年

主营健检服务
2000年9月 上海GB医疗中心成立
实现连锁 →
2002年8月 上海GB医疗控股有限公司成立
实现跨区连锁 →
2005年6月 广州GB健康体检中心成立
2007年12月 获美林证券华登国际ePlanet、中经合上海创投和清科集团2500万美元投资
2008年12月 合并正清源健康体检中心
2010年10月 疗休养纳入健康管理业务
2014年4月 ☆上市美国纳斯达克
2015年3月 进军移动医疗，定制专属体检方案出台
2017年8月 AK集团与百洋智能科技就IBM沃森肿瘤达成战略合作

图 6 – 5 AK 集团发展的时间序列

资料来源：作者整理制作。

第一阶段（2000 – 2007 年），轻装上阵、快速“转型”。

轻装上阵。AK 公司在 2004 年成立之初的理念和计划是走纯粹的第三方网络服务模式。企业起步发展优势明显：运营成本较低，服务方式灵活。于是，公司很快与全国各大城市的大医院进行签约，完成了体检、医疗等“线下”服务的外包工作。在不到三年的时间里，其业务范围就扩展到了 14 个省市，签约医院达到 300 多家。营业额年递增超过 10 倍，开业第一年实现销售额 100 多万元，2005 年超过了 1000 万元，2006 年则突破了 1 亿元（沈建缘，2007）。尽管 AK 获得了非常好的发展势头和业绩，但是，公司在运营过程中却遇到了自身无法解决的实际难题。靠“鼠标”建立起来的健康管理服务平台，仅仅是基于互联网络的合作联盟，AK 的运营状况几乎完全依赖于医院的合作程度。公立医院的非营利与公益性质，要求它的主要功能是满足政府和民众的服务期待，这些大医院不可能也无力做到与 AK 公司的“精诚合作”。当客户的需求，特别是医疗服务需求不能得到充分的满足时，大量的会员就不能成为稳定而频繁访问 AK 网的核心会员，甚至会流失。AK 的“线上”服务设计虽近完美，却因不能掌控强势的“线下”服务机构而使公司经营策略不能畅通实行。一方面是“鼠标”模式的轻资产运营优点；另一方面是必须走出的对“线下”机构管理化程度低的困境，何去何从，成为 AK 公司决策层必须做好的功课。

快速“转型”。在客户、网络服务（平台）、医院这条健康服务产业链条上，对于下游医疗资源的整合并非预想中的那样好“啃”。AK 公司开始寻求纵向一体化的服务战略，变被动为主动。2006 年 10 月，AK 成功收购了北京庇利积臣医疗中心，并把它改造成了高端的健康服务中心，这是 AK 整合线下医疗机构的第一步。接下来，于 2007 年 2 月，AK 又与当时建筑规模最大的一家健康体检服务机构——北京九华集团旗下的九华体检中心签署了战略合作协议，以补充 AK 健康体检的力量。2007 年 8 月，AK 与中国最早（2000 年）的健康体检连锁机构之一的“上海 GB 医疗控股有限公司”合并，建立 AK－GB 集团，新品牌“AK－GB”正式启动①。从此，

---

① AK 和 GB 合并这前，GB 已拥有 4 家体检中心，3 家在上海，1 家在广州，而且 2006 年下半年 AK 与公立医疗机构就开始合作，AK 网利用其 IT 管理手段，为公立医疗机构的客户建立电子健康档案、做健康评估与疾病预测、推荐合作医院的专家诊治等。GB 新开业 3 个月时，上海浦东 GB 医疗中心就有近一半的客户来自 AK 网会员。详见记者钟可芬：《健康管理，市场可为》。

AK 从体检、保健到送医院进行诊治的"一站式"健康管理服务模式才更加完善，AK 公司网络服务模式到并购体检中心与医疗机构的"硬"着陆，实现了"鼠标"模式向"鼠标 + 水泥"服务模式的成功转型，也使得 AK – GB 成为中国真正意义上的第一家连锁式健康管理企业（立琪、佳瑜，2008）。

第二阶段（2007 ~ 2014 年），迅速扩容、品牌上市。

迅速扩容。AK – GB 集团的成立，使得原两家公司的优势互补，拥有了立足健康管理服务市场的核心竞争力：先进的 IT 管理手段、高端的健康体检中心和庞大的高端医疗服务合作网络。AK – GB 迅速加快了自己的扩张步伐，非常幸运的是，集团公司的发展受到了国际资本的青睐，2007 年 12 月 5 日，AK – GB 宣布该公司获得国际知名投资银行美林证券以及风险投资机构 ePlanet、华登国际、美国中经合集团、上海创投和清科集团的战略投资，共计 2500 万美元。这是中国健康服务领域史上最大的一笔风险投资（周明，2007）。包括在巨额风险投资资金的推动下，AK – GB 集团在 2007 年成立后很快收购了 5 家体检机构。随后的两年里，AK – GB 通过自建、并购等方式，如合并北京的两家正清源健康体检中心、收购南京新街口分院（原南京健康园体检中心）、合资组建成都外双楠分院等。2009 年底，AK – GB 自身拥有的体检机构与医疗中心达到 20 家，签约的医院数目超过了 400 家。不仅如此，AK – GB 在注重市场规模发展与布局的同时，还把服务触角伸向了健康管理的研究领域。2009 年 12 月，AK – GB 和中科院广州生物医药与健康研究院合作，成立了 AK – GB 健康管理研究中心。双方着重在基因检测、早期肿瘤筛查、代谢综合征、抗衰老、干细胞、电子健康档案、慢病管理等领域开展合作研究，力求逐步构建以肿瘤早期检测以及 IT 信息技术为特色的、达到世界先进水平的健康管理体系。

品牌上市。AK – GB 在快速扩张的过程，始终坚持品牌战略之路。2009 ~ 2010 年，AK – GB 连续两年荣获"中国受欢迎体检机构"称号。AK – GB 不再满足于普通的健康体检服务，而是依托旗下健康医疗服务中心、覆盖全国主要城市的合作医院网络和强大的客户服务体系，为个人及团体提供从健检、医疗、家庭医生、慢病管理、健康保险等全方位个性化服务，帮助其全面摆脱亚健康、预防慢性病、解决就医难，以提高其顾客人群的整体健康水平和生命质量。AK－GB 还为保险公司和医疗机构提供第三方的健康管理服务以及客户关系管理的解决方案。2010年10月，AK－GB 成立杭州西溪分院，整合杭州西溪湿地国家级旅游与疗养资源，谋求为客户提供集健康体检、私人医生和疗养功能为一体的健康管理服务。这标志着国内健康管理机构开始与健康养生相结合，提供医疗休养新服务业态。2013年12月，AK 君安成立，进入高端深度体检领域并推出顶级品牌"AK 君安"，哈佛医学院前副院长 Thomas Fox 教授出任 AK 君安北京旗舰中心院长，AK 正式进入高端深度体检领域。截至2014年3月，AK－GB 共有45家自营医疗中心和约300家第三方合作机构，遍布香港、北京、上海、广州、深圳等15个城市。在2012年的福布斯榜上中国最大100家公司中有71家选择了 AK－GB。经过十年努力，AK－GB 于2014年4月在美国纳斯达克证券交易所成功上市。至此，AK－GB 顺利完成了华丽转身，为企业在获得国际化技术、市场、管理和人才等带来了合作机会，更是为企业走向国际市场、成为国际知名品牌创造了条件。

第三阶段（2014~2017年）：全面布局、战略合作。

AK－GB 上市后的第一件具有战略意义的大事，就是2014年6月宣布与 KY 保国际医疗集团开展合作，使香港成为 AK－GB 自有医疗机构网络进驻的第15个城市。此次战略合作，实现了 AK－GB 的两层跨越：一是实现从大陆到香港地区的地域上的突破；二是实现对香港乃至国际医疗资源和医疗技术的一种突破和整合。因为 AK－GB 可以通过 KY 保国际医疗集团，将香港顶级医疗专家、前沿医疗技术、最新药物等补充进入 AK－GB 现有的服务体系助力夯实健康体检与健康管理领域顶级品牌的核心竞争力。紧接着，2014年7月，上海 AK－GB 与上海 HJ 健康体检管理有限公司宣布达成战略合作，HJ 旗下三家体检中心加入 AK－GB 的体检网络，这是 AK－GB 在上海地区进一步建立行业领导地位的战略布局。

2015年起，AK－GB 集团加快了全国二三线市场的布局，全面提速体检中心在各城市的覆盖。2月，天津两家最早的体检中心 HJM 加入 AK－GB；3月，国内知名的抗衰老中心上海 ZJ 医疗中心以及北京 ZJ 医疗中心加入 AK－GB；5月，成都知名的中高端体检中心 ASM 体检中心、原央企 GY

集团旗下 11 家体检中心与门诊部加入 AK－GB；6 月，烟台收入规模最大的两家 HK 体检中心加入 AK－GB；8 月，烟台、威海、潍坊三家 CM 体检中心加入 AK－GB，并更名使用爱康国宾的品牌。至此，包括香港在内，AK－GB 在中国 20 个大中城市设立了 76 家体检与医疗中心，并在全国 150 个城市建立起来的 400 多家体检中心合作网络。2015 年 10 月，AK－GB 联合发起成立健康大数据产业技术创新战略联盟。2016 年 2 月，AK－GB 与新 H 保险建立战略合作关系，通过对新华卓越的战略投资，双方可以在资源共享、商业模式创新与业务协同方面形成优势互补，开始组合保险与健康管理相结合的服务产品。2016 年 3 月，AK 门诊成立，AK 集团全面转型为医疗综合体，致力于为每一位客户及其家庭成员量身打造综合医疗服务，构建从个性化体检筛查到国际化就医问诊等在内的一站式医疗健康服务。2016 年 9 月，AK－GB 旗下高端服务品牌——AKJ 安，正式启动 AKJ 安－WD 康国际远程医疗平台服务。2017 年 8 月，AK 集团与百洋医药集团旗下百洋智能科技通过引入 IBM WS 肿瘤认知计算解决方案，在 AK 集团旗下 108 家体检与医疗中心合作建设 IBM WS 肿瘤会诊中心。这意味着 IBM WS 的智能医疗将被引入中国，并在中国率先启动预防医疗体系与精准医疗体系的样板工程，实现防治一体化。

4. 健康管理商务模式的实现条件分析

从 20 世纪 90 年代开始，鼓励民营医疗机构发展，打破公立医院垄断地位，促进医疗服务市场有序竞争，曾一度成为社会各界最强呼声。多年过去后，公立医院一统天下的局面却并未有丝毫改观，但进入新千年，特别是 2003 年“SARS 危机”之后，全国各地大量民营健康体检机构却如雨后春笋般层出不穷。2007 年，AK－GB 集团诞生，并且在短时间内迅速扩张，服务网点分布到全国重要大城市。

通过以上分析，笔者认为，健康管理商务模式的出现及其快速成长，有两点原因值得再次重申：

第一，落后疾病服务模式与紧张医患关系的催生。长期以来，大医院沉醉于飞速进步的医疗技术之中，不断更新疾病诊断与治疗设备，引入和研究最先进的治疗方法，但是却在相当程度上忽略患者及家属的心理与健康需求。再加上社会经济转型、管理落后、法制的不健全等众多因素导致的医患关系高度紧张，医患信任程度落到了历史最低点。此时，类似于医疗中介角色的第三方健康管理机构的出现，承诺提供健康服务和私人专科医生服务，恰好填补了落后疾病服务模式带来患者需求空洞，并起到了合法联系人的“信用”机构的作用。

第二，先进信息技术服务与巨大高端需求的驱动。先进信息服务技术在卫生领域的应用，有两点作用不可忽视，一是促进了健康信息特别是医疗信息的供给，让患者有了便捷的通道了解医疗机构、医务人员的相关信息，以及疾病诊治的初步知识；二是打通了供需双方的沟通渠道，既方便了供方的规模化高效率生产，又满足了需方的个性化消费要求。另外，收入与健康意识是健康需求的主要约束条件，伴随宏观经济的快速发展，出现了大量的富裕及中产阶层，相对较高的知识和收入水平，必然是使得高收入人群成为高端健康服务市场成长的重要驱动力①。

① 需要指出，商务模式重点服务对象是中高收入人群，主要服务产品是高端健康管理服务，特别是在就医“绿色”通道的经营策略，实际上挤占了普通民众享有医学专家的服务机会，这是违背健康公平性伦理的，如何评价和改善需要进一步深入研究和讨论，本书将在后文作初步分析。

第七章

健康管理服务业发展趋势与战略

第一节 健康管理服务业的发展

从对健康管理服务模式的分析中可以看出，国外提供健康管理服务的组织主要有两种，一是以美国为代表的健康维护组织；二是以英国为代表的社区健康服务组织。由于健康维护组织实质上是商业性保险公司，而英国社区健康服务机构是国家健康服务体系的重要组成部分，因此，HMO 实施健康管理的资金来源于保险人所交的保费，社区健康服务组织则主要靠国家税收作为成本补偿。换言之，美英两国截然不同的健康管理服务模式其实起源于两种不同的健康保障制度。对于中国来说，由于卫生资源配置极其不合理和健康保障制度的不健全，产生了严重的“看病难”“看病贵”社会现象。在这种情形之下，中国的健康管理服务机构应运而生①。因此，接下来，同样基于国家健康保障制度背景，分析健康管理服务业的发展及其趋势。

一、健康维护组织的发展

美国是世界健康维护组织（HMO）的起源和发展最成熟的国家，健康维护组织已被学术界公认为健康管理服务最重要的服务模式之一。从

① 事实上，广大普通民众尚未成为健康管理公司营销和服务的重点对象，而俗称的“白骨精”（白领、骨干和精英）阶层才是它们最乐于服务的顾客。

20世纪90年代起，美国健康服务领域陆续出现了优先者提供组织（preferred provider organization，PPO）、服务点（point of service，POS）计划，以及储蓄型高折扣健康计划（HDHP/SO）等组织形式。现在美国，HMO，PPO，POS都被贴上了管理式保健组织（managed care organizations，MCO）的标签。管理式保健没有精确的定义，所有的管理式保健计划都限制那些在传统补偿保险计划中常见的对医疗的过度使用行为，在最严格意义上说，管理式保健是把参加者交给同意遵守已制定的控制医疗使用和成本准则的一组卫生服务提供者的健康计划。在最广泛的意义上说，它试图监督和引导对健康服务的使用，从而减少卫生保健成本（享德森，2008）。本书把这几种组织列为健康管理组织的研究范围。因此，这里仍举美国为例，以分析健康维护组织的发展及其面临的市场竞争环境。

众所周知，美国人在经济领域更加崇尚自由的市场经济，在卫生领域也不例外，政府起初试图将民众的健康问题完全交给可以自由竞争的医疗机构和商业健康保险，前者负责提供服务，后者则负责“埋单”。但是商业保险机构逐利的本质必然导致逆向选择现象的越来越严重，以至于穷人和老年人没有医疗保险，从而在快速增长的医疗费用环境下无法获得必要的医疗服务。情况直到1965年才得到好转。当年，美国通过了针对老年的医疗保险计划（medicare）和针对穷人的医疗救助计划（medicaid），意味着联邦政府愿意更多地参与到卫生保健的提供上，也说明了飞涨的医疗成本越来越引起了政治上的关注（享德森，2008）。

随后，InterStudy的研究提出了一项用健康维护组织来替代传统的按服务付费医疗的健康维护战略①。借助这项研究成果，理查德·尼克松政府开始计划采纳预付团体医疗（prepaid group practice）来控制医疗保健成本。1973年，尼克松和国会的领导人（主要是民主党员）一起，成功

---

① InterStudy是保罗·埃尔伍德领导的研究和政策机构。多年前，埃尔伍德邀请对健康政策感兴趣的团体到他的杰克逊山洞隐居处（怀俄明州）讨论医疗改革。在这个聚会之后，出现了阿兰·恩托夫关于管理竞争的提案的细节。总体上，该团体被称为杰克逊山洞团体。转引自亨德森：《健康经济学》，人民邮电出版社2008年，第154页。

地通过了健康维护组织法案（Health Maintenance Organization Act），法案中定义了健康维护组织（health maintenance organizations，HMOs），包括对获得保障的内容、定价和加入、医生组织，以及关于财务风险的规定。从此，健康维护组织这一名字正式出现。HMO 法案获得批准，大大促进了如凯撒等这类非营利集团的发展。如图 7－1 所示，1970 年，全美有 37 个健康维护组织建立，注册会员为 300 万人，到 1975 年，健康维护组织的数量已增加到 174 个，注册会员翻了一倍达到 600 万人。1990 年，健康维护组织的数量已达 572 个，注册会员数相比较 1970 年，二十年间增长了 10 倍，达到 3300 万人。20 世纪最后 10 年，健康维护组织仍然处于快速扩张时期，1997 年，健康维护组织数量达历史最多，为 652 个，注册会员数在 1999 年达到最高峰，为 8130 万人，相当于美国总人口（2.73 亿人）的 30.1%。

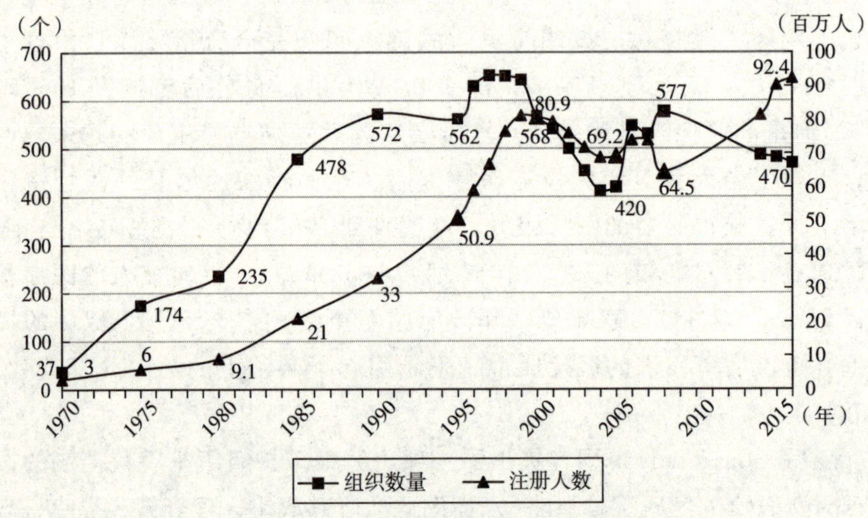

图 7－1　1970～2016 年美国健康维护组织数量及注册人数

资料来源：笔者根据“Health，United States，2000”“Health，United States，2016”及凯撒家庭基金会网站数据整理而成（2010～2013 年数据暂时无法下载）。

1997 年之后的几年里，健康维护组织的发展碰到了危机，特别是受到了优先提供者组织（PPO）等的挑战（Grefer，Mobley & Frech，

2009；Pope，2006）。原因也许是 PPO 的制度设计更加受到一些消费者喜爱，出现了健康维护组织的数量和注册会员数都呈下降趋势。2004 年 HMO 的数量减少到 412 个，会员数相对于 1999 年减少了 1200 多万人，为 6880 万人。这种情况很快引起了美国很多州政府的重视，如密歇根州于 2005 年颁布 306 号公众法案，给予 HMOs 更大更灵活的方式重新设计其收益计划。此法案开始允许注册的会员在需要的时候可以通过负担更多的成本来享用更多的健康服务，法案明确了健康维护组织利用更高的共付比例和更多的共同保险来执行更好的市场政策（Ken & Elliot，2008）。因此，随后的几年，健康维护组织的市场占有率有升高的迹象。

然而，由于卫生保健成本持续上升、经济变得不景气，雇主们开始发现为其员工支付保险费变得难度加大，密歇根州金融与保险管理局发现一些企业老板开始削减甚至干脆取消了为其雇员购买的保险。这与图 7－1中看到全美情况一样，2007 年和 2008 年，相对于其他商业性保险来说，HMOs 似乎面临更加严峻的市场环境，HMOs 的会员人数又呈现下降走势，2008 年年底全美 HMOs 注册会员数下降到了 6450 万人。尽管如此，2008 年美国 HMOs 的会员仍占到了总人口的 21.21%，即全美超过 1/5 的人口通过参加健康维护组织来享受卫生与医疗保健服务，而且从数据上看，HMOs 的机构数却有所上升。随后，HMOs 的机构数虽然继续小幅下降，但其会员人数继续上升，2015 年突破 9000 万人，2016 年会员数已达到 9240 万人。

HMO 对供需双方的行为都有着较为严格的要求，在相当程度上遏制了供给者的诱导需求，也同时限制了消费者对服务的选择范围，一旦消费者选择 HMO 网络之外的服务，自己承担的成本则要大大增加。在健康需求不断提高、人口流动日益频繁的今天，HMO 的制度安排显然对于满足消费者的多样化需求和实际需要尚有较大的改进余地（Grefer，Mobley & Frech，2009；Pope，2006）。因此，健康保险市场中针对 HMO 的不足之处产生了一块较大的发展空间，优先提供者组织（PPO）就产生了。PPO 与 HMO 一样，也建立了保健提供者网络（医生、医院、牙医、药房、康复服务、家庭健康保健等），只要成为 PPO 的会员，就可以享受到具有折扣的医疗保健服务。PPO 与 HMO 的相同之处：一是两者都提供综合的卫生保健；二是都鼓励会员在网络内接受服务，否则自付成本会更高（更高的起付线和代保形式）。不同点有二：一是 HMO 的会员如果在网络内看病，一般无需支付任何费用或支付极少量的费用，而 PPO 享受的是折扣服务；二是相当多的 HMO 都拥有自己的服务机构，而 PPO 只相当于卫生保健的购买者和提供者的中介或经纪人，即 PPO 完全是第三方性质的服务机构。典型的 PPO 组织安排下，医生服务按正常收费标准打 5% ~30% 的折扣，医院服务打 10% ~15% 的折扣，病人如果使用优先的医生，通常支付 20% 的共保费用，如果使用非优先医生，则要 20% ~40% 的共保费用；当病人使用优先医院的服务时，无需支付共保费用，但去往非优先医院，则需支付 20% 的共保费用（享德森，2008）。自 20 世纪末起，优先提供者组织（PPO）的快速发展并成了一种更为流行的管理式保健计划类型，这使得 HMO 面临着前所未有的市场挑战。如图 7 –2 中所示，1988 年美国工人在选择健康保险计划时，传统保险成为绝对的首选，占 73%；健康维护组织占 16%；优先提供者组织仅占 11%。之后，三者的比例关系发生了巨大的变化，参加传统保险的比例逐年减少，到 2009 年只剩下 1% 了；优先提供者组织则近乎逐年上升，至 2005 年比例就已达到 60%，虽然 2007 ~2008 年比例略有下降，2009 年又升到了 60%；健康维护组织的比例是在 2000 年达到最高峰，比例为 29%，进入 21 世纪以来，企业雇员对 HMO 的青睐程度有所降低，2009 年所占比例也只有 20% 了。从图 7 –2 中还可以看到，服务点计划（POS）的比例变化轨迹与健康维护组织非常相似，市场占有率也呈下降的趋势。2006 年起，又一种新型的健康计划服务类型以参加储蓄为特征的高折扣健康计划（high – deductible health plans with a savings option，HDHP/SO）逐渐进入美国健康保险市场参与竞争。2009 年 HDHP/SO 的比例已比 2006 年增加两倍，达到 8%；2011 年其市场占有比已与 HMO 齐平，为 17%；很快它就大幅度挤压 HMO 和 PPO 的市场空间，于 2016 年达到了 29%。这提示美国未来的健康保险市场竞争中，仍将暗含着玄机种种。

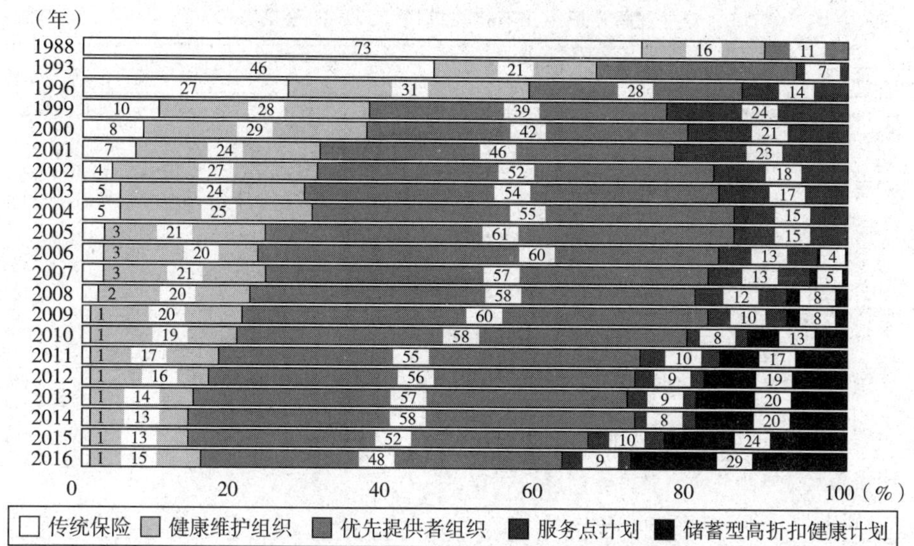

图 7－2　1988～2016 美国工人参加健康计划类型的比例

资料来源：Employer Health Benefits，2017 Annual Survey，The Kasiser Family Foundation and Health Research and Educational Trust.

综合分析表 7－1 和图 7－2，不难发现，PPO 与传统的健康保险计划相比，主要区别有两个方面：一是 PPO 的保险方在选择医疗机构或协商率上更积极主动，那些费用较低或者预期服务较少的医生或医院常常是被挑选的对象；二是医疗机构被要求接受效用评估，改变治疗方案，以减少不必要的治疗（张奇林，2005）。只有少数的 PPO 设置了提供基本医疗的医生扮演“守门人”的角色，受益者要想接受专科治疗，必须得到他们的同意。但相对于 HMO 来说，PPO 的“守门人”制度要宽松得多。PPO 和 HMO 比较起来，PPO 主要以服务付费（fee－for－service）为基础向医疗机构提供报酬，使得供方几乎没有任何财务风险，而 HMO 却需要承担一定的财务风险。同时，PPO 也没有很强的动力去减少消费者的服务利用。对于保险受益人来说，PPO 的顾客可以很方便地到 PPO 计划外的机构去接受服务，目前 HMO 虽然也有类似的改革但限制非常严格。

因此，无论对于卫生服务提供方，还是对于卫生服务需求者，HMO 与 PPO 相比，都不如对方更受欢迎。

表7－1 健康维护组织与优先提供者组织的差别

比较项	健康维护组织	优先提供者组织
服务网点	要求使用经过选择的医疗服务提供者	要求使用经过选择的医疗服务提供者
保供关系	资金供给系统与医疗服务（甚至包括预防保健服务）提供系统相结合	保方与医疗服务供方关系松散且脆弱
付费方式	人头费或按病种付费等	按服务付费
风险分担	HMO与医疗服务提供者共担风险	保险人承担全部风险
效用评估	都有、非常严格	都有、较严格
守门人	都有、且非常严格	有些公司有、并不非常严格
资格限定或审查	联邦政府有严格的资格限定和财政、服务质量审查	没有

资料来源：作者整理。主要参阅张奇林：《美国医疗保障制度研究》，人民出版社2005年版，第137～165页。

首先，分析服务提供方的反应。他们只需要保证适当降低收费标准和接受效用评估即可，与PPO方之间采用按服务付费方式不仅令他们的工作非常方便，且变得没有财务风险忧虑，加上PPO承诺加快支付速度，又十分有利于改善供方的资金周转。

其次，PPO对雇主有很强的吸引力。因为雇主们一直担心医院有可能通过私人健康保险计划来弥补Medicare、Medicaid和无保险病人所带来的收益损失。现在，PPO通过选择费用较低的卫生服务机构并敦促员工及其家属到这些机构就诊，基本上可以避免这种费用转移，雇主们的忧虑得以消除，且费用压力也有所减轻。

最后，看看雇员喜欢PPO的原因。PPO能够降低雇员及其家属的保费和分担的费用，并在保证质量的基础上就近指定优先服务的医疗机构，当然员工乐于接受。PPO的市场策略得到了研究证明，据一项调查显示，82%的员工表示对PPO计划可以接受（张奇林，2005）。

据此，可以推理，HDHP为什么市场占有率持续上升。这种健康保险兼有储蓄和健康保险两种功能，相较于PPO来说，它既可以促进居民储蓄，又可以获得比PPO更多折扣/优惠的医疗服务。如图7－2所示，

2006～2016 年美国健康保险市场中，PPO 的占有率小幅下降，HMO 的占有率下降幅度较大，主要是受到了 HDHP 出现的冲击。

尽管从理论和事实的角度看，HMO 都更加倾向于健康服务产品的提供，具有更好的投资价值，而 PPO 更像是传统的健康保险，主要是给予医疗保障，但雇主和员工们更愿意且把更多的“选票”投到了医疗服务的消费而非健康服务的上游环节。至此，我们可以得出结论：第一，在倡导自由消费的美国，是雇主、雇员和医疗服务的供方共同筑起了高昂的医疗费用之塔。第二，在健康消费上，人们往往是短视的。这是事实，但并非个人愿意，其原因当然是多方面的，不仅因为健康投资的效果具有滞后性，还有健康消费往往与生活目标经常产生相悖的情况，等等。或许美国政府已经意识到这一点，2009 年末，美国众议院通过了被称作“六十多年来最全面的医疗改革法案”，使得美国人即将迈进全民医保的新时代。在全民医保、降低成本、削减赤字这三个目标的约束下，美国政府必将更加重视财政在卫生领域的投入效率，其办法之一当然是更要重视健康投资而不仅仅是医疗服务水平的提高上。然而自 2017 年美国新的一届政府却试图废除奥巴马医改，至少在削弱奥巴马医改的法律效力方面已经开始努力。在些政策背景下，健康维护组织是否能赢得政府的重视和民众的青睐，还得拭目以待。

二、社区健康服务组织的发展

英国是现代社区健康服务的发源地，社区健康服务组织在维护英国居民健康中起着基础性保障作用，不仅如此，在完善的社区健康服务体系的帮助下，英国卫生总费用还长期维持在了较为合理的位置，处于欧洲的平均水平和略高于全世界平均值。2016 年，英国卫生总费用占 GDP 的比例为 9.7%，美国已经达到 17.2%；在所有 35 个 OECD 国家中英国排名第 13 位，美国自 1985 年起就超过了 10% 且一直保持“世界第一”的位置。从 20 世纪 80 年代开始，英国的卫生总费用占 GDP 的比例就差不多只有美国同期的一半。但英国人群的健康状况一直好于美国。可以说英国的社区健康服务扮演了健康服务系统中的两个“守门人”的角色。一是居民利用专科医疗服务的“守门人”，起到了信息沟通及“经纪人”

的作用，最大程度防止了健康服务的趋高性消费行为；二是居民健康维护的“守门人”，连续、方便、综合和可及的社区健康服务，让居民更多地利用了预防保健服务，把卫生费用主要用在健康维护而不仅是疾病治疗上。正因如此，英国的社区健康服务引起了国际卫生界的广泛关注，其模式和经验被许多国家效仿和借鉴。

在芬兰、澳大利亚、加拿大、瑞典、挪威、日本、德国、泰国等众多国家，包括中国的香港、澳门和台湾地区，尽管健康保障制度不大相同，但基本都建立各有特色的社区健康服务体系。特别指出，即使在商业健康保险最发达的美国，社区健康服务也有较大的发展。只是美国的社区健康服务是在家庭医生服务的基础上发展而来，家庭保健是社区健康服务的重要内容。由于美国卫生行业浓厚的商业气息不利于家庭保健的发展，幸运的是在 HMO、Medicare 和 Medicaid 的资金支持下，社区儿童、老年人等人群仍然享受到了较好的社区健康服务。这些国家或地区都在致力于将社区作健康干预的基础平台，通过与社区开展合作，改变自然和社会环境，从而影响并改变人们的行为方式，引导人们选择健康的生活方式，或者针对重点人群进行提供综合和连续的健康保健服务，进而达到实施国民健康管理的总体卫生战略。

以芬兰为例，首先，该国构建了一个适当的流行病学和行为学研究框架。以此框架选定追踪对象，对其行为进行良好的监测，再根据其行为不断调整干预措施，比如选择心血管疾病高危人群进行跟踪，改变人们的饮食和生活习惯。其次，与社区紧密合作，强调改变环境和社会规范。政府大力支持社区健康服务机构提供基础的健康保健服务的同时，还鼓励并发动它们与各种社区组织共同参与居民健康管理。这种社区健康管理战略在改变居民饮食习惯等方面特别奏效，原因在于饮食习惯深植于社区，社区的文化、经济特征等都对饮食习惯有影响。如该国的北卡省在 20 世纪 70 年代时还是一个社会经济条件相对较差的地区，卫生资源非常有限，居民收入的主要来源是奶牛业，黄油同时也是当地人十分喜爱的食品。需要提高当地人的健康水平不仅受限于经济条件，且改变饮食习惯同时受到奶制品行业及居民的共同反对，单纯的社区健康服务机构几乎无法改变这一现状。当社区多个机构共同采取行动后：创新型媒体宣传和交流活动，由社区全科医生与酷爱黄油饮食（危险习惯）

的人群进行对话，在村中举办降低胆固醇竞赛，甚至与农业部门共同探讨农业改革、与食品行业共同制订食品生产计划等，健康干预服务不仅依靠社区且采取多种措施共同作用。结果，1972 年约有 90% 的居民吃面包时涂黄油，到 1992 年时仅 15% 的人这么做，同期北卡省男性的胆固醇平均水平也下降了约 20%。最后，社区健康管理战略与国家健康政策密切互动。当国家的健康主题确定之后（如鼓励国民戒烟），不仅只是国家电视台播放吸烟危害的宣传节目，社区全科医生和护士还有针对性对烟民进行健康指导、开展减少吸烟的比赛等。这种健康管理的全攻战略，才是真正符合健康行为改变的“知、信、行”模式，居民健康状况的大大改善便在意料之中，1972 ~ 1997 年北卡省男性吸烟率下降了一半，其中 25 ~ 64 岁男性肺癌死亡率下降 71%（金彩红，2007）。

再看日本的社区健康管理服务。日本不仅是一个经济高度发达的国家，更是世界第一长寿国。其实，日本在 1920 年的人均期望寿命只有 45 岁左右，但 1960 时已达到 67. 8 岁，1980 年继续攀升至 76. 1 岁，2000 年又增长到 81. 2 岁。从 1984 年以人均期望寿命 77. 4 岁高居世界第一之后，至 2015 年为 86. 8 岁，世界第一的位置已保持了 32 年。这与日本“二战”后在经济发展的同时，对于健康保健方面的投资密不可分。迫于人口老龄化的压力，日本把发展社区老年保健作为满足和方便老年人健康需求的重要手段，以及缓解医疗保险财政压力的重要措施。从健康管理，特别是社区老年人健康管理的角度进行分析，日本的社区健康服务至少有三点经验值得借鉴：

一是法律保障。日本于 1963 年颁布了“老年人福利法”，并在此基础上建立了老年人的福利体系，主要由社会福利部门为老年人提供社区和家庭生活及健康方面的照顾。1986 年，日本修改了老年人保健法，促进老年保健设施和服务专门化。通过完善社区老年人护理体制，推进家庭护理、保健、医疗和福利一体化的服务。

二是制订健康保健计划。在日本，社区健康服务机构的良好运营不仅得益于国家和地方财政的大力支持，还有赖于政府实施的一些专项健康保健计划。规划周密的健康计划和若干保健项目的推行大大充实了社区健康服务的内容，且有效地提高了社区健康服务的质量和效果。在老年健康保健方面，1982 年起，日本厚生省开始制订并推行老年人保健法的第一个五年计划；1989 年，日本又推出著名的“黄金计划”，即“促进老年人保健、福利十年规划（1990～2000 年）”，之后经过修改形成“新黄金计划”。该计划对于在家老年人的健康保健和福利服务的措施、完善老年人综合性福利服务设施、降低老年人卧床发生率、促进老年人有意义地生活和开展长寿科学研究等方面都有具体的规定和办法。例如，（1）政府设立长寿社会福利基金。用于支援地方社会团体、民间组织、志愿者和家庭更好地照顾老年人，尽量帮助老年人留在他们习惯的社区中安度晚年，积极参加社会活动以摆脱孤独感。（2）建立老年人生活福利中心。为子女在城市工作，留守在偏远农村地区的老年人提供照料和护理服务。（3）实施中风预防与保健计划。通过社区筛查，指导高血压病人预防脑卒中和机能训练的方法等。同时，社区健康服务机构均配备了较为先进的社区健康信息管理系统，不仅为老年人建立了健康档案，关于健康教育、健康咨询、医学检查、康复、卧床病的家访等都有详细记录，以供查询、研究和改进工作之用。

三是构筑保健、医疗与福利之间的联合协作系统。经过半个世纪的发展，日本的社区健康服务已经较为成熟，其成功之处表现在创造了医疗和福利、医疗和康复的结合（季正明，1999）。然而，这种结合不是一朝一夕就建立起来的。20 世纪 80 年代，厚生省经过调查后认为，本国的医疗领域存在着一些现实问题：（1）医疗卫生部门对社区居民的健康管理和健康指导不够；（2）患者和医师之间日常联系和依赖关系薄弱；（3）更多的专科医师由于知识和经验的局限，不能广泛地处理病情；（4）患者集中于大医院；（5）各医疗机构之间职责不明确，相互协作不够；（6）大部分医师都希望到大医院工作，家庭医师年龄日趋老化。此时，慢性病发病率跃升为日本国民疾病谱的第一位，且为主要死因和经济负担的主要支出者，加之人口高龄化趋势，急需建立从疾病预防、早期发现、早期治疗和康复在内的健康服务体系。1985 年 4 月，日本成立了一个由 25 人组成的“家庭医师制度研究会”，次年 4 月，正式推出了“家庭医师制度”。明确家庭医师的主要任务有两个：一是对所在地段的居民进行日常健康管理，广泛承担居民的普通疾病和外伤等诊治；二是对那些必须转到专科医院进行治疗的患者负责给予转诊，同时负责出院病人的继续观察、治疗工作。在日本，康复医疗发达且设施齐全，且日本把康复治疗作为全程医疗的重要一环，当然家庭医师的工作还包括康复服务。可见，日本一个合格的家庭医生的工作不仅包括基本医疗，还包括对患者的身心护理，对家属的指导及生活方面的帮助，同时还要指导养老机构的医疗保健工作。在家庭医师制度的支撑下，以人为中心，集基本医疗、保健、预防、护理、家庭帮助等多功能的全方位健康服务体系得以形成。日本福嶋集团便是在这种背景下，以地域居民的需要为中心，从单一的医疗服务转向为集医疗保健福利为一体的复合体。如今这种以人为本、以社区医疗为中心的社区医疗复合体经营模式在日本得到了广泛的发展，同时这种经营模式也得到了居民的广泛认同（张莹，福嶋裕美子等，2008）。

连续、综合的社区健康服务既是日本社区健康管理的显著特征，也代表了日本老年人在健康保健和生活照顾上的发展方向，更是全球共同面对的“银色浪潮”下老年人健康管理的战略选择。

三、中国健康管理服务业的发展

准确地说，2003 年抗击“SARS 危机”胜利之后，现代意义上的健康管理理论与实践才真正在中国产生。目前，大力发展健康管理产业已经成为高层决策者、企事业管理人员的重要工作内容。以下分两个阶段，沿着健康管理的行业层面、社区层面和政府层面分析中国健康管理服务业的发展，并做趋势分析。

（一）2001～2008 年中国健康管理相关机构数量及其分布特征

截至 2008 年 8 月，全国在工商总局注册和（或）通过各种形式自报的健康管理相关机构共有 5744 家。

从机构的名称分布来看，如表 7－2 所示，体检中心数量最多，有 3706 家，占 64.5%；其次是健康咨询公司，有 804 家，比例为 14.0%；数量排名第三的是健康管理公司有 349 家，占了 6.1%；再之后是健康服务公司、健康科技公司、亚健康等机构，所占比例都不大，分别是 239 家（4.2%）、194 家（3.4%）、58 家（1.0%）；还有少量自报名称为健康技术公司、健康研究中心、健康教育中心、美容机构、健康顾问公司等。

表 7－2 2008 年全国健康管理相关服务机构的名称类型分布

名称	数量（个）	百分比（%）
体检中心	3706	64.5
健康咨询	804	14.0
健康管理	349	6.1
健康服务	239	4.2
健康科技	194	3.4
亚健康	58	1.0
健康技术	49	0.9
健康研究	17	0.3
健康教育	26	0.5
医生	13	0.2
其他	289	5.0
总计	5744	100.0

注：其他指美容、健康顾问、保健、健康研究、健康推广等机构或公司。

数据来源：中国健康管理相关机构现状调查报告（2007～2008 年）。

从区域分布①来看，健康管理服务机构达到 500 家和 400 家以上的省或直辖市各有 1 个，分别是北京市 534 家和广东省 412 家；介于 300～400 家的有 4 个，依次是山东省 374 家、江苏省 364 家、上海市 347 家和浙江省 312 家；数量位于 200～300 家的地区有 6 个省，分别是四川省 258 家、河南省 251 家、辽宁省 241 家、湖南省 228 家、福建省 208、湖北省 202 家；介于 100～200 家的地区上升到 10 个省或直辖市；其他的 9 个省或自治区的数量均在 100 个以下。另外，此次参与调查并提供“所在位置”资料的机构有 585 家，其中在医疗机构内办公的数量最多，占总数量的 60%，为 350 家；其次是在商务写字楼内办公，比例占到 22%，为 128 家，还有为数不多则分布于功能型社区、居民生活社区或度假村内等。

① 中华医学会等：《中国健康管理相关机构现状调查报告（2007～2008 年）》，中国协和医科大学出版社 2009 年版。

2001～2007 年中国健康管理相关机构的数量增长态势。此次调查中有 1119 家机构提供了进入健康管理行业的时间（即“入行时间”）资料，如图 7－3 所示，2000 年有 84 家机构，2001～2007 年分别为 72 家、52 家、51 家、68 家、532 家、204 家和 56 家机构。以 2000 年为基数进行计算，机构数年均增长率达到了 45%，相对于上一年的增幅，2005 年增长最快，机构总数比 2004 年增加了 163%，然后是 2001 年和 2002 年分别增加了 86% 和 33%。虽然“入行时间”资料只涵盖了所调查机构的 1/5，但从相关文献提供的信息，以及同期北京市健康管理相关机构数增长情况来看，这样的发展现状是基本反映了国内健康管理现实的。进入 21 世纪以来，单从健康管理相关机构的数量增长上可以看出，2001～2007 年中国健康管理服务业呈现出“厂”字形发展趋势。大致可分为三个阶段：2000～2004 年起步发展期；2005～2006 年快速增长期；2007 以后发展速度趋缓，为平稳成长期。

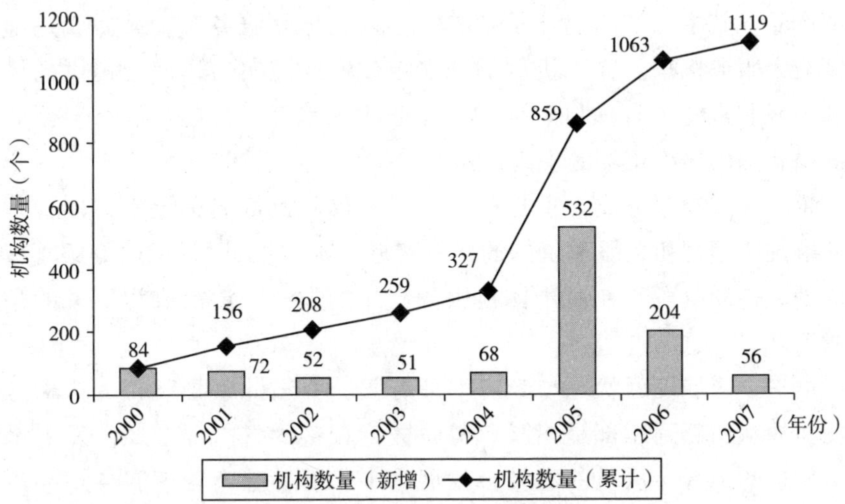

注：调查共收到 5744 个机构的问卷，其中 1119 个机构提供了入行时间数据。

图 7－3　2000～2007 年全国健康管理相关服务机构入行时间统计

数据来源：全国健康管理相关服务机构调查报告（2007～2008 年）。

健康需求水平的持续增长和医学技术的不断进步共同推动了健康管理服务行业的迅速成长。根据笔者观察，结合以上数据分析，2000～

2007 年中国健康管理服务业初期发展的总体情况呈现如下特点或趋势：

第一，供给主体呈现多元化。以健康检查服务提供为例，主要有五大类机构参与市场角逐。首先是附属于各级国有医院的体检部（科）。有些医院的体检部门仍然附属于某个科室如保健科，但大部分，特别是三级医院都已独立成为体检中心。目前靠着公立医院的垄断地位和政府赋予的各项优惠政策，不仅能够得到入学、招工、入伍等体检客源，还面向市场为健康人群和患者提供体检服务。其次是独立经营的专业体检中心。既有公立的，也有私立的，数量上以私立的为主。体检机构在管理与运作模式上都已采取了公司化、市场化和专业化，有些已经走上了集团化或连锁经营模式。再次是以疾病控制中心（CDC）为主体而设立的体检站或中心。为从事特殊工种如食品加工、公共场所从业人员提供体检服务，或进行职业病健康监护体检等，有些机构甚至引进或开发了针对特定人群（如驾驶员、飞行员）体检技术。还有的体检机构是附设在疗养院（所）或度假村中。体检服务基本上都作为旅游、休闲养生的附加值产品，其主打产品仍然是疗养、会议或休闲服务等。最后就是部分社区健康服务机构。囿于机构的功能定位和经济实力，社区提供的体检服务一般非常简单且项目较少。从业务收入来看，目前情况下，公立医院占据着国内体检市场的主力地位①。

第二，体检服务成为主打产品。因为仅从机构名称上看，体检中心占从事健康管理相关服务机构的比例接近 2/3。这表明，国内健康管理发展尚处于初期阶段，专注于体检服务产品的设计、营销成为厂家的主要经营策略。

第三，区域发展状况与经济水平有关。中国健康管理相关机构区域密度布局从西部到东部呈增长趋势，数量较多的省市都是经济发展水平相对发达的地区。从目前的社会发展水平来看，健康管理服务产品尚属于享受资料或发展资料，暂时可归为高端服务产品系列，其需求弹性要高于实物产品和普通的服务产品。因此，健康管理需求水平受居民收入和区域人口密度影响较大。调查数据统计验证了这样的推理，如图 7－4

① 没有详细的数据来源。笔者走访广州多家三级甲等医院的健康体检中心，根据其体检业务并对比健康管理公司的发展和业务收入得出的总体现象，并非严谨的结论。

所示，在剔除了人口密度小于 100（人/平方公里）和人均国内生产总值低于 10000 元的省或自治区之后①，区域内健康管理相关机构的数量与经济发展水平呈现出正相关关系。

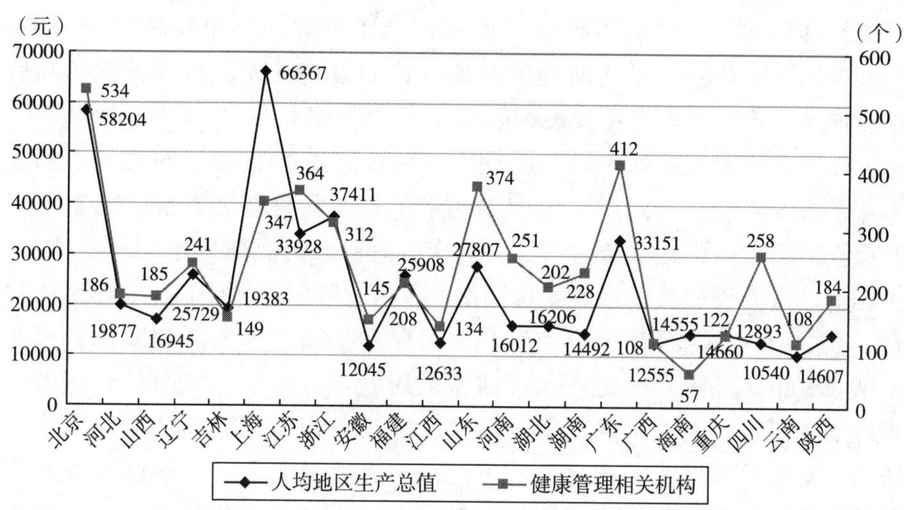

注：r = 0. 792，p = 0. 009。

图 7 – 4　2007 ~ 2008 年中国部分地区健康管理相关服务机构数与人均地区生产总值的趋势

数据来源：中国健康管理相关机构现状调查报告（2007 ~ 2008 年）以及 2008 年中国统计年鉴。

第四，服务机构选址具有定位特点。根据笔者观察，众多医疗机构设立健康管理相关部门，多是以体检中心或特需医疗服务中心的形式出现。分析认为，中国医疗卫生机构更具有提供健康管理服务的条件和动力。首先，医疗卫生机构特别是大型综合型医院掌握着优秀卫生资源的先天条件。其次，由于政府长期对医疗机构的财政补助不足和价格管制，迫于生存和发展需要，一般的三级医院都已经设立了体检中心或特需医

① 这里将天津市排除在统计分析范围，虽然天津作为直辖市，2007 年时其人均地区生产总值排名为全国第三，为 46122 元，但该地区健康管理相关机构的数量非常少，仅 80 个，全国排名第 25，已低于新疆和内蒙古。作者分析可能有两种原因导致，一是很多的机构没有参与到调查中，数据失真；二是因天津离北京太近，难免受到北京地区健康管理服务产品输入的影响，但当地健康管理是否因需求不足而未得到很好发展起来，还有待进一步实证。

疗中心，走“以副补主”之路[1]。再次，医疗机构通过体检服务或健康管理理念的推广，不仅作为挖掘潜在顾客的重要手段，还做大做强了医院品牌，成为医院营销的公关策略，吸引了大量的患者。最后，不少自报提供健康管理服务的机构特意将地点设在商务写字楼内，从观察到的情况看，其目的在于针对目标客户群提供健康咨询和健康管理中介服务。据此推论：定位发展是当前健康管理机构的策略选择，而资源依赖和客户导向是其市场战略的主要原因。

第五，产业发展处于调整时期。中国健康管理服务行业历经了初期十年左右的发展，有两个主要因素约束了行业的可持续发展，一是全民健康保障制度尚未建立起来，二是健康管理服务产品研发水平严重滞后。美国的健康管理服务多由健康保险公司买单，英国则由国家 NHS 系统付费。在中国，社会医疗保险和商业健康保险公司连常规的健康体检都尚未纳入到报销范围，就更不用说整个健康管理服务了，此因导致了健康管理需求不足。面对市场竞争的事实，健康管理的理论与产品研发水平滞后，直接导致行业经营规范缺失，很多企业只有盲目照搬国外发达国家的健康产业和健康管理的经验、模式、技术规范与评价标准，不仅提供的健康管理服务产品不能满足中国的实际情况，且企业之间产品、经营策略模仿严重，有的企业甚至夸大宣传了健康体检的作用或做不切实际的高调承诺，使得行业发展潜伏了诚信危机。可见，具有核心竞争力的健康管理企业不是太多，有些企业正在谋求转变经营管理方式，更加注意服务品质的改进，以取得发展优势。据报道，已有少数健康管理公司基本属于停顿状态或倒闭了，部分机构已经调整了业务方向，如卖起了保健品或仪器维持生计，还有个别公司甚至已沦为“医托”。这些现象提示，中国健康管理服务产业正经历着市场竞争格局的重新洗牌和经营方式的调整时期，已呈现从粗放式发展向集约式发展的过渡迹象。

（二）社区健康服务的发展

自 1996 年开始至 2016 年，社区健康服务体系经过了二十年的建设，

---

① 因为特需医疗服务的价格浮动空间较大，大医院设置特需医疗服务中心或体检中心，都是作为医院的“副业”，以期获得更高的利润来弥补政府财政拨款的不足，因此笔者将其命名为“以副补主”。与先前业界所提的“以药养医”“以检（查）补医”都已作为特殊环境下医院的生存法则。

中国绝大多数地级以上城市、市辖区和县级市都建立了社区健康服务网络。可以说，全国大多数城镇居民都可以方便地购买到社区健康服务。与此同时，各地还大力探索，形成了与本地卫生资源和经济发展相适应的社区健康服务多种运行模式。主要有北京东城模式、成都模式、杭州下城模式、南京模式、连云港模式、深圳模式等。现举三例以说明社区健康管理服务的现状和发展趋势。

1. 北京市东城模式

北京市东城区社区健康服务以“全方位覆盖、全过程监控、信息化支撑、网格化管理、扁平化结构”为主要特色。即（1）运用空间信息技术，实现社区卫生资源、居民健康状况、重点疾病分布特征等信息的网格化管理；（2）通过建立社区健康服务的信息平台、制作并促使居民利用健康卡，方便居民与社区健康服务机构和全科医生的互动，进而实现社区居民健康状况的科学管理，以及对疾病的有效控制；（3）通过社区健康服务管理和评价系统，建立起科学、长效的管理机制，实现对社区健康服务有效的监督；（4）通过社区卫生服务数据库建立居民健康数字档案，实现对慢性疾病准确的统计和对重点传染病爆发流行的预警，在应对突发公共卫生事件过程中，为政府应急指挥提供决策依据（王建辉、张选等，2008）。

2. 杭州市下城模式

杭州市下城区于2006年在全国率先开展了以“社区卫生服务机构收支两条线管理、300种基本医疗用药零差率销售”为主要内容、以新型绩效考核评估体系为核心的社区卫生服务综合改革。社区卫生服务综合改革的内容主要为：明确社区健康服务机构为公益性质，实行收支两条线管理，建立新型绩效考核评估体系，力求使社区医生成为居民健康的“守门人”。一是加强社区卫生服务管理。成立社区卫生服务管理中心，组织制订社区卫生服务规范标准，让社区健康服务管理有据可依；通过制订“社区健康服务发展五年规划”“社区卫生服务网点建设和人才培养三年行动计划”，确立社区健康服务发展目标。二是制定绩效考核评估办法。建立了权责明确、竞聘上岗、全员聘用的人事制度和重实绩、重贡献，向优秀人才和关键岗位倾斜的分配机制，以及以质量、效益和社区民主监督为基础的考核指标体系。三是加快社区卫生服务硬件建设。定期编制辖区内的社区卫生服务机构规划，以此进行社区健康服务中心（站）的业务用房建设等。四是规范社区卫生服务标准。统一落实了全区社区健康机构规范化标志（标识），组织开展社区卫生服务星级站创建活动，经严格筛选，对社区健康服务机构进行星级评选。从服务营销的角度看，就是通过推进社区健康服务规范化建设实现无形产品的有形展示。五是拓展社区卫生服务内涵。与大型医院合作，开展“携手1+8，共同护健康”① 活动、既能资源共享，又能提高社区医师团队的技术水平，还可为探索社区卫生服务与省市医院双向转诊的良好工作机制（陆志瑛，2008）。

3. 深圳模式

深圳市社区健康服务运行的最主要特点，实现了社区公共卫生服务产品向标准化生产迈进的尝试，其条件是“社区公共卫生服务包”（以下简称“服务包”）的制定。服务包设计根据经济发展和国家政策实时更新，包括社区诊断服务包、健康教育与健康促进服务包、预防接种与传染病防治服务包、社区妇女保健服务包、社区儿童保健服务包、社区慢性病综合防治服务包、社区老年保健服务包、社区康复服务包和社区心理卫生服务包等。对每个“服务包”文本规定明确的工作内容、标准和服务流程，助力社区健康服务管理上实现难题突破，一是社区医师在提供公共卫生服务规范的服务蓝本；二是为政府考核社区卫生服务工作的科学依据；三是为从事社区公共卫生服务的补偿标准研究奠定了良好基础。正是在2007~2008年“服务包”运行的基础上，深圳市于2009年、2014年两次开展社区公共卫生服务包运行成本研究。市、区两级政府根据成本测算结果，按每万服务人口基本服务项目制定了财政投入标准。

总结起来，中国社区健康服务发展主要有三个特点或经验：

第一，财政投入上，需要且必须坚持政府主导。目前，中国各地的社区健康服务中心和服务站大多以政府举办为主。来自全国社区卫生重点联系城市基线调查组的数据表明，在29个试点城市中，由政府举办的社区服务中心占77.10%，企事业单位举办占16.73%，个人举办占4.33%，其他性质的占1.85%。社区卫生服务站政府举办的占69.16%，个人举办的占

① 携手“1+8”的联系制度是指一位社区家庭责任医生依托八位省级专家（内科、外科、妇科、儿科、中医科、检验科、B超诊断专业、X线诊断专业8个科目）的技术支持，更好地开展社区健康服务工作。

15.64%，企事业单位举办的占13.42%，其他性质的占1.76%。可见，在社区健康服务体系建设中，政府推动仍然且必然是主要发展动力。

第二，管理机制上，需形成社康和医院之间的分工合作机制。各地社区健康服务试点了多种管理方式改革。以收支两条线管理为例，部门省市财政收入殷实，社康工作经费拨付到位，社区健康服务模式和服务内容也发生了变化，公共卫生服务得到加强，医生开“大处方”的行为明显减少，居民满意度得到较大提高，收支两条线改革有利于切断医务人员收入与机构收入的联系；但那些经济欠发达地区的社康机构，由于财政难以兑现收支两条线的拨款而面临生存和发展双重难题。实践证明，收支两条线制度无助于解决医院与社康之间的竞争关系。宁夏、安徽、深圳等地试点的“区域内或医院集团打包＋人头费”支付方式，则在最大程度上促使医院与社康或卫生院之间的竞争关系转变合作关系，自然强化了社区“健康守门人”和“费用守门人”的作用。

第三，服务延伸上，社康与医院、疾控机构进行健康服务的行业纵向整合是必然趋势。目前社区健康服务机构、医院、疾病控制机构（如CDC、慢病机构等）大都各自为政，如果要实现卫生服务系统从“疾病诊疗”模式向健康管理的模式转变，就必须制定并促进国家卫生战略的实现：战略前移，即从疾病发生的上游入手，对疾病发生的危险因素实行有效地控制与管理，从以病人为中心转向健康/亚健康人群为中心；重心下移，即将卫生工作的重点放在社区和家庭，最终优化卫生资源配置，达到理想的正三角状态。那么，实现社区健康服务机构与医院、CDC之间的资源整合，变竞争关系与协作关系是必然的趋势（黄奕祥，2011）。

第二节 健康管理服务产品设计与发展趋势

健康管理是包括预防、保健、治疗、康复等服务在内的一系列综合服务产品。换言之，健康管理服务产品的实质是“一揽子”健康服务的集合，即健康服务包（package of health service）。在现实中，一个机构或企业大都难以具备生产全套健康服务包的实力。从健康风险存在的环节，以及风险管理趋势来看，疾病管理、生活方式管理和需求管理是健康管理企业主要开发和提供的服务产品。

一、疾病管理

在美国，有众多的企业专门提供疾病管理服务产品。2001 年，美国疾病管理协会（Disease Management Association of American，DMAA）给出的疾病管理定义是整合卫生保健干预与病人沟通系统，强调病人自我保健的重要性。

在本研究界定的健康管理概念框架下，疾病管理是处于健康管理服务的最基本的服务层次。疾病管理产品的产生，完全是由商业健康保险公司推动使然。20 世纪八九十年代，由于卫生保健费用的迅速增长，不断打破了保险公司的预算，医疗保险业首先促使了疾病管理技术的开展。疾病管理的切入点主要是两个：一是病例管理（case management），重点是针对病情严重的患者的保健计划制定和协调保健服务，以提高保健服务质量，减少不必要的费用；二是服务消费管理，即根据预先确定的临床标准，减少不必要的医疗过程或住院。完整意义上的疾病管理服务包括以下几个部分的内容：其一，适用人群识别步骤（谁是潜在的慢性病患者）；其二，制定基于证据的临床指南（如何预防和治疗各种慢性病）；其三，制定为医生及供方支撑服务的合作执业模式；其四，针对病人的自我管理教育（包括基础干预、行为矫正计划，以及依从性或自我监督）帮助病人改变生活方式；其五，对医疗过程和结果给予持续的测量、评估和管理；其六，持续收集反馈意见（包括医患之间的沟通、健康计划制订及其督促者的意见等）。

由此可见，疾病管理产品的开发给医疗服务研究提供了新的思路。从理论上讲，一方面，它提供的服务填补了现有医疗卫生体制的空白，通过加强医生病人之间的沟通，推行标准化医疗服务，从而提高医疗质量；另一方面，它强调通过教育提高病人的医疗知识和改变病人的生活方式来有效地预防和控制慢性病的蔓延，虽然在短期内增加了投入，但是却降低了长期的治疗慢性病的费用。

美国超过 20 个州的 Medicaid 发展并推行了疾病管理计划以提高慢性病患者的健康状况，前期的实施效果表明，疾病管理能够在提高医疗质量的同时并没有使医疗费用增加，这给各州 Medicaid 计划提供了一个长期的方向和潜在的有效降低医疗成本的策略（Wheatley，2002）。如表7－3所示，Medicare 成本附加计划通过对糖尿病会员首期30 个月的疾病管理结果，以及患有充血性心衰、慢性阻塞性肺病和哮喘疾病的会员第 1 年的结果也显示疾病管理在医疗成本节约上取得了好的效果（Joseph，James & Ben，2006）。

表 7－3　　Medicare 医疗成本附加计划会员变化观察结果

比较项目	患有糖尿病	未患糖尿病	患有充血性心衰	未患充血性心衰
入院申请率（每 1000 人）	降低 16%	增长 7%	降低 16%	增长 7%
急诊使用率	增长 2%	增长 20%	增长 6%	增长 20%
平均每人每月医疗费用变化	降低 3%（总费用大约降低 1470 万美元）	增长 20%	增长低于 3%（总费用大约降低 490 万美元）	增长 17%

资料来源：笔者整理。主要参阅资料：Joseph FC &James EP & Ben RL，“Old Age，New Technology，and Future Innovations in Disease Management and Horne Health Care.”

德国于 2002 年实施风险调整改革法案，开始在全国范围内推广疾病管理计划（Reinhard，2004）。在流行病学调查与卫生服务条件的基础上，德国提出在 4 种疾病中首先开始疾病管理计划，即糖尿病、乳癌、哮喘和心脏冠状动脉疾病。

在 NHS 体系，英国并没有具体的项目来大张旗鼓地探索疾病管理模式，但与日俱增的医疗成本压力，也迫使英国政府和卫生部门开始强取其他国家成功的疾病管理经验以运用到 NHS 体中。2001 年，英国政府提出了以“内行患者：21 世纪慢性疾病管理的新策略”为主题的计划，即 expert patient program（EPP），列举了英国 NHS 范围内慢性病患者实施自我管理的基本条例（慕容，2005）。目前，英国不仅出现了专门的健康管理师（health manager）来为病人选择签约医生、治疗机构、采取最佳的治疗方案或技术手段，以及使用药品等，还产生了专门的公司或机构来聘请医生、选择医院、与制药商讨价还价、制定疾病诊疗指南或药物指南，以及核算费用等（华卉、余正，2009）。可见，英国健康服务界已经看到了疾病管理模式的先进性并已开始实践。另外，马来西亚、日本和中国台湾地区也都在不同程度上使用了疾病管理技术。

中国从20世纪80年代开始也进行了疾病管理方面的初期研究，如1986年在大庆把诊断为糖尿病的患者分为对照组和干预组，经过6年随访干预研究，取得了有效减少糖尿病发病的效果，证明了控制饮食和/或增加锻炼的病因预防措施，可以有效预防糖尿病。1992～2000年北京市神经外科研究所等协作的国家攻关课题所作的30万人群9年脑卒中干预队列研究。也证明了在人群中开展经常性的健康教育和健康促进活动，同时实施积极控制高血压为主的干预措施，可明显降低脑卒中的发病率（中国疾病预防控制中心，2006）。除此之外，还有一些慢性病管理的研究案例，但在中国医疗服务实践中，尤其是自称为健康管理的机构，能够从典型的疾病管理角度，提供疾病管理服务产品的机构数量也并不太多。即使是自报提供“疾病管理”服务的健康管理机构，当考察其实际的服务内容时发现，真正能够“针对某种疾病制定管理计划”的机构仅占极少数，更多的只是提供传统的疾病诊断、就医挂号服务。

从各国发展的现状来看，疾病管理已成为健康管理服务中发展的较为成熟的技术服务产品，它支撑着医患关系和保健计划，强调运用循证医学和增强个人能力的策略来预防疾病的恶化，它以持续性地改善个人或人群健康为基准来评估临床、人文和经济方面的效果。

中国疾病管理产品的开发尚处于起步阶段，但是，相对于行为与生活方式干预难度和即时效果来说，国人维护健康的理念和手段仍在相当程度上依赖于疾病治疗，以疾病管理为切入点，拓展服务内容，特别是社区卫生服务机构，“六位一体”的服务功能对于实施慢性管理来说，更具有得天独厚的条件。因此，今后一段时间健康管理机构与医疗服务机构共同努力开发的疾病管理产品将大有可为。

二、生活方式管理

从健康服务的角度来说，生活方式管理是指以个人或自我为核心的健康保健活动。该定义特别强调了个人选择行为方式的重要性，原因在于危害健康的因素中，60%属于不当的行为与生活方式所致，生活方式管理对健康维护和疾病治疗至关重要。特别是在慢性病诊疗过程中，行为调查与生活方式管理不仅必不可，且可能是成为主要的干预手段。健康之人与患病之人对于生活方式管理都应该有所需求，只是卫生界长期处于疾病技术治疗模式统治之下，行为干预的服务提供和效果被忽视了。

生活方式管理的有效实施需要各种知识和多部门配合，对于卫生部门而言，最常用和可行途径就是通过健康促进技术，比如行为纠正和健康教育，引导人们采取健康的生活方式、远离不健康行为，或减少健康危险因素对健康的损害，从而达到预防疾病增进健康的目的。WHO 于 1992 年发表的《维多利亚宣言》中所提倡的健康生活方式，即健康四大基石是合理膳食、适量运动、戒烟限酒、心理平衡。健康管理发达的国家或企业都有个性化的针对本国国民特定文化背景下的行为与生活方式管理的产品设计，但这些产品一般都与其他健康管理措施联合进行。健康教育、精神激励、行为矫正训练和营销是最常用的四种行为改变技术。

与危害严重性相对应的膳食、体力活动、吸烟、饮酒、精神压力是对中国民众进行生活方式管理的重点（陈君石、黄建始，2007）。中国也有一些健康管理企业提供了生活方式管理产品。如图 7 – 5 所示，调查的 5744 家机构中，有 316 家自报提供了生活方式管理服务，分析这 316 家机构提供的产品内容，按比例从多到少排列，分别是膳食指导（96%，302 家）、运动指导（90%，284 家）、戒烟指导（85%，269 家）、心理指导（82%，258 家）、限酒指导（81%，255 家）和睡眠指导（77%，243 家）等服务。

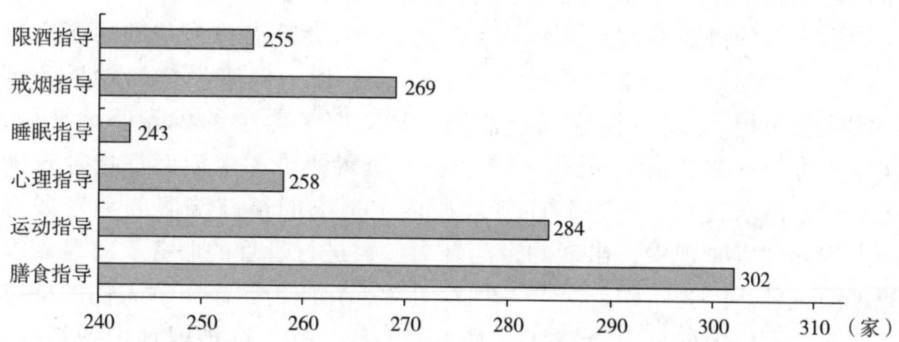

注：调查中共收到 5744 个机构的问卷，其中 316 个自报提供生活方式管理服务。

图 7 – 5　中国健康管理相关服务机构提供生活方式管理的内容

资料来源：全国健康管理相关服务机构调查报告（2007 ~ 2008 年）。

三、需求管理

在医疗卫生领域，“需求管理包括自我保健服务和就诊支持服务，帮助人们更好地使用医疗服务和管理自己的小病”（陈君石、黄建始，2007）。如果从服务产品生产的角度来理解，需求管理基于的理念是服务需求方同时也是服务产品的生产者，而在医疗服务上如果人们在和自己有关的医疗保健决策中扮演积极作用，服务效果会更好。健康管理的核心产品，或者说直接起作用的产品是健康干预服务。那么，当引进需求管理至健康管理中时，需求管理的范围即可拓展为：帮助健康消费者自我维护健康和寻求恰当的健康服务时，提供的所有支持服务①。目的在于用最少的成本、最适宜的途径获得尽可能最佳的健康改善效果。

因此，需求管理在健康生产的不同环节都会表现出不同的角色，如在疾病管理中主要表现为“守门人”的面目，而在生活方式管理中以“教育培训者”身份出现的机会最多，在健康维护管理中则“健康管理师”或健康经纪人所提供的大部分服务都属需求管理。

健康管理师提供的需求管理服务产品主要有两种：一是基础性需求管理，即服务预约、转诊分流、健康课堂、健康信息管理等。二是预测性需求管理，用到的工具更加专业，主要方法有：（1）以问卷为基础的健康评估。以健康和疾病风险评估为代表，通过综合性的问卷和一定的评估技术，评估影响健康危险因素或保护因素，预测未来的一定时间内个人的健康状况或患病风险。（2）以健康消费为基础的疾病负担评估。根据个人的健康存量和生活习惯，评估健康投资的效果和可能的疾病负担。（3）健康风险监测。建立服务对象的风险监测平台，实时跟踪、提醒、指导干预。（4）生存质量评价和生活幸福指数管理等。这是需求管理，更是健康管理所应该追求的最高端服务和发展方向。例如健康管理中，出现的专门针对压力进行管理的服务，就是需求管理的一种。因为工作压力是一把双刃剑，在压力状态下，人们的反应是不同的，巨大的压力会破坏一些人的心理，甚至会摧毁他们的精神，使人沮丧或暴躁、无助或颓废、伤人或自毁；但一些人正由于压力的存

---

① 也可以将这里的需求管理理解为健康管理的生产要素或生产型服务资料。

在而取得了重要成就。针对不同的人员、不同的工种，给予压力管理非常必要。具体做法是因人而异，在压力耐受评估的基础，随时监测工作压力大小，在需要干预时给予缓解压力的方法指导。这对于提高员工生存质量，以及生活和工作的幸福感大有裨益（西华德，2008）。

中国健康管理机构中也逐步开始提供需求管理服务，但大多数服务产品只是局限于疾病治疗的支持性服务，属于基础性需求管理。如图7－6所示，在自报提供“需求管理”服务的585家机构中，需求管理服务的内容包括该病的患病率、服务对象对于该病的认识、服务对象对该病的信心、服务对象在选择医疗服务时的偏好、服务对象是否可以请到病假、服务对象的支付能力、服务对象的医疗保障情况、服务对象的家庭和社会支持环境等。

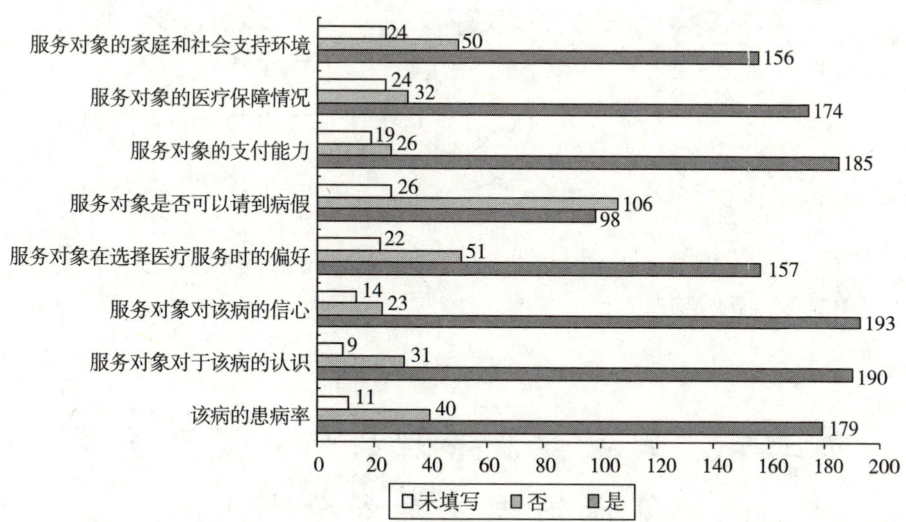

注：调查中共收到5744个机构的问卷，其中316个自报提供生活方式管理服务。

图7－6　中国健康管理相关服务机构提供需求管理的情况及其内容

资料来源：全国健康管理相关服务机构调查报告（2007～2008年）。

但是，在中国健康管理领域还有一个现象值得关注，那就是中医“治未病”思想与实践，将可能对健康管理理论和工具的发展起到重要推动作用。因为在现代社会里，西医的发展主要表现出两个方面的优势，一是临床医学中针对个体疾病的诊治；二是预防医学领域针对群体健康危险因素的控制，特别是计划免疫和传染病防治。但西医对于生活方式所导致的慢性病的干预效果并不理想，在群体健康维护中，西医更是几乎起不到作用，只能依赖于体育锻炼与饮食调节等其他学科的手段。基于中医“治未病”与中国文化一起发展起来的中医药学、养生理论与手段，数千年实践已经证明，对于个体层面上的健康维护、群体角度上的健康生活文化形成具有较好的作用。

如图7－7所示，在健康领域，中医“治未病”思想与现代健康管理理论不仅具有目标一致性，且存在技术互补的特点。因此，它们在健康管理手段的运用中将逐渐走向融合的发展趋势。

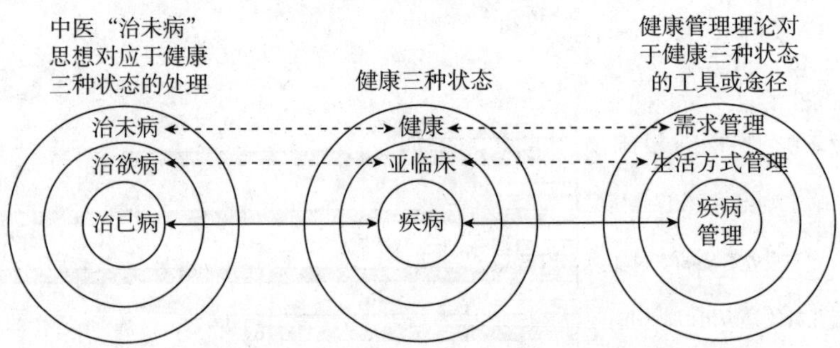

图7－7 健康概念下中医治未病与健康管理理论的融合发展趋势

资料来源：作者整理并制作。

第三节 国家健康管理战略：基于全民健保的卫生筹资分析

世界卫生组织总结世界各国卫生改革与发展的目标，如图7－8所示，即通过改善健康与卫生服务的可及性、服务质量、服务效率和健康公平性，从而提高人群的健康水平、疾病风险分担水平和对整体卫生服务及健康产业发展的满意程度。可以说，健康管理是实现这一重要目标的最有效途径。前世界卫生组织总干事布伦特兰博士认为：“对人民健康福利谨慎而负责的管理是一个有为政府的根本素质。对于每一个国家来说它都意味着尽可能利用可用的资料建立起最优秀和最公正的卫生系统。

人民的健康始终是国家的一个重点：政府持续地和永久地对其负责。”① 从健康公平性来考虑，卫生筹资最重要的功能是建立费用的风险防御体系。财务风险分担机制的建立将会减少民众对于健康服务支付能力的不确定性，也会减少健康服务提供者面临的健康服务需求的不确定性。至此提示，卫生筹资系统可以稳定和增加健康服务需求和促进资金流动，使得健康服务提供者增加投资并提高健康服务的质量。

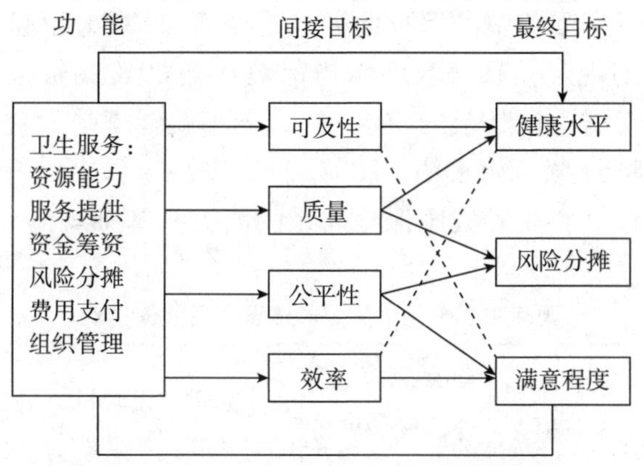

图7－8　世界各国卫生改革与发展：功能目标

资料来源：WHO，转引自谢子远等：《“第三方购买”：医疗服务市场化改革的路径选择及其经济学分析》，载于《中国工业经济》2005年第11期，第57页。

世界卫生组织和国际社会保障协会同时分析发现：全球191个WHO成员中，有80个以上的国家（或地区）基本实现了健康保障的全民覆盖，其中经济发展和合作组织国家中，除美国外，都已实现了全民健康保障。据文献检索显示，在过去几年里，全球又有超过10个国家也基本实现了全民健康保障或者出台了相关法规。其中包括亚洲的泰国、蒙古和菲律宾；北美的墨西哥；南美洲的秘鲁、巴西、阿根廷和哥伦比亚；非洲的埃及；以及地跨亚欧的土耳其（贡森，2006）。

各国全民健保体系的引入一般都是在经济发展的中期或者经济起飞阶段到中期阶段的过渡期。除经济实力外，执政理念、文化传统、价值

① 饶克勤、刘新明：《国际医疗卫生体制改革与中国》，中国协和医科大学出版社2007年版，第25页。

观念等因素都会影响各国全民健保的进程，而政府支持与财政补贴在全民健保推行中的作用是关键性的。例如，1988 年，韩国政府补贴在自营业者健康保险资金来源中的比例达到 44.1%。由此，推动地方健康保险项目迅速实现了全面覆盖。日本主要覆盖低收入者的国民健康保险筹资中，财政负担率为 50%。英国的国民卫生服务系统筹资全部来自于财政税收。巴西宪法规定：联邦政府按 GDP 的 1.00% ~2.00% 安排医疗保健费用；州、市两级政府按不低于 15.00% 的年度财政预算安排医疗保健费用。全体国民可享受免费的医疗服务。墨西哥自 2001 年起试点的“大众医疗保险”计划规定，联邦政府承担保险基金 60% 的资金，州政府出资 35%，参保人仅需支付其余的 5%，一家老小就能享受大众医疗保险提供的医疗服务（杨红燕、胡宏伟，2008）。从表7 -4看出，一个国家的财政实力似乎是其建立、完善健康保障体系的前提和基础。

表 7 -4　　国际主要全民健保国家建设全民健保情况

国家	提出全民健保时间	当时经济状况（人均 GDP）	启动建设时间	当时经济状况（人均 GDP）
英国	1940 年	约 5000 美元	1948 年	约 7600 美元
日本	1950 年	约 2200 美元	1961 年	约 5200 美元
韩国	1960 年	约 4000 美元	1989 年	约 9200 美元
泰国	1997 年	约 7000 美元	2003 年	约 7000 美元
德国、奥地利等	—	—	19 世纪末、20 世纪初	约 2500 美元

资料来源：杨红燕，胡宏伟：《政府财政与全民医保：基于国际比较的中国考察》载于《中央财经大学学报》2008 年第 10 期，第 14 页。

本书分别选取资料相对完整的 184 个世界卫生组织会员和经济合作发展组织（OECD）34 个已经实现全民健保的成员（即美国除外），再加上巴西、中国（共 36 个）作为样本①，使用人均国内生产总值（PGDP）、人均卫生总费用（JTHE）、个人卫生支出水平（个人卫生支出占卫生总费用的

① 中国尚未实现全民健保，加入中国的数据旨在比较并做预测性分析，找出中国与其他国家的差距。此小节的写作思路主要参考了杨红燕、胡宏伟的《政府财政与全民医保：基于国际比较的中国考察》一文。

比重，CPHP）、财政对卫生的支持力度（人均政府卫生总支出，KPGE）等指标作为变量，试图分析国家财政对卫生的支持力度乃至全民健保的实现与经济发展阶段之间是否存在着某种趋势甚至是规律性的关系。

一、经济发展与卫生支出水平的关系

（一）经济发展水平与卫生支出总水平的关系分析

通过对 2014 年 184 个国家人均 GDP 与人均卫生总费用关系的回归结果发现，如图 7－9 如示，两者呈高度正相关关系（r＝0.893），再以人均 GDP 为自变量、人均卫生总费用为因变量建立回归方程，方程式为：JTHE＝24.524＋0.076PGDP。这提示：人均 GDP 每增加 1 美元，人均卫生总费用将增加 0.076 美元。

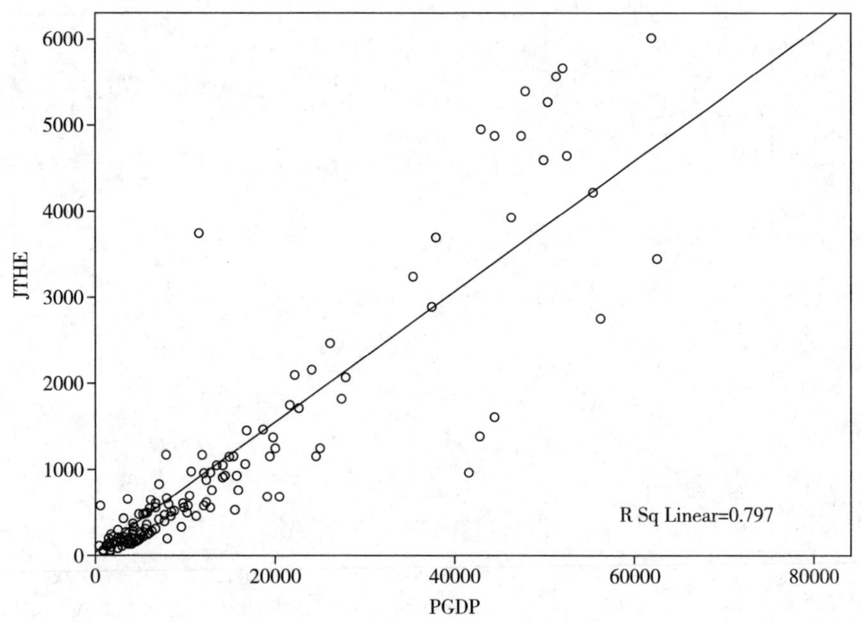

注：回归方程为 JTHE＝24.524＋0.076PGDP，其中 JTHE 与 PGDP 的相关系数 r＝0.893，R－SQUARE＝0.797；F＝714.971，P＜0.05。

图 7－9　2014 年 184 个国家人均 GDP 与人均卫生总费用的关系分析

如果根据此回归方程进行预测，那么中国2014年人均卫生总费用应为608.508美元，实际值是420美元。中国与世界各国相比，2014年中国的卫生消费水平稍微滞后于经济发展水平。

再对36个样本国家人均GDP与人均卫生总费用的关系进行探讨，如图7－10所示，与184个样本结果非常相似（相关系数r=0.941）。存在稍微差异：全民健保国家回归方程系数值稍大。这表明，随着人均GDP的增加，全民健保国家的人均卫生总费用也随之升高，且增速稍有上升。如按此方程进行预测，中国2014年人均卫生总费用的预测值与实际值相差为156.368。情况说明：按照全民健保国家的卫生筹资标准，中国2014年与经济发展水平相对应的人均卫生总费用水平偏低近1倍。与经济发展水平相当的国家比较，中国不仅低于墨西哥257美元的人均卫生支出水平，且远低于非OECD国家巴西527美元的人均卫生消费。

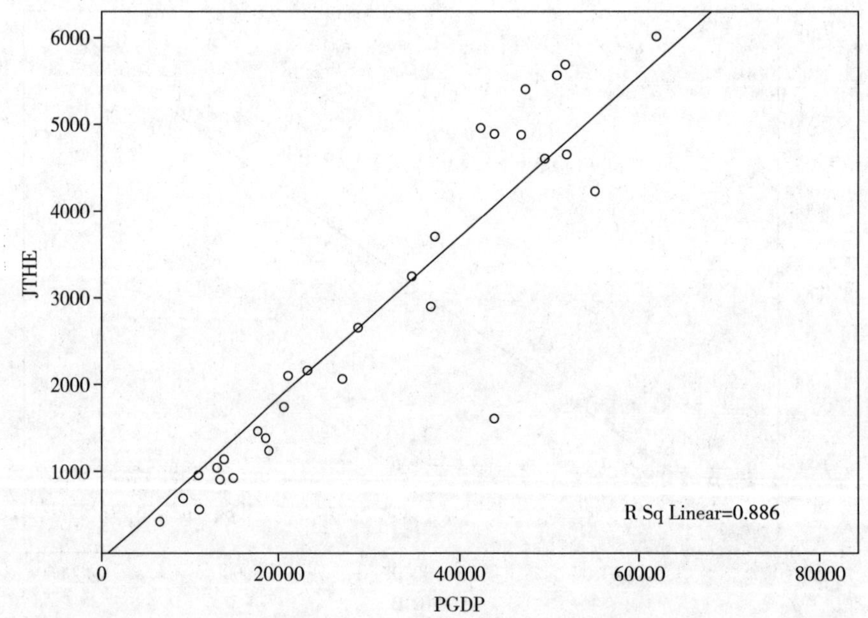

注：回归方程为 JTHE = −149.510 + 0.095PGDP，其中 JTHE 与 PGDP 的相关系数 r = 0.941，R－SQUARE = 0.886；F = 267.172，P < 0.05。

图7－10　2014年36个国家人均GDP与人均卫生总费用的关系分析

（二）经济发展水平与个人卫生支出水平的关系分析

对184个国家人均GDP与个人卫生支出占卫生总费用（CPHP）比例的关系研究，如图7-11所示，得到的结果是两者之间存在较强的负相关关系（相关系数r=0.375），再以人均GDP为自变量、个人卫生支出占卫生总费用比例为因变量做回归分析，得到方程为：CPHP=34.839-0.0003PGDP，这意味着，伴随一个国家人均GDP的提高，个人自身卫生支出水平占卫生总费用的比例将不断降低。换言之，政府以及社会在卫生消费支出中扮演的角色更加重要。通过回归方程进行预测，2014年中国的个人卫生支出占卫生总费用比例应为32.534，实际值是31.987，高出预测值0.547。显然说明：同世界各国相比，中国个人卫生支出占卫生总费用的比例严重偏高。相对应的情况是：非个人卫生支出，特别是政府财政在卫生保健方面的支出占卫生总费用的比例较低，政府未能扮演好保护国民健康的重要角色。

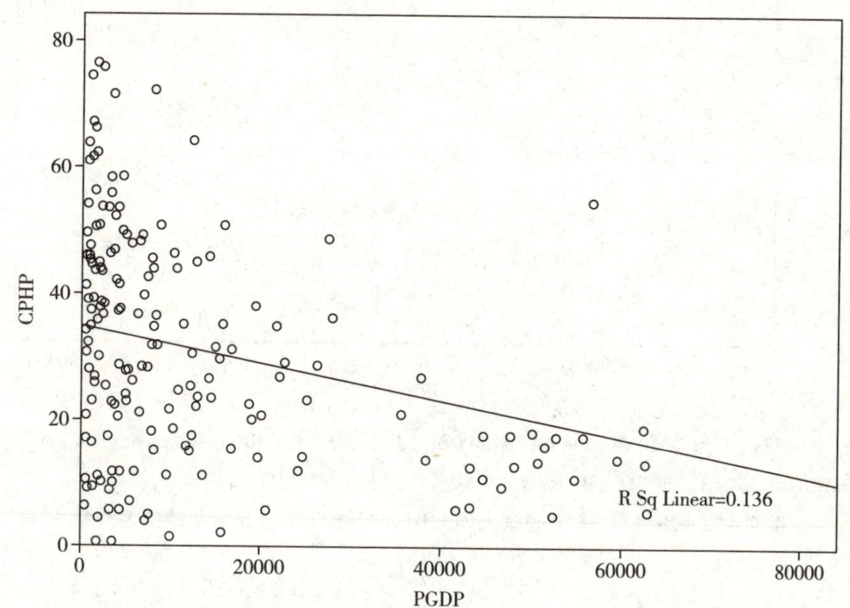

注：回归方程为CPHP=34.839-0.0003PGDP，其中CPHP与PGDP的相关系数r=0.375，R-SQUARE=0.136；F=29.850，P<0.05。

图7-11 2014年184个国家人均GDP与个人卫生支出水平的关系分析

如将中国的情况与 OECD 样本国家进行对比，如图 7－12 所示，包括中国在内的 36 个国家人均 GDP 与个人卫生支出水平关系的回归分析，得到回归方程为：CPHP＝31. 308－0. 00024PGDP，两者也呈负相关关系。而且 36 国家的回归方程截距更小，斜率更大。把中国 2014 年的人均 GDP 代入方程，预测得到 2014 年中国个人卫生支出占卫生总费用的比例应为 29. 464%，与实际值相差近 2. 523 个百分比。中国个人卫生支出占卫生总费用的比例高于大多数的 OECD 国家，也高于巴西（25. 47%）。进一步说明：按照全民健保国家的卫生筹资标准，中国居民个人在卫生消费方面的负担实在太重了。

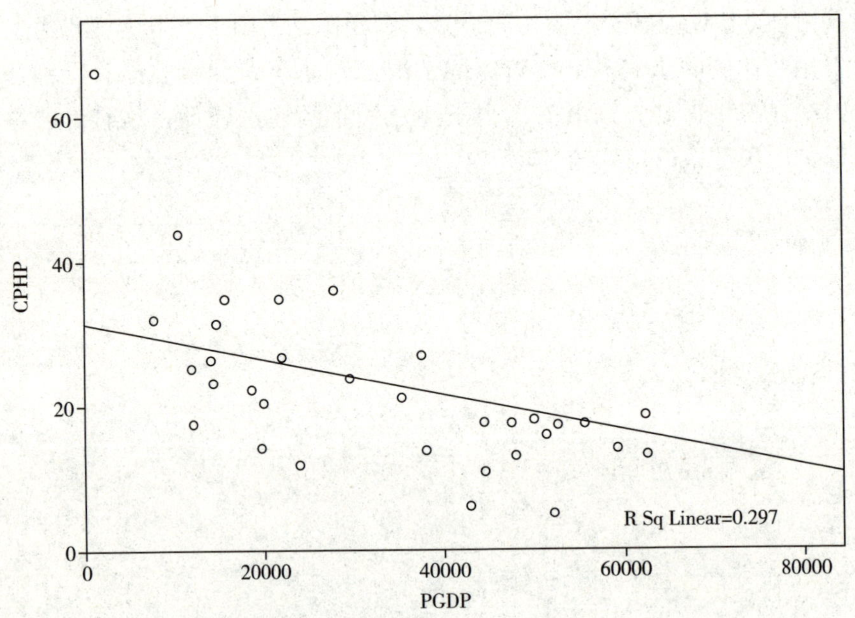

注：回归方程为 CPHP＝31. 308－0. 00024PGDP，其中 CPHP 与 PGDP 的相关系数 r＝0. 545，R－SQUARE＝0. 297；F＝14. 358，P＜0. 05。

图 7－12　2014 年 36 个国家人均 GDP 与个人卫生支出水平的关系分析

（三）经济发展水平与政府卫生支出的关系分析

分析 2014 年 184 个国家和 36 个国家人均 GDP 与人均政府卫生总支

出的关系，结果如图7－13和图7－14所示，可以看出，两者呈现出高度正相关关系（相关系数 r＝0.903）。

在回归分析中，以人均GDP作为自变量，以人均政府卫生总支出作为因变量，分别得到184个国家和36个国家的两个方程：KPGE＝－46.417＋0.060PGDP和KPGE＝－312.643＋0.077PGDP。

根据此两个方程进行预测，中国2014年人均政府卫生总支出分别应该为414.623美元和279.025美元，而实际值是234.16美元。可见，与世界各国相比，中国政府的财政对卫生支持的力度非常之低，仅达到全世界的平均水平，而按照全民健保国家的标准，中国2014年政府人均卫生总支出水平仅达到OECD（美国除外）国家平均水平的10%，且仍然低于墨西哥（350.57美元）与巴西（436.19美元）的政府卫生支出水平。

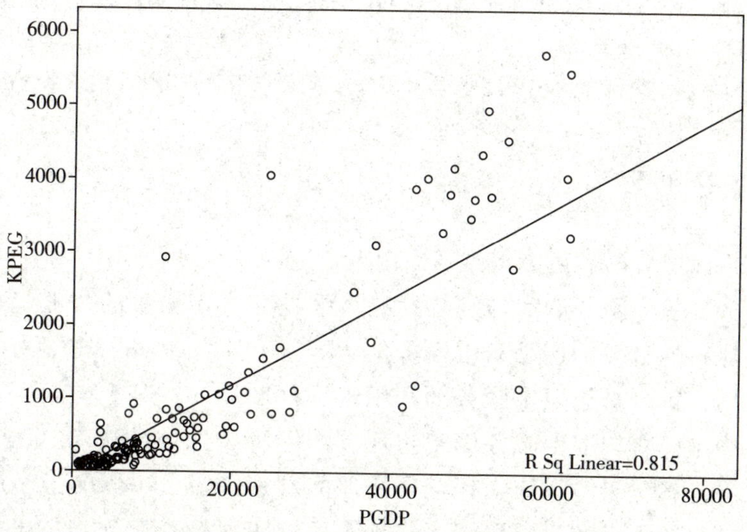

注：回归方程为 KPGE＝－46.417＋0.060PGDP，其中KPGE与PGDP的相关系数 r＝0.903，R－SQUARE＝0.815；F＝802.777，P＜0.05。

图7－13　2014年184个国家人均GDP与人均政府卫生支出水平的关系分析

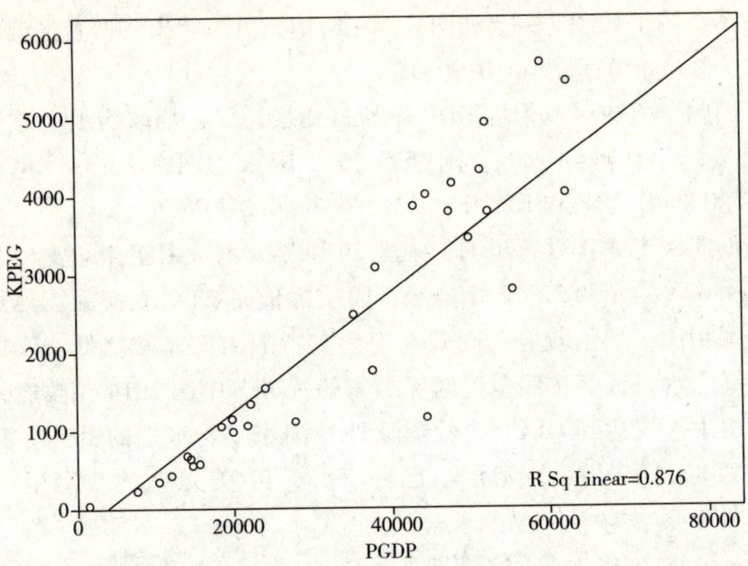

注：回归方程为 KPGE = -312.643 + 0.077PGDP，其中 KPGE 与 PGDP 的相关系数 r = 0.936，R-SQUARE = 0.876；F = 232.870，P < 0.05。

图7-14 2014年36个国家人均GDP与人均政府卫生支出水平的关系分析

二、分析结果

通过以上分析，可以得到下面两点结论：.

第一，卫生服务消费与经济发展水平具高度正相关的一般趋势。不管是世界平均水平，还是只看经济发达国家，随着各国人均国内生产总值的提高，民众对于卫生服务的利用水平都增加的。对于中国而言也不例外，中国民众的卫生服务消费与现有的经济条件已经基本上达到相一致的水平，相对于 OECD 实现全民健保的国家来说，中国的卫生服务支出仍有较大差距，意味着中国在实现全民健康保障、充分满足民众的健康需求上，健康保障制度改革和完善之路依然漫长。

第二，在经济增长的背景下，一国卫生支出中个人与政府的负担比例呈现此消彼长的变化特征。从卫生筹资的角度看，世界的总趋势是经济越发展，政府财政卫生支出的比例就越大，而个人所需要负担的比例反而越小。本研究发现，中国政府对于卫生的支持力度仅与世界平均水平相当，与快速发展的经济不相称，而且与经合组织中的全民健保国家相比，广义的财政卫生支出水平差距甚远。因此，个人成了卫生服务消费中费用支出的主角，这也许就是民众仍然觉得“看病贵”的内在原因。

三、政策建议

总体看来，中国作为一个发展中的大国，如果面向未来的可持续发展和国家核心竞争力的打造，对于国民健康资产实行科学管理至关重要。因为，实现全民健康水平的大幅度提高，既是中国在全面迈向小康社会的前提，也是重要发展目标。国际经验表明，在现阶段建立完善、统一的全民健康保障制度并不切合实际。基于上述实证分析，笔者建议中国应该着眼于长远推进整体国家健康管理战略，在卫生筹资目标的设置上，必须强化政府在民众健康保障中的责任和作用，使财政卫生支出与经济发展水平保持一致。把完善健康保障制度与建立健康管理服务体系作为共同的卫生发展战略加以重视，只有两者同步推进才能促进民众健康支出的朝着科学合理的方向发展。这样，不仅避免牺牲健康换来发展，还可以在增进国民健康和人力资源的同时，反过来推动经济的快速增长和社会的可持续发展。

按照本次回归分析的结果，中国可以考虑：当人均 GDP 每增加 1000 美元，人均卫生总费用支出可以增长 76 美元作为卫生发展的大致目标，同时使得人均政府卫生总支出增加 60 美元，以降低个人卫生支出占卫生总费用的比例。这就要求中国政府尽快调整财政支出结构，大力提高财政在卫生领域的支持力度。建议为了引导整个社会形成“预防为主”的健康消费倾向，政府的首要工作应集中财力将公共卫生和基层卫生机构建设好，保证人群的公共卫生和基本医疗服务产品的供给，促进健康公平。同时，完善健康保障制度并增加社会支出水平，动员财政和整个社会力量，促进城乡医疗救助体系的发展。建立多元化的卫生筹资机制，尽快扩大城镇职工与城镇居民医疗保险，以及新农合制度，促进各种保障制度的融合发展，以节省管理成本。通过健康管理、健康保障体系的协同发展，对抗、分散疾病风险，不仅可以降低医疗服务消费中的个人费用支出比例，更重要的是提高国民的健康投资意识而非将钱花在治病上，最大限度满足广大民众的卫生服务需求和健康投资愿望。

第八章

健康管理服务研究的结论与展望

第一节 主要研究成果与结论

本书在系统回顾健康概念演进、分析健康与健康服务产品特性的基础上，定义了本研究中的健康管理并构建了健康管理的概念性模型；通过追溯健康管理的理念与实践起源，分析健康管理需求，比较分析英、美、中国健康管理的案例，概括出了中外健康管理服务模式和行业发展趋势；最后运用实证方法并基于全民健康保障制度建设的角度提出了国家健康管理战略。现将本书主要引用的理论观点与研究成果概括如下。

一、关于健康、健康特性与健康管理的概念

首先，健康和疾病之间，不能看成对立的二元关系，而是共生共存的。医学服务如果仅专注于躯体健康，则医学功能本应发挥的作用将大打折扣。

其次，健康的特性主要有八点：（1）健康从消费的角度可以理解为耐用品；（2）健康从投资的角度看可以被生产出来，健康的生产投入是引致需求；（3）健康影响因素呈现多元化趋势，生活方式影响最大，而医疗卫生服务对健康的作用很小；（4）健康目标与社会生活选择往往存在冲突，健康投资宜早不宜迟；（5）健康的价值不易精确估量，有些情况下健康损失具有可逆性差或不可逆性。（6）卫生服务产品具有与一般服务的四大共性：非实物性、生产与消费的同时性、非贮存性、异质性。

(7) 卫生服务产品具有与一般服务产品相异的三个特性：顾客参与生产的程度高、产品组合性和及时无误性。(8) 卫生服务市场中，特别是医疗领域，表现出与一般消费品更加不同的特点，即不确定性（健康结果与费用大小）、信息问题（不完全和严重不对称）和趋高性消费（健康损失不可逆所致风险规避行为）。

最后，健康管理的定义：基于顾客需求和健康评估对人的健康资产实施主动、连续且系统管理的一系列服务的总和。健康管理是对接健康需求进行健康资源整合的最有效策略。健康管理的实施主体可以是个人也可以是组织或国家；健康管理的对象包括个人，也包括群体或全体国民。

二、健康管理的起源与需求

健康管理的理论与实践有三大源头学说：美国起源说、英国起源说和中国起源说。美国源于卫生费用增长与保险公司利益驱动；英国源于国家福利思想和执政党理念；中国则源于养生保健的中医药文化传统。

健康管理的需求动力主要来自于三个方面：(1) 社会进步但健康风险增加（健康风险事件增加、人口老龄化趋势、慢性病与生活方式疾病困扰、职业风险与压力上升等）；(2) 健康投资方式转变（医疗消费投入上升与健康改善之间的比例不协调）；(3) 医学服务模式转变（技术至上的疾病诊疗模式背离民众期待，政府兑现承诺的卫生战略需要）。

三、健康管理的服务模式与行业发展趋势

（一）美国健康维护组织（HMO）服务模式

第一，主要优点：(1) 预防、保健、医疗、康复服务等纵向一体化的健康服务。(2) 保险公司将健康服务企业内部化减少诱导需求等过度医疗行为。(3) 管理的可控性强，可通过一系列费用控制措施，如"守

门人”制度等以节约保费支出。

第二，主要不足：消费者对服务供方的选择余地小，受到服务供给不足的质疑，难以避免道德损害和逆向选择行为。

第三，发展及趋势：主要受到了PPO等组织的严峻挑战，市场占有率呈下降趋势；预计随着HMO的内部改革，特别是美国民众对全民健康保障制度和政策的愿望增强，HMO也许会出现新的发展机遇。

（二）英国国家健康服务体系（NHS）服务模式

第一，主要优点：（1）实行国家筹资，健康公平性高。（2）社区健康服务体系发达，具有健康与费用“双守门人”特点，服务具有可及性、连续性、综合性特点，总体而言成本较低。（3）国家掌控健康管理战略制高点，如确定健康投资重点、方便技术更新与服务模式转变、利于健康信息平台搭建与提供等。

第二，最大缺点：供方激励不足，服务效率受到质疑。

第三，发展及趋势主要表现有三点：一是NHS改革一直在进行，但适宜技术、适时免费和基于需要供给的三个原则始终未变。二是社区健康服务模式已被很多国家模仿，将向社区健康管理服务转变。三是以NHS作为最重要的全民健康保障制度模版之一，带动了“全民健保”的世界卫生改革与发展趋势，改革的重点还是在于提高卫生系统的服务效率和反应性，以形成完善的健康管理服务体系。

（三）中国健康管理的服务模式

第一，供给主体多样化、各种服务模式并存。主要表现在：（1）医疗卫生服务机构。目前大型医院仍占据市场优势，主要有三类服务模式，即惠侨模式医院健康管理（起源于特需医疗服务）、干部模式医院健康管理（起源于干部保健）、“治未病”模式医院健康管理（起源于中医养生保健）。前两类是针对特殊人群健康需求发展起来，都享有政策优势，在国内医院健康管理中具有代表性，主要的服务对象是“两高”（社会地位和经济收入）顾客；“治未病”模式近几年才发展起来，有政策推动，因主要靠市场需求生存，服务对象虽然在理论上面对普通民众，但是作为三级医院的高端服务产品，消费主体实际多为“两高”顾客。优势为公立大医院的垄断地位，享有免税收、强大医疗技术团队、品牌优势。劣势为服务与营销手段弱，服务半径小。（2）社区健康服务机构。中国社区健康服务机构尚未形成理论意义上健康管理服务模式，但社区健康服务本身综合、连续、可及的服务方式就可以被看做是针对群体的健康管理。从发展的视角看，目前和将来社区健康管理的主要服务模式针对重点人群和重点疾病的健康管理，一是养老模式社区健康管理，二是中西医结合模式社区健康管理。在社区健康信息管理平台上，服务对象为老年人、妇女、儿童，慢性病人的（高血压、糖尿病、中风等）照顾和生活方式管理将成为社区健康管理的重中之重。优势为方便、经济与地理上的可及性好。劣势为技术缺乏、资金不足、品牌尚未形成。（3）企业的健康管理的商务模式。在中国，企业开展健康管理的三种服务模式（三类企业）是健康体检服务模式（实体模式）、健康网络服务模式（虚拟模式，组建合作联盟）、综合健康服务模式（“鼠标”加“水泥”）。共同点是以提供健康体检服务和专家就诊“绿色”通道为切入点，服务人性化且个性化。优劣势为提供“医检分离”式健康检查服务，更加专业、服务具有特色，但医学其他服务措施无法跟上；网络模式，企业运营成本低、网络分布广，但管理化程度低，过度依赖医疗机构；综合模式，健康体检加上医疗服务，吸引顾客，但同样面临与医疗机构的合作问题，运营成本相对较高（管理与税收等）。（4）政府层面：全民健保框架下健康管理服务。国家需要大力提倡和发展全民健保模式下的健康管理。其一，以健康为导向，不同人群的多层次健康服务需求、费用都有保障，促进健康公平性提高。其二，国家经济实力、人口条件（包括流动人口）、卫生资源配置合理性、健康治理和管理水平等都急待提高。

第二，发展及趋势。在健康管理产品设计上，疾病管理、生活方式管理和需求管理将是今后各级各类健康管理机构重点开展和研发的服务产品。

中国健康管理服务发展趋势的观点总结：其一，公立医院健康管理服务将受到卫生政策如公立医院体制改革的影响，主要是特需服务的提供部分，会导致健康不公平现象加剧、实践中造成普通医疗服务的激励不足，需通过制度创新给予政策出口并科学规制；公立医院转变单纯的医疗服务模式为健康管理理念，提升医疗和健康服务水平仍是发展之道。其二，社区健康管理服务模式前景广阔，政府将在政策、资金上给予大力倾斜并促进社区健康服务的快速和良好发展。其三，商务模式健康管理发展势头良好。国家正在大力鼓励“互联网+”政策背景下，“互联网+健康”服务新业态迅速兴起。体检模式短期内仍有市场增长空间，但面临市场重新洗牌，长期来看还需要在拓展服务网络并与保险公司合作，以增强竞争力。网络式健康管理模式的发展取决于公立医院改革与运行机制，如果政策严格控制公立医院的特需医疗服务份额，则公司业务会受到严重影响。综合服务模式的发展势头良好，发展策略是加强与保险公司合作，新建或兼并更多的医疗机构，既可以减少对公立医院的依赖，也能够大大促进民营医院“从疾病治疗为中心”向“以健康为中心”转变，将健康管理服务融入医疗服务之中。其四，创新型健康管理服务产品或机构将快速产生。在“健康中国”战略引领和深化医改政策驱动下，国家和社会各界将更加重视和关注健康管理服务的政策创新、模式创新、技术创新和产品创新。除了医院和基层卫生服务机构之外，以疗养、护理为主营业务的机构，如疗养院、托老院等，将有巨大的市场需求，很快实行战略转型，把与休闲、旅游结合甚至融合成多元健康服务模式，作为其发展的重点策略和方向。新型健康管理服务的“共享型服务”将以颠覆现有服务模式的姿态出现在世人面前；围医疗服务、健康服务等的“生产性服务”和“售后性服务”也会很快因应民众的疾病治疗或健康需求，而促进着机构间融合、产品间融合和政策间融合。

第二节 研究的主要贡献与创新点

国内关于健康管理的研究和实践尚处于初步发展阶段，理论意义上成熟的健康管理服务企业及健康管理服务模式尚在形成之中。与此同时，国内对于国外健康管理服务的产品业态、组织形式、行业发展都需要更详细的了解和深入的研究。

一、本书的主要贡献

健康管理行业统计数据非常欠缺，本书通过文献研究、案例分析等方法，尝试性地提出了健康管理的起源学说、分析了健康管理的需求动力、总结了健康管理的服务模式、探讨了健康管理的行业发展趋势和国家健康管理战略的实施。实事求是地讲，本书乃国内首次开展的关于健康管理的系统性理论研究。将对中国健康管理理论的丰富和理论体系的形成起到一定的帮助作用，也可为国内健康管理企业选择发展方向时提供有价值的借鉴意义。

二、本研究可能的学术创新点主要有两点

第一，在健康与健康管理产品研究上，尝试性总结了健康的特性，关于“健康损失存在不可逆性”的现象或特点是首次提出。运用服务产品理论分析了卫生服务产品以及卫生服务市场的特征，其中健康服务产品“人文与技术”的二维特征总结、卫生服务产品的“组合性”和卫生服务市场的“趋高性消费”的特点都是创新性观点。定义健康管理、构建健康管理类型学和健康管理的概念模型是非常有价值的理论性研究。

第二，通过典型案例形式，对比分析了国内外健康管理机构的服务模式和经营特点。特别是首次将国内医院健康管理的归类为三种主要方式，基于社区特点分析“居家养老”和“中西医结合”健康管理服务方式，关于商务性质的体检、网络服务和综合形式的深入剖析，对于现有机构健康管理服务策略的选择具有现实参考作用。同时，尝试运用计量方法，关于全民健保框架下实施国家健康管理战略条件和投入的实证研究具有很好的政策意义。

第三节　研究局限及研究展望

一、本研究的局限性

本研究的局限性十分明显，主要表现在以下三方面：

一是缺少对国外更多国家健康管理服务模式和发展情况的深度分析。因此，提出的健康管理“三起源学说”还需要学术界进一步研究和论证。关于世界范围内和国内健康管理的服务模式，还需要大量的足够的统计分析予以实证。本研究中国以外仅限于HMO模式、NHS模式，国内则主要集中在了医疗机构、社区和企业三方面的案例。导致这种情况的主要原因，目前学术界关于健康管理的内涵和外延尚无清晰的界定，统计数据不仅缺乏且收集时面临着没有科学标准的困境。相信通过本书的探索性研究，当越来越多的学者投入健康管理领域研究时，未来的概念会更加清晰、数据会更易获得。

二是缺少从整体角度对健康管理机构管理现状、产品提供与要素需求的分析。本书针对健康管理服务供方的行为和产品特征局限于现有资料的初步研究，没有关于国内各级各类健康管理机构的组织运营状况，健康管理服务工具使用与需求、研发水平等详细数据。这对于从整体上把握国内健康管理机构本身的发展策略选择，了解机构对健康管理的生产性需求①显然是不够的。

三是缺少对健康管理服务需求方的调查与数据分析。本书关于健康管理服务对象的需求能力和行为仅仅从健康风险等角度进行了理论推导。没有针对顾客的需求调查数据，特别缺乏对目前健康管理高端需求的两大主要客户，即“两高”（地位和收入）之人，以及企业员工（团体）的实际调查，也没有关于社区居民健康管理需求情况的数据。因此，难

① 主要指服务工具，如健康风险评估工具、网络软件与平台搭建等，还包括对政策环境、资金支持等需求。

以从需方角度，为健康管理机构提出非常有价值的关于产品设计与管理提升的研究证据。

二、进一步研究的展望

囿于数据和方法局限，本书得出的主要为定性分析结论，且结论较为宏观。从以上三点局限分析说明，收集更详细的数据采用定量分析方法，通过更严谨的实证分析所得到的健康管理服务需求与行业发展规律，可能会国家、行业和社区健康管理的发展具有更好的启示和借鉴意义。这些局限问题的解决，有的需要等待研究条件成熟，有的则可以创造条件展开，尤其是“健康中国”战略的出台和实施，将有很多学者投入于健康管理方面的研究，笔者期待与各位同道合作，一起系统而深入地开拓健康管理的研究领域。

参考文献

一、中文部分

[1] [法] 菲力普·亚当、克洛迪娜·赫尔兹里奇著，王吉会译：《疾病与医学社会学》，天津人民出版社 2005 年版。

[2] [美] 贝克尔：《人力资本理论——关于教育原理论和实证分析》，中信出版社 2007 年版。

[3] [美] 富克斯：《服务经济学》，商务印书馆 1987 年版。

[4] [美] 富克斯：《卫生经济学》，选自《新帕尔格雷夫经济学大辞典》，经济科学出版社 1996 年版。

[5] [美] 亨德森著，向运华、钟建成等译：《健康经济学》，人民邮电出版社 2008 年版。

[6] [美] 库兹涅茨：《美国经济的资本：它的形成与筹措》，商务印书馆 1961 版。

[7] [美] 罗伯特·K·殷，周海涛译：《案例研究方法的应用》，重庆大学出版社 2004 年 11 月版。

[8] [美] 萨缪尔森、诺德豪斯著，萧琛主译：《经济学》（第十七版），人民邮电出版社 2004 年版。

[9] [美] 沙拉姆·赫斯马特著，应向华译：《卫生管理经济学》，北京大学医学出版社 2004 年版。

[10] [美] 舍曼·富兰德、艾伦·C·古德曼、迈伦·斯坦诺著，王健、孟庆跃译：《卫生经济学》（第三版），中国人民大学出版社 2004 年版。

[11] [美] 维克托·R. 福克斯著，罗汉、焦艳、朱雪琴译：《谁将生存？健康，经济学和社会选择》，上海人民出版社 2000 年版。

［12］［美］沃林斯基著，孙牧虹等译：《健康社会学》，社会科学文献出版社 1999 年版。

［13］［美］西华德著，许燕等译：《压力管理策略——健康和幸福之道》，中国轻工业出版社 2008 年版。

［14］［美］詹姆斯·A·菲茨西蒙斯、莫娜·J·菲茨西蒙斯著，张金成、范秀成译：《服务管理：运作、战略与信息技术》（原书第 3 版），机械工业出版社 2005 年版。

［15］［日］俞炳匡著，赵银华译：《医疗改革的经济学》，中信出版社 2008 年版。

［16］［瑞典］伊弗特·古默桑著，袁国华译：《管理的定性研究方法》，武汉大学出版社 2006 年版。

［17］［意］卡斯蒂廖尼著，程之范主译：《医学史》（上、下册），广西师范大学出版社 2003 年版。

［18］［英］大卫·休谟著，关文运译：《人性论》（下卷），商务印书馆 2005 年版。

［19］［法］芭芭拉·亚当、乌尔里希·贝克、约斯特·房·龙著，赵延东、马缨译：《风险社会及其超越：社会理论的关键问题》，北京出版社 2005 年版。

［20］白书忠：《中国健康产业体系与健康管理学科发展》，载于《中华健康管理学杂志》，2007 年第 2 期，第 67 ~ 70 页。

［21］白书忠《健康管理概念与学科体系的中国专家初步共识［J］》，载于《中华健康管理学杂志》2009 年第 3 期，第 141 ~ 147 页。

［22］曾强：《医院体检中心的发展趋势展望》，载于《中国健康管理学杂志》，2007 年第 1 期，第 22 ~ 23 页。

［23］陈君石、黄建始：《健康管理师》，中国协和医科大学出版社 2007 年版。

［24］陈君石、李明：《个人健康管理在健康保险中的应用现状与发展趋势》，载于《中华全科医师杂志》2005 年第 1 期，第 30 ~ 32 页。

［25］陈可冀：《老龄化中国：问题与对策》，中国协和医科大学出版社 2002 年版。

［26］陈之楚、吴静瀛：《提升中国医疗保障水平与公平性研究》，

载于《现代财经（天津财经大学学报）》2007 年第 1 期，第 25 ~ 28 页。

［27］戴维·德兰诺夫著，李国芳译：《你的生命价值多少?》，中国人民大学出版社 2004 年版。

［28］邓曲恒：《健康在经济增长中的作用——基于中国省级面板数据的研究》，载于《浙江学刊》，2007 年第 1 期，第 159 ~ 165 页。

［29］杜乐勋、张文鸣：《中国医疗卫生发展报告 No. 4（2008）》，社会科学文献出版社 2008 年版，第 462 页。

［30］樊明：《健康经济学：健康对劳动市场表现的影响》，社会科学文献出版社 2002 年版。

［31］樊正伦：《养生的智慧》，中国城市出版社 2008 年版。

［32］费立鹏：《中国的精神卫生问题——21 世纪的挑战和选择》，载于《中国神经精神疾病杂志》2004 年第 1 期，第 1 ~ 10 页。

［33］费孝通：《乡土中国》，北京出版社 2005 年版。

［34］高梦滔：《美国健康经济学研究的发展》，载于《经济学动态》2002 年第 8 期，第 61 ~ 64 页。

［35］葛延风、贡森等：《中国医改：问题·根源·出路》，中国发展出版社 2007 年版。

［36］贡森：《财政应该支持建立全民基本医疗保障制度》，载于《市场与人口分析》2006 年第 5 期，第 34 ~ 38 页。

［37］顾昕：《中国城市医疗体制的转型》，载于《比较》（第十九期），中信出版社 2005 年版，第 31 ~ 52 页。

［38］顾湲：《全科医学概论》，人民卫生出版社 2001 年版。

［39］郭士征：《社会保障——基本理论与国际比较》，上海财经大学出版社 1996 年版，第 85 ~ 86 页。

［40］国家统计局：《改革开放 30 年报告之六：人口素质全面提高就业人员成倍增加》，数据来源于国家统计局网站：http://www.stats.gov.cn/tjfx/ztfx/jnggkf30n/t20081103_402513671.htm。

［41］国家发改委国际合作中心健康服务产业办公室、中国人民大学培训学院－健康管理学院、世界抗衰老医学会、北京健康教育协会：《中国健康服务产业发展报告（2015）》，当代中国出版社 2015 年版。

［42］宏泰顾问：《诠释诺贝尔经济学大师的智慧》，中国纺织出版

社 2004 年版。

[43] 华卉、余正:《英美两国疾病管理模式比较》，载于《中国医药技术经济与管理》2009 年第 5 期，第 30 ~ 33 页。

[44] 黄建始、陈君石:《健康管理的理论与实践溯源》，载于《中华健康管理学杂志》2007 年第 1 期，第 8 ~ 12 页。

[45] 黄建始:《美国的健康管理：源自无法遏制的医疗费用增长》，载于《中华医学杂志》2006 年第 15 期，第 1011 ~ 1013 页。

[46] 黄建始:《什么是健康管理》，载于《中国健康教育》2007 年第 4 期，第 298 ~ 300 页。

[47] 黄建始:《最大回报：健康投资》，中国协和医科大学出版社 2004 年版。

[48] 黄敬亨:《健康教育学》，复旦大学出版社 2003 年版。

[49] 黄奕祥:《社区卫生服务可持续发展面临的信任困境及其对策》，载于《中国卫生事业管理》2009 年第 1 期，第 14 ~ 15，25 页。

[50] 黄奕祥:《健康管理：概念界定与模型构建》，载于《武汉大学学报（哲学社会科学版)》2011 年第 6 期，第 66 ~ 74 页。

[51] 黄奕祥、李江帆:《健康需求变化与医学服务模式转变》，载于《中州学刊》2010 年第 1 期，第 114 ~ 119 页。

[52] 黄奕祥、张志叶:《迈向全民医保的路径与条件——以珠海为例》，载于《武汉大学学报（哲学社会科学版)》2010 年第 1 期，第 109 ~ 116 页。

[53] 季正明:《对日本社区卫生服务项目的考察》，载于《上海预防医学杂志》1999 年第 4 期，第 183 ~ 184 页。

[54] 蒋林芳、汪洪滨:《“华林模式”解读：广州市荔湾区华林街社区健康服务中心纪实》，广东科技出版社 2009 年版。

[55] 蒋天文、樊志宏:《中国医疗系统的行为扭曲机理与过程分析》，载于《经济研究》2002 年第 11 期，第 71 ~ 94 页。

[60] 金彩红:《芬兰健康管理模式的经验》，载于《中国卫生资源》2007 年第 6 期，第 312 ~ 313 页。

[61] 康春梅、李妮真:《美国凯撒（Kaiser Permanente）医疗网参访心得》，载于《国泰医讯》2008 年第 9 期，第 11 ~ 12 页。

[62] 科克汉姆著，杨辉、张拓红等译：《医学社会学》（第7版），华夏出版社2000年。

[63] 匡莉：《管理医疗：美国医疗保险运行方式的主流》，载于《国外医学·医院管理分册》2000年第2期，第49~52页。

[64] 李江帆：《第三产业经济学》，广东人民出版社1990年版。

[65] 李立明：《2002年中国居民营养与健康状况调查综合报告之四·高血压》，人民卫生出版社2008年版，第25页。

[66] 李玲：《健康大数据：一场关于健康行为的革命》，人民卫生出版社2015年版。

[67] 李衔：《"治未病"让您不生病——访广东省中医院治未病中心传统疗法中心主任陈秀华副教授》，载于《家庭医药》2007年第8期，第10~11页。

[68] 李智峰：《健康服务业现况与经营策略之分析》，台湾长庚医学暨工程学院管理学研究所硕士学位论文，2007年7月。

[69] 立琪、佳瑜：《爱康国宾用鼠标送"健康"》，载于《中国现代企业报》2008年1月18日第A02版。

[70] 梁浩材：《新公共卫生与后医学时代》，载于《中国公共卫生》2005年第1期，第125页。

[71] 梁君林：《人口健康与中国健康保障制度研究》，群言出版社2006年版。

[72] 林晓红：《21世纪世界人口面临的主要问题与挑战》，载于《人口学刊》2000年第2期，第50~53页。

[73] 卢祖洵：《社会医学》，科学出版社2003年版。

[74] 陆志瑛：《下城区著力推进社区卫生服务改革》，载于《浙江卫生》2008年，第18期。

[75] 吕探云、王蓓玲：《健康评估》，复旦大学出版社2008年版。

[76] 毛正中、胡德伟：《卫生经济学》，中国统计出版社2004年版。

[77] 莫志宏：《人力资本的经济学分析》，经济管理出版社2004年版。

[78] 慕容：《内行患者计划：慢性疾病管理的新策略》，载于《中华医学信息导报》2005年第11期，第16页。

[79] 曲黎敏：《黄帝内经·养生智慧》，鹭江出版社 2007 年版。

[80] 全国政协教科文卫体委员会、中国癌症基金会：《癌症的科学与实践》，来源于中国癌症基金会网站：http：//www.chinacancernet.org.cn/download/xcsc/癌症的科学与实践.pdf。

[81] 饶克勤、刘新明：《国际医疗卫生体制改革与中国》，中国协和医科大学出版社 2007 年版。

[82] 沈建缘：《看病难催生大买卖，爱康国宾获健康医疗业最大投资》，载于《经济观察报》2007 年 12 月 10 日第 031 版。

[83] 施学莲：《社区服务养老模式探讨》，载于《广西社会科学》2004 年第 1 期，第 158 ~ 159 页。

[84] 世界卫生组织：《2000 年世界卫生报告——卫生系统：改进业绩》，人民卫生出版社 2000 年版。

[85] 世界卫生组织：《2007 年世界卫生报告：构建安全未来——21 世纪全球公共卫生安全》（概述），日内瓦，2007。

[86] 世界卫生组织：《国际初级卫生保健会议报告》，日内瓦，1978 年。

[87] 世界卫生组织：《宏观经济与卫生：投资卫生领域，促进经济发展》，人民卫生出版社 2002 年版。

[88] 世界银行：《1993 年世界发展报告：投资于健康》，中国财政经济出版社 1993 年版。

[89] 舒尔茨著，郭虹等译：《人力资本投资——教育和研究的作用》，商务印书馆 1990 年版。

[90] 宋边伸、储振华等：《各国医疗制度汇编》（内部资料），1991 年。

[91] 苏太洋：《健康医学》，中国科学技术出版社 1994 年版。

[92] 孙乃强：《健检市场的前世今生》，载于《中国卫生产业》2005 年第 9 期，第 44 ~ 45 页。

[93] 孙晓杰、孟庆跃、袁璟等：《我国城市社区卫生机构健康管理开展现状分析》，载于《中国卫生政策研究》2009 年第 11 期，第 16 ~ 19 页。

[94] 童星、张海波：《中国转型的社会风险及识别：理论探讨与经

验研究》，南京大学出版社 2007 年版，第 51 页。

［95］王建辉、张选、禹震等：《信息化技术支撑下的东城区社区卫生服务新模式》，载于《中国数字医学》2008 年第 9 期，第 14～16 页。

［96］王梅、刘克军等：《中国脑出血疾病的直接费用负担现状及其问题》，载于《中国卫生经济》2005 第 7 期，第 44 页。

［97］王曲、刘民权：《健康的价值及若干决定因素：文献综述》，载于《经济学》（季刊）2005 年卷第 1 期，第 1～52 页。

［98］王绍光：《中国公共卫生的危机与转机》，选自《比较》（第七期），中信出版社 2003 年版。

［99］王占山：《中国健康管理的机遇与挑战》，载于《中国科技产业》2015 年第 7 期，第 92 页。

［100］王召平、张爱莉：《日本健康体检医学的现状》，载于《上海预防医学杂志》2002 年第 3 期，第 123～125 页。

［101］卫生部、民政部、公安部等：《中国精神卫生工作规划（2002—2010 年）》，载于《上海精神医学》2003 年第 2 期，第 125～128 页。

［102］魏众、朱玲主编：《减轻经济全球化中的健康脆弱性——中国农村案例研究》，经济管理出版社 2008 年版。

［103］邬沧萍、姜向群：《“健康老龄化”战略刍议》，载于《中国社会科学》1996 年第 5 期，第 52～63 页。

［104］乌尔里希·贝克著，何博闻译：《风险社会》，译文出版社 2004 年版。

［105］吴晓恒：《从“惠侨楼”的改革实践谈部队医院科学管理的若干问题》，载于《第一军医大学学报》1985 年第 4 期，第 255～257 页。

［106］吴玉韶、王莉莉：《中国养老机构发展研究报告（2015）》，华夏出版社 2015 年版。

［107］武留信：《加快健康管理学学术理论研究与学科建设》，载于《中华健康管理学杂志》2007 年第 1 期，第 4～7 页。

［108］谢子远、鞠芳辉、郑长娟：《“第三方购买”：医疗服务市场化改革的路径选择及其经济学分析》，载于《中国工业经济》2005 年第 11 期，第 51 页。

［109］徐为山、酒喜明：《美国健康维护组织及其借鉴》，载于《保险职业学院学报》2002 年第 3 期，第 51 ~ 53 页。

［110］杨红燕、胡宏伟：《政府财政与全民医保：基于国际比较的中国考察》，载于《中央财经大学学报》2008 年第 10 期，第 12 ~ 17，24 页。

［111］杨清潭：《应用类神经网路于健康检查顾客忠诚度之研究》，台湾铭传大学硕士学位论文，2006 年 6 月

［112］应桂英、李宁秀、任晓晖：《健康危险因素评估方法的应用及其效果》，载于《中国健康教育》2004 年第 1 期，第 70 ~ 71 页。

［113］袁开昌：《养生三要》，内蒙古科学技术出版社 2002 年版。

［114］詹媛媛：《健康检查服务商业化》，台湾大学硕士学位论文，2007 年 7 月。

［115］张成琪、孟庆跃、冯建利、唐芳：《健康体检发展与健康管理的模式探讨》，载于《中国卫生事业管理》2007 年第 8 期，第 510 ~ 513 页。

［116］张恩中：《自费健康检查民众生活形态与特质研究》，台湾长庚大学管理学研究所硕士论文，1998 年。

［117］张斓、王煜、黄建始：《健康评估在健康管理中的应用》，载于《中华健康管理学杂志》2008 年第 3 期，第 168 ~ 171 页。

［118］张奇林：《美国医疗保障制度研究》，人民出版社 2005 年版。

［119］张效霞：《无知与偏见：中医存废百年之争》，山东科学技术出版社 2007 年版，第 59 ~ 112 页。

［120］张莹、福嶋裕美子、陈霞芬、角田正史、水卷中正：《日本福嶋集团社区医疗经营模式对中国的启示》，载于《中国全科医学》2008 年第 9 期，第 760 ~ 762 页。

［121］郑守曾：《中医学》，人民卫生出版社 2003 年版。

［122］中国国家卫生计生委疾病预防控制局：《中国居民营养与慢性病状况报告（2015）》，人民卫生出版社 2015 年版。

［123］中国国家卫生计生委统计信息中心：《第五次国家卫生服务调查分析报告（2013）》，中国协和医科大学出版社 2015 年版。

［124］中国卫生和计划生育委员卫生发展研究研究中心：《2016 中

国卫生总费用研究报告》

［125］中华医学会等：《中国健康管理相关机构现状调查报告（2007～2008）》，中国协和医科大学出版社2009年版。

［126］钟可芬：《健康管理，市场可为》，载于《医药经济报》2007年8月17日第A01版。

［127］周明：《爱康国宾获2500万美元投资》，载于《中国证券报》2007年12月6日第B05版。

［128］朱恒鹏：《医疗体制弊端与药品定价扭曲》，载于《中国社会科学》2007年第4期，第89～103页。

［129］朱玲：《投资于贫困人口的健康和教育应对加入世贸组织后的就业形势》，载于《中国农村经济》2002年第1期，第33～39页。

［130］朱美香、张仲景：《"治未病"的预防医学观探析》，载于《中国中医基础医学杂志》2007年第10期，第733～734页。

［131］朱胜勇：《发达国家生产性服务业发展的影响因素》，载于《城市问题》2009年第7期，第90～96页。

二、外文部分

［1］Arrow KJ, "Uncertainty and the Welfare Economics of Medical Care." *American Economy Review*, 1963, 53（5）, pp. 941－973.

［2］Belloc NB& Breslow L, "Relationship of physical health status and health practices." Prev Med. 1972, 1, pp. 409 － 421.

［3］Chapman L, "Population Health Management and the Role of the Case Manager. *The Case Manager*." 1999, 6, pp. 60－64.

［4］Chapman L & Pelletier K, "Population health management as a strategy for creation of optimal healing environments in worksite and corporate settings." *Journal of Alternative and Complementary Medicine*, 2004, 10 (supplement 1), pp. 127－143.

［5］Chong N, "A Model for the Nation' s Health Care Industry: Kaiser Permanente' s Institute for Culturally Competent Care." *The Permanente Journal*, 2002, 3, pp. 47－50.

[6] Cirillo Felix, "Health Management: Using Information Analytics to Enhance Care Management and Plan Performance." available at http://h20247. www2. hp. com/publicsector/downloads/Management_ Perspectives_ Cirillo_ %201st_ Information_ analytics. pdf (Accessed on Feb. 26, 2009).

[7] Culyer AJ & Newhouse JP, *handbook of health economics*. New York,. NY: Elsevier, 2000. p. 711.

[8] Culyer AJ, "The Normative Economics of Health Care Finance and Provision." *Oxford Review of Economic Policy*, 1989, 5, pp. 34-58.

[9] Davis AB. "Life Insurance and the Physical Examination: a Chapter in the Rise of American Medical Technology." *Bulletin of the History Medicine*, 1981, 55, pp. 392-406.

[10] Dobell H. "Lectures on the Germs and Vestiges of Disease, and on the Prevention of the Invasion and Fatality of Disease by Periodical Examinations." London: Churchill, 1861, p. 142-63.

[11] Dranove D & White WD, "Agency and the Organization of Health Care Delivery." *Inquiry*, 24, pp. 405-415.

[12] Edie EB. "Health Examinations Past and Present and Their Promotion in Pennsylvania." *American Journal of Public Health*, 1925, 15, pp. 602-6.

[13] Edington DW & Schultz AB, "The Total Value of Health: a review of literature." *International Journal of Workplace Health Management*. 2008, 1, pp. 8-19.

[14] Evans R, *Supplier - Induced Demand: Some Empirical Evidence and Implications*, Macmillan, London: The Economic of Health and Medical Care, 1974, p. 162-173.

[15] Feachem RGA & Sekhri NK & White KL, "Getting more for their dollar: a comparison of the NHS with California' s Kaiser Permanente." *BMJ*, 2002, 19, pp. 135-143.

[16] Fleming S, *History of the Kaiser Permanente Medical Care Program: oral history transcript*, University of California Berkeley, 1997.

[17] Fogel RW, "Forecasting the cost of U. S. Health Care in 2040." *Journal of Policy Modeling*, 2009, 4, pp. 482-488.

[18] Fuchs Victor R, "The surgeons and the Demand for Operations," *Journal of Human Resources*, 1978, 13 (Supplement), pp. 35 – 56.

[19] Gitterman DP & Weiner BJ & Domino ME, et al., "The Rise and Fall of a Kaiser Permanente Expansion Region." *The Milbank Quarterly*, 2003, 4, pp. 567 – 601.

[20] Goetz AA & Duff JF & Bernstein JE, "Health Risk Appraisal: the Estimation of Risk." *Public Health Reports* 1980, 2, pp. 119 – 26.

[21] Green Teri, "Wyoming EqualityCare Total Population Health Management". available at http://www.nashp.org/Files/Green_ NASHP2008.pdf (Accessed on March. 2, 2009).

[22] Greenlick MR, "The Development of the Social Mission of Kaiser Permanente." *the Permanente Journal*, 1997, 1, pp. 63 – 64.

[23] Grefer J & Mobley LR & Frech III HE, *Where Do HMOs and PPOs Locate*? Debunking an Urban Myth: RTI Press publication. 2009.

[24] Grossman Michael, "On the Concept of Health Capital and the Demand for Health." *The Journal of Political Economics*, 1972, 2, pp. 223 – 255.

[25] Gruber J & Owings M, "Physician financial incentives and Cesarean section delivery", *RAND Journal of Economics*, 1996, 27, pp. 99 – 123.

[26] Hall JH &Zwemer JD, *Prospective Medicine*. Indianapolis: Methodist Hospital of Indiana, 1979.

[27] Ham C & York N &Sutch S & Shaw R, "Hospital bed utilization in the NHS, Kaiser Permanente, and the US Medicare program: analysis of routine data." *BMJ*, 2003, 29, pp. 1 – 5.

[28] Harrison BD, "Health and productivity management, think globally." Available at http: / /www.lawrence.edu / fast/finklerm /Harrison_ HPM%20Think%20Global.ppt. Accessed on July. 31, 2009.

[29] Hendricks & Rickey Lynn, *A model for national health care: the history of Kaiser Permanente*, New Brunswick, N.J.: Rutgers University Press, 1993.

[30] Hendricks R, *Medical Practice Embattled: Kaiser Permanente, the American Medical Association, and Henry J. Kaiser on the West Coast*, 1945 –

1955. The Pacific Historical Review, 1991, 4, pp. 439 –473.

[31] Hunter DJ & Brown J, "A review of health management research." *Eur J Public Health*, 2007, 17 (supplement 1), pp. 33 –37.

[32] Jeffers J R, et al, "On the demand versus need for medical services and the concept of 'shortage'." *American Journal of Public Health*, 1971, 1, pp. 46 –63.

[33] Joanna Sułkowska, "Health Management - Definition and Description of the Concept." *Entrepreneurship and management*, 2016, 1, pp. 67 - 77.

[34] Joseph FC & James EP & Ben RL, "Old Age, New Technology, and Future Innovations in Disease Management and Horne Health Care." Home health care Management & Practice, 2006, 3, pp. 196 –207.

[35] KaiserPermanente, "Frequently asked questions about Kaiser Permanente." Available at http://www.bcps.org/offices/benefits/pdf/kaiser – permanente – faq. pdf.

[36] KaiserPermanente, "health is not our industry." Kaiser Permanente Report, 2004, pp. 8.

[37] KaiserPermanente, "our recipe for total Health." Kaiser Permanente Report, 2006, pp. 17.

[38] KaiserPermanente, "the future of health care", *Kaiser Permanente Report*, 2008, pp. 4 –20.

[39] KaiserPermanente, "we know eight and a half million people who know better." Kaiser Permanente Report, 2005, pp. 18.

[40] Kaiser Permanente, "Kaiser Permanente Annual Report", 2016, pp. 12.

[41] Ken Ross & Elliot K, "Changes HMO enrollment related increased consumer cost – sharing MCL 500. 3515." *Annual Report*, 2008 p. 1.

[42] Kenkel D, Consumer health information and the demand for medical care, The Review of Economics and Statistics, 1990, 4, pp. 587 –595.

[43] Knight A. "The Value of the Periodic Examinations of Life Insurance Policy – holders." *Proceedings of the Association of Life Insurance Medical Directors of America*, 1921, 8, pp. 25.

[44] Light D & Dixon M, "Making the NHS more like Kaiser Perma-

nente. " *BMJ*, 2004, 328, pp. 763 –76.

[45] Melis RJF & Olde Rikkert MGM, Parker SG, van Eijken MIJ. "What is intermediate care? An international consensus on what constitutes intermediate care is needed. " *BMJ*, 2004, 329, pp. 360 –361.

[46] Meyer C & Rassaf T & Schauerte P, et – al. , "Health management as global challenge: Beyond the 19th World Conference on Health Promotion and Education. " *Journal of Public Health*, 2008, 16, pp. 71 - 73.

[47] Mushkin SJ, "Health as an investment. " *Journal of Political Economy*, 1962, 70 (5) . pp. 129 –157.

[48] National Center for Health Statistics, "Health, United States, 1976 – 2016", available at http: //www. cdc. gov/nchs/data/hus/hus7677. pdf. (Accessed on Nov. 1, 2017) .

[49] National Center for Health Statistics. *Health*, *United States*, 2000, *With Adolescent Health Chartbook*. Hyattsville, Maryland: 2000.

[50] National Center for Health Statistics. *Health*, *United States*, 2007, *With Chartbook on Trends in the Health of Americans*. Hyattsville, Maryland: 2007.

[51] Nunes GC, "Kaiser, Garfield, and Permanente. " *Arch Surg*, 2002, 137, pp. 1034 –1036.

[52] Pope GC, "Medicare preferred provider organization demonstration: Plan offerings and beneficiary enrollment. " *Health Care Financing Review*, 2006, 3, pp. 96 –109.

[53] Reinhard B, "Disease Management Pr in Germany' s Statutory Health Insurance System. " *Health Afairs*, 2004, 3, pp. 56 –67.

[54] Rice TH, *The economics of health reconsidered*, Chicago: health administration press, 1998.

[55] Robinson JC, *The Limits of Prepaid Group Practice. In Reforming Health Care: The Contributions and Promise of Prepaid Group Practice*, edited by Enthoven A. and Tollen L. New York: Jossey – Bass. 2004, p. 199 –212.

[56] Santerre RE & Neun SP, *Health Economics: Theories, Insights, and Industry Studies*, Chicago: IRWIN, 1996, p. 21.

[57] Schultz TW, "Investment in Man: An Economist' s View. " *Soci-*

ety Service Review, 1959, 33 (2), pp. 54 –78.

[58] Scott Fleming, "History of the Kaiser Permanente Medical Care Program: oral history transcript (1990 and 1991)", University of California, 1997.

[59] Smillie JG. *Can Physicians Manage the Quality and Costs of Health Care? The Story of the Permanente Medical Group.* New York, NY: McGraw – Hill Co, 1991.

[60] Talbot-Smith A, Gnani S, Pollock AM, et al. "Questioning the claims from Kaiser." *British Journal of General Practice*, 2004, 54, pp. 415 –421.

[61] Tobey JA. "The Health Examination Movement." *The Nation's Health*, 1923, 5, pp. 610 – 1, . 648 – 9; Fisk EL, Crawford J R. *How to Make the Periodic Health Examination: A Manual of Procedure.* New York: Macmillan. 1927.

[62] Vogt, TM, "Risk Assessment and Health Hazard Appraisal." *Annual Review of Public Health*, 1981, 2, pp. 31 –47.

[63] Wheatley B, "Disease Management: Findings from Leading State Programs." Available at http://www.dmaa.org/pdf/DMStatePrograms.pdf.

[64] WHO, "Health System: Improving Performance." *World Health Report* 2000. Geneva,, 2000.

[65] WHO, "Ottawa Charter for Health Promotion: First International Conference on Health Promotion Ottawa, 21 November 1986." Available at http://www.who.int/hpr/NPH/docs/ottawa_charter_hp.pdf. Accessed on July. 31, 2009.

[66] WHO, "Preventing chronic diseases: a vital investment." Available at http://www.who.int/chp/chronic_disease_report/contents/en/index.html, Accessed on March. 28, 2008.

[67] WHO, "The global burden of disease: 2004 update." Available at http://www.who.int/healthinfo/global_burden_disease/GBD_report_2004update_full.pdf, p. 48.

[68] WHO, *The World Health Report* 2002: *Reducing Risks, Promoting Healthy Life*, Geneva, 2002.

[69] WHO, "The World health report 2003: shaping the future." Ge-

neva. 2003.

[70] WHO, *Constitution of the World health Organization*, Reprinted in Basic Documents, 37th ed. Geneva, 1946.

[71] WHO, "World health statistics 2017: monitoring health for the SDGs, Sustainable Development Goals." Geneva. 2017.

[72] Yip W, "Physician responses to medical fee reductions: changes in the volume and intensity of supply of Coronary, Artery Bypass Graft (Cabg) surgeries in the medicare and private sectors", *Journal of Health Economics*, 1998, 17, pp. 675 – 700.

[73] Zwetsloot G & Pot F, "The business value of health management." *Journal of Business Ethics*, 2004, 55, pp. 115 – 124.

三、部分参考网站

[1] 世界卫生组织：http://www. who. int.

[2] 美国国家卫生政策研究院：http://www. nashp. org.

[3] 中国癌症基金会：http://www. chinacancernet. org. cn.

[4] 维基百科：http://www. wikipedia. org/.

[5] 英国 NHS 官方网站：http://www. nhs. uk.

[6] 美国疾病管理协会：http://www. dmaa. org.

[7] 经济合作组织：http://www. oecd. org.

[8] 凯撒公司：https://www. kaiserpermanente. org/.

[9] 蓝十字蓝盾集团：http://www. bcbs. com/.

[10] 联合国人类发展报告研究中心：http://hdr. undp. org.

后 记

本书是在我的博士学位论文基础上修改而成。一转眼博士毕业已七年有余，回味当时五年的博士学习生活，无限感激之情、惭愧之意并存。感激、感谢恩师李江帆教授：我是以医学背景的考生录取为第三产业经济与管理方向的博士生，初入师门时对于如何选题并确定研究思路可谓迷茫至极；在导师的建议下我经常出现在中山大学管理学院和岭南学院很多教授的课堂上，又有多次聆听导师学术讲座的机会，特别是参与了导师的部分科研课题之后，懵懂的心才开始有所开化！经过选题、换题、再定题的多次“折腾”，导师帮我最终确定了博士论文的研究领域——健康管理服务业。关于健康管理方面数据的不足让我的论文撰写远远超乎之前想象的难度，导师的一次次鼓励使我从“山穷水尽”中“峰回路转”觅到了“又一村”！学位论文最终顺利通过答辩。大恩不言谢，在此祝福恩师永远健康吉祥！惭愧之意在于两点：一是本人能力不济，论文本身存在着诸多错漏之处，未达到导师原先设计的高标准、严要求；二是2011～2013年和2015年两次出国，将原准备博士论文完善出版的计划多次搁浅，而这几年将研究重心聚焦到了卫生改革和发展领域，本人在跟踪健康管理的理论前沿、文献积累和数据收集等方面都未有进步。

王国维先生认为，一个人成大事业、做大学问，需要经过三种境界：“昨夜西风凋碧树。独上高楼，望尽天涯路。”“衣带渐宽终不悔，为伊消得人憔悴。”“众里寻他千百度，蓦然回首，那人却在灯火阑珊处。”玩索大家的真言，细想自己的学术之路，觉得本人连境界之一都未达到（即有执著的追求，登高望远，勘察路径，明确目标与方向，了解事物的概貌）！我只想告诉自己，不忘初心、砥砺前行。

衷心感谢中山大学管理学院李新春、李非、符正平、李孔岳等教授，你们开设的课程，或是在开题，或是预答辩过程中给予宝贵意见和建议，都让我受益终生。还要感谢董小麟、黄铁苗、朱卫平、符正平、谢礼珊教授在我论文答辩中给予的鼓励和修改建议！在此特别向以上教授们致以深深谢意！

特别感谢中山大学公共卫生学院的领导们：前任院长凌文华教授、现任院长郝元涛教授、韩玲书记，还有我的原系主任陈少贤教授和我的同事们，在我读博期间和多年工作中给予了大量帮助和理解，衷心祝福你们永远幸福安康！

非常感谢中山大学管理学院研究生部的老师们！还有我的博士同学陈慧敏、刘明华、马风华，读博期间风雨同舟，同窗情比海深！还要感谢顾乃华、毕斗斗、李文秀等师兄师姐，朱胜勇、杨广等师弟师妹们的鼓励和帮助！

特别感谢我的爸爸、妈妈，我的爱妻、儿子和即将出生的女儿，你们的辛勤劳动和爱不仅是我奋斗的时间保证，更是我前进中的不竭动力！

感谢所有帮助过我的人！祝福你们平安吉祥！

黄奕祥

2017 年 11 月 23 日

图书在版编目（CIP）数据

健康管理服务业研究 /黄奕祥著. —北京：经济科学出版社，2018.7

（中山大学服务经济与服务管理论丛）

ISBN 978 -7 -5141 -9560 -6

Ⅰ. ①健… Ⅱ. ①黄… Ⅲ. ①医疗卫生服务 - 服务业 - 研究 Ⅳ. ①F719 ②R199

中国版本图书馆 CIP 数据核字（2018）第 160043 号

责任编辑：范 莹
责任印制：李 鹏

健康管理服务业研究

黄奕祥 著

经济科学出版社出版、发行 新华书店经销

社址：北京市海淀区阜成路甲 28 号 邮编：100142

总编部电话：010 - 88191217 发行部电话：010 - 88191522

网址：www. esp. com. cn

电子邮箱：esp@ esp. com. cn

天猫网店：经济科学出版社旗舰店

网址：http://jjkxcbs. tmall. com

北京季蜂印刷有限公司印装

710 ×1000 16 开 15. 5 印张 240000 字

2018 年 7 月第 1 版 2018 年 7 月第 1 次印刷

ISBN 978 -7 -5141 -9560 -6 定价：56. 00 元

（图书出现印装问题，本社负责调换。电话：010 -88191502）